KB168152

김인식 교육학 논술 연간 강좌 계획

시기	강좌	강의 안내	교재
1-2월 [8주]	ET 기본 콕콕 1단계	• 교육학의 기본 내용을 파악하는 강좌로서 교육학을 체계적으로 이해하는 과정 • 암기학습 '쪽지시험' – 키워드 암기 시작 : 정규수업 후 매시간 수업 내용을 기반으로 중요 내용의 키워드 쪽지시험 실시 • '거꾸로 수업 지도' – 수업결손 방지 : 스터디를 조직하여 스터디원 간에 상호 교수 & 그날 수업 내용 중 의문사항에 대해 김인식 교수님이 피드백 제공(2022년 모든 수업에 '거꾸로 수업 지도'반은 동일하게 운영) ※ 정규 수업 + 암기학습 쪽지시험 진행(직·인강생 제공) (신설)	2023 대비 ET 김인식 교육학 논술 콕콕 1,2
	영역별 특강 (인강 제공)	교육사(한국사/서양사), 2015 개정교육과정, 교육행정	프린트물 및 기본서
3-5월 [10주]	ET 심화 콕콕 2단계	• 1~2월 강의 수강생과 이전에 교육학을 수강한 경험이 있는 재수생 이상을 위한 수업 (수업 분량이 많아 10주 수업으로 진행) • 기본 내용을 바탕으로 논술에 출제될 만한 내용을 중심으로 이론의 깊이를 완성해 감으로써 자신감을 갖는 과정 • 암기학습 '쪽지시험' – 키워드 암기 + 이론 풍부화 : 정규수업 후 매시간 수업 내용을 기반으로 중요 내용에 대해 자신의 말로 개념을 짧게 정리하는 형식의 쪽지시험을 실시하여 실제 논술시험에 대비 – 실시 후 점검이 끝나면 귀가 ※ 정규 수업 + 암기학습 쪽지시험 진행(직·인강생 제공) (신설)	2023 대비 ET 김인식 교육학 논술 콕콕 1,2
	영역별 특강 (인강 제공)	• 교육사(한국사/서양사), 2015 개정교육과정, 교육행정 • 1-2월 수업 분 중 교육통계, 연구파트	프린트물 및 기본서
5-6월 [6주]	ET 핵심 콕콕 3단계	• 임용 객관식·논술 기출문제 분석과 함께 교육행정고시 기출문제를 참조하여 『ET 김인식 교육학 논술 콕콕 키워드 마인드맵』을 활용하며 핵심 키워드가 무엇인지를 확인하고 논술의 서·결론 쓰기 연습을 통해 서론과 결론을 쓰는 것에 대한 두려움을 없애는 단계 • 이를 위해 매시간 수업 내용을 기반으로 개념을 다시 한번 점검하는 쪽지시험과 함께 논술 중 가장 어렵다는 서론과 결론을 써보는 연습을 통해 자신감 UP(첨삭 병행) ※ 정규 수업 + 암기학습 쪽지시험 진행(직인강생 제공) (신설)	2023 대비 ET 김인식 교육학 논술 콕콕 1,2 / 키워드 마인드맵
6월	공개 모의고사 (6월 3째주)	실제 시험처럼 OMR 답안지에 작성해보며 진행	프린트물
7-8월 [8주]	ET 문풀 콕콕 4단계	• 출제빈도가 가장 높은 문제의 형식에 맞춘 문제풀이 형식의 논술문제를 통해 논술 작성 • 서브노트를 이용하여 내용 정리 + 그 내용들 중 문제풀이를 통해 자신의 지식을 완성시킴 = 실제 시험의 형식에 적응해 가는 과정 • 첨삭도 병행하여 본 수업을 통해 논술에 대한 체계적인 자신감 Full-up! ※ 정규 수업 + 암기학습 쪽지시험 진행(직·인강생 제공) (신설)	2023 대비 ET 김인식 교육학 논술 콕콕 만점 서브노트
9-11월 [10주]	ET 모고 콕콕 5단계	• 9월(4주) : 엄선된 문제를 가지고 영역별 모의고사를 실시하는 과정으로 실전에 대비하여 고득점을 획득하기 위한 전략 – 영역별 모의고사는 모의고사 실시 전 영역별 내용을 미리 스스로 정리하도록 하기 위함 • 10-11월(6주) : 통합 실전 모의고사를 실시함으로써 실전과 동일한 문제를 경험하도록 하며, 나머지 시간에는 스스로 정리할 시간을 부여 • 2주에 한 번 정도 첨삭이 이루어지고 결과를 피드백 ※ 정규 수업 + 암기학습 쪽지시험 진행(직·인강생 제공) (신설)	프린트물
11월	핵심특강	교육학 총정리 특강(수강생 무료 / 비수강생 유료)	서브노트

※ 강좌 계획은 상황에 따라 변경될 수 있으며, 세부 계획은 강좌별 수업계획서를 참조

해커스임용

김인식 ET

Excellent Teacher

교육학 논술 콕콕

키워드 마인드맵

해커스임용

김인식

약력

충남대학교 교육학과 졸업
충남대학교 대학원 교육학박사

현 | 해커스임용학원 교육학 대표교수
　　　침례신학대학교 유아교육과 겸임교수(2017~현재)
　　　(주) ET 교육학논술연구소 대표이사

전 | 대전외고 등 대전시내 중등 공립학교 교사(1987~2000)
　　　중부대학교 유아교육과 겸임교수(2005~2013)
　　　박문각임용고시학원 교육학 대표교수(2006~2019)
　　　아모르임용학원 교육학 대표교수(2020)

저서

고등학교 윤리과 수행평가의 실제(1999, 원미사)
교육학개론(2011, 양서원)
ET 김인식 교육학 논술 상/하(2014, 2016 박문각에듀스파)
김인식 교육학 객관식 기출분석(2016, 특수교육PASS)
시험에 바로 써먹는 개념집(2019, 미래가치)
ET 김인식 교육학 논술 톡톡 1~2(2019, 박문각)
ET 김인식 교육학 논술 톡톡 영역별 서브노트(2019, 박문각)
ET 김인식 교육학 논술 따까뚜까 1~2(2020, 북이그잼)
ET 김인식 교육학 논술 따까뚜까: 영역별 서브노트(2020, 북이그잼)
ET 김인식 교육학 논술 콕콕 만점 서브노트(2021, 해커스패스)
ET 김인식 교육학 논술 콕콕 1~2(2022, 해커스패스)

주요 논문

중학교 자체평가 도구 개발에 관한 연구(1991, 석사학위논문)
고등학교 교사 수업평가에 관한 연구(1998, 박사학위논문)
상황변인에 따른 고등학생의 교사수업평가 분석(1999, 교육과정연구)
고등학생의 학업성취에 영향을 미치는 관련변인에 대한 회귀분석(2001, 교육학연구)
학생의 수업평가 방법에 의한 학교교사와 학원강사의 수업 질 분석(2003, 교육학연구)
유치원 교육실습에서 교육일기 쓰기가 예비유아교사의 교사 효능감, 교육신념 및 교사가 느끼는 조직건강에 미치는 효과(2011, 한국산학기술학회논문지)
사회적지원, 부부갈등, 자기효능감, 양육스트레스와 영아기 어머니의 양육행동간 경로분석(2012, 한국산학기술학회논문지)
유아교사의 영양지식, 질병예방지식, 식이자아효능감 및 유아식생활지도 간의 관련성(2012, 유아교육학논집)

상훈

교육리더 부문 고객감동 & POWER 수상(2013, 스포츠서울)
교육혁신 부문 한국을 이끄는 혁신리더 대상(2013, 2015, 2017, 2018, 2019, 뉴스메이커)
교사임용학원 부문 대한민국 미래경영대상(2016, 헤럴드 경제)
전문직 교육 부문 대한민국인물대상(2016, 2019 대한민국 인물 대상 선정위원회)
혁신교육 부문 대한민국 혁신한국인 & 파워브랜드 베스트어워드(2016, 2017 월간 한국인)
대한민국 교육서비스 부문 교육산업대상(2017, 헤럴드 경제)
교육서비스부문 소비자 만족 브랜드 대상 1위(2017, 조선일보)
우수강사 표창(2017, 침례신학대학교)
혁신리더[교육산업]부문 2019 자랑스러운 혁신한국인 & 파워브랜드 대상(2019, 월간 한국인)

교육학 키워드를 시각화·구조화한 마인드맵으로 흐름을 확실하게 잡을 수 있습니다!

〈ET 김인식 교육학 논술 콕콕 키워드 마인드맵〉은 방대한 교육학 이론 중 필수이론을 엄선하여 키워드 중심 마인드맵으로 정리한 교재로, 효율적인 교육학 이론 학습에 도움이 되고자 특별히 집필하였습니다.

1. 이론부터 기출논제까지 한눈에 파악할 수 있도록 키워드기반으로 구조화하였습니다.

약 14개 과목에 이르는 방대하고 추상적인 교육학 이론을 시각적으로 빠르게 파악할 수 있도록 마인드맵 형태로 구조화하여 수록해 교육학 키워드를 더욱 효과적으로 머릿속에 각인시킬 수 있습니다. 또한 2013~2022학년도 중등 교육학 논술 시험에 출제되었던 기출논제를 관련 개념 근처에서 바로 확인할 수 있도록 배치하였습니다. 학습한 교육학 개념이 실제 시험에서 어떻게 출제되었는지, 앞으로 어떻게 출제될지 탐구해보시길 바랍니다.

2. 꼭 필요한 필수이론만 간편하게 한 권으로 압축정리하였습니다.

중등임용 교육학 시험을 대비하기 위해 반드시 알아야 할 내용만 엄선하여 압축하였습니다. 필수이론을 한 권에 담는 동시에 분량을 최소화하여 휴대하기 쉽고 편리하게 제작하였고, 특히 중요한 개념에는 별 표시로 나타내어 우선순위를 고려한 효율적인 학습이 가능하도록 하였습니다. 교육학 외에 전공 과목까지 학습해야 하는 예비선생님들이 교육학 학습에 대한 부담을 비교적 줄이고, 자주 꾸준히 학습할 수 있도록 고려하였습니다. 내용이 방대한 만큼 학습한 내용을 망각하지 않도록, 교육학 이론을 조금씩이라도 매일 다회독하시길 바랍니다.

3. 10개년(2013~2022학년도) 교육학 논술 기출문제와 답안작성 개요를 수록하였습니다.

중등임용 교육학 과목이 논술형으로 출제된 2013학년도 시험부터 최근의 2022학년도까지의 교육학 논술 기출문제와 답안작성의 기초가 되는 개요를 담았습니다. 교육학 논술 출제 패턴과 시험 유형을 직접 확인하고, 개요를 참고하여 답안을 작성해보는 연습을 해보며 실전 대비에 박차를 가하시길 바랍니다.

본 교재를 집필하면서 끝없는 본인과의 싸움인 중등교사 임용시험을 준비하시는 예비선생님들의 마음을 헤아려보며 응원하는 마음을 담았습니다. 멋진 도전을 이어가고 있는 예비선생님들을 항상 응원하며, 본 교재가 제작되기까지 애써주신 모든 분들께 감사드립니다.

Excellent Teacher 김인식

목차

교육학 만점을 위한 마인드맵 100% 활용법

교육학 이론 간 **연계성**을 한눈에 그려보며 **구조화** 완성!

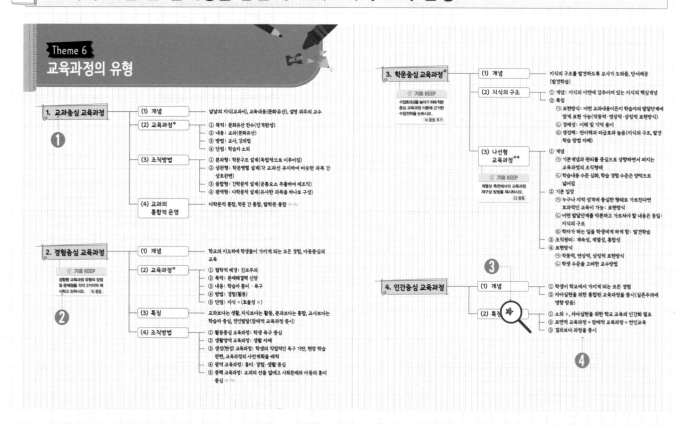

❶ 키워드 마인드맵으로 흐름잡기

핵심 키워드 중심으로 정리한 마인드맵을 통해 방대한 교육학 이론을 시각적으로 구조화하여 이해부터 암기까지 흐름을 꽉 잡을 수 있습니다. 세부 개념별로 테마를 구성하여서 엄선된 필수 이론의 개념 간 위계와 설명을 확인할 수 있습니다.

❷ 기출 KEEP으로 출제경향 파악하기

2013~2022학년도 중등임용 시험에 출제되었던 기출논제를 관련 개념 주변에서 바로 연계하여 파악할 수 있습니다. 학습한 교육학 개념을 실제 시험에 어떻게 적용해야 하는지 생각해보는 것을 추천합니다.

❸ 별 표시로 학습 우선순위 확인하기

중요도에 따라 별을 1~3개로 표시하여 우선순위로 학습해야 하는 개념을 쉽게 확인할 수 있습니다. 필수 이론 중에서도 반드시 알아두어야 하는 중요한 내용이므로 꼼꼼히 챙겨서 학습하시기를 바랍니다.

❹ 학습 내용 인출해보기

교육학 필수 이론이 위계별로 정리되어 있어 인출 학습을 하기에 용이합니다. 마인드맵으로 이론을 이해하고 학습하였다면, 각 열을 가리고 핵심 키워드 및 내용을 직접 구두 또는 백지인출해보며 학습 완료 정도를 점검할 수 있습니다.

10개년 기출문제와 답안 개요도로 시험 답안작성 대비!

2022학년도 교육학 기출문제

📝 문제 및 배점

다음은 ○○ 중학교에서 학교 자체 특강을 실시한 교사가 교내 동료 교사와 나눈 대화의 일부이다. 이 내용을 읽고 '학교 내 교사 간 활발한 정보 공유를 통한 교육의 내실화'라는 주제로 교육과정, 교육평가, 교수전략, 교원연수에 대한 내용을 구성 요소로 하여 서론, 본론, 결론을 갖추어 논하시오. [20점]

김 교사: 송 선생님, 제 특강에 관심을 가져 주셔서 감사합니다. 선생님은 올해 우리 학교에 발령받아 오셨으니 도움이 필요하시면 말씀하세요.

송 교사: 정말 감사합니다. 그동안은 교과 간 통합에 주로 관심을 가져왔는데, 김 선생님의 특강을 들어 보니 이전 학습 내용과 다음 학습내용이 자연스럽게 연결되어야 한다는 수직적 연계성도 중요한 것 같더군요. 그래서 이번 학기에는 교과 내 단원의 범위와 계열을 조정할 계획입니다. 선생님께서는 교육과정을 어떻게 재구성하시는지 함께 이야기할 수 있을까요?

김 교사: 그럼요. 제가 교육과정 재구성한 것을 보여 드릴 테니 보시고 다음에 이야기해요. 그런데 교육 활동에서는 학생에 대한 이해가 중요하잖아요. 학기 초에 진단은 어떤 방식으로 하려고 하시나요?

송 교사: 이번 학기에는 선생님께서 특강에서 말씀하신 총평(assessment)의 관점에서 진단을 해 보려 합니다.

김 교사: 좋은 생각입니다. 그리고 우리 학교에서는 평가 결과로 학생 간 비교를 하지 않으니 학기 말 평가에서는 다양한 기준을 활용해 평가 결과를 해석해 보실 것을 제안합니다.

송 교사: 네, 알겠습니다. 이제 교실 수업에서 사용할 교수전략을 개발해야 하는데 딕과 캐리(W. Dick & L. Carey)의 체계적 교수설계모형을 적용하려고 해요. 이 모형의 교수전략개발 단계에서 개발해야 할 교수전략이 무엇인지 생각 중이에요.

김 교사: 네, 좋은 전략을 찾으시면 제게도 알려 주세요. 그런데 우리 학교는 온라인 수업을 해야 될 상황이 생길 수도 있어요. 제가 온라인 수업을 해 보니 일부 학생들이 고립감을 느끼더군요. 선생님들이 온라인 수업을 하는 데 필요한 정보를 공유하는 학교 게시판이 있어요. 거기에 학생의 고립감을 해소하는 데 효과를 본 테크놀로지 기반의 교수·학습 활동을 정리해 올려두었어요.

송 교사: 네, 온라인 수업을 하게 되면 참고할게요. 선생님 덕분에 좋은 정보를 많이 얻을 수 있어 좋네요, 선생님들 간 활발한 정보 공유의 기회가 더 많아지길 바랍니다.

김 교사: 네, 앞으로는 정보 공유뿐만 아니라 교사들 간 실질적인 협력도 있었으면 해요. 이를 위해 학교 중심 연수가 활성화되면 좋겠어요.

--- [배점] ---

- **논술의 내용 [총 15점]**
  - 송 교사가 언급한 교육과정의 수직적 연계성이 학습자 측면에서 갖는 의의 2가지, 송 교사가 계획하는 교육과정 재구성의 구체적인 방법 2가지 [4점]
  - 송 교사가 총평의 관점에서 학생을 진단할 수 있는 실행 방안 2가지 제시, 송 교사가 활용할 수 있는 평가 결과의 해석 기준 2가지를 각각 그 이유와 함께 제시 [4점]
  - 송 교사가 교실 수업을 위해 개발해야 할 교수전략 2가지 제시, 송 교사가 온라인 수업에서 학생의 고립감 해소를 위해 활용할 수 있는 구체적인 교수·학습 활동 2가지를 각각 그에 적합한 테크놀로지와 함께 제시 [4점]
  - 김 교사가 언급한 학교 중심 연수의 종류 1가지, 학교 중심 연수를 활성화하기 위해 학교 차원에서 지원할 수 있는 구체적인 방안 2가지 [3점]
- **논술의 구성 및 표현 [총 5점]**
  - 논술의 내용과 '학교 내 교사 간 활발한 정보 공유를 통한 교육의 내실화'의 연계 및 논리적 형식 [3점]
  - 표현의 적절성 [2점]

🔍 답안작성 개요

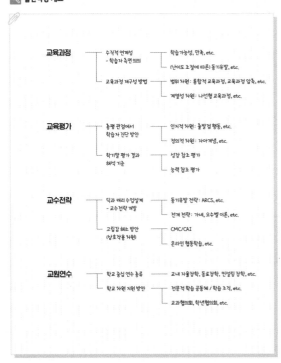

---

❶ 문제 및 배점 분석하기

❷ 답안작성 개요로 실전 감각 키우기

2013~2022학년도의 10개년 중등임용 교육학 논술 기출문제를 수록하였습니다. 기출문제와 배점을 스스로 분석해보며 학습한 교육학 개념 및 이론 적용을 통해 실전 감각을 키울 수 있습니다.

교육학 논술 답안의 본론에 해당하는 분량의 개요를 제공합니다. 문제에서 요구하는 항목을 한눈에 파악할 수 있으며, 답안의 흐름을 확인할 수 있습니다. 자신이 작성한 개요와 비교해보거나, 개요를 참고하여 답안지 양식* 위에 직접 글쓰기 연습을 해보는 것도 추천합니다.

*교육학 논술 전용 답안지(OMR)는 해커스임용 사이트(teacher.Hackers.com)의 [학습자료실] 〉 [과년도 기출문제]에서 무료로 다운받을 수 있습니다.

합격이 보이는 중등임용 시험 Timeline

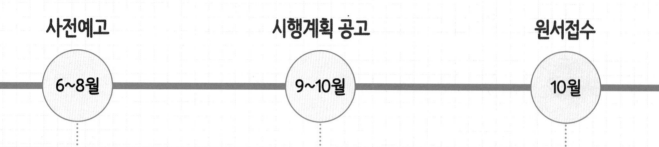

사전예고

- **대략적 선발 규모 (=가 T.O.)** : 선발예정 과목 및 인원
- **전반적 일정** : 본 시행계획 공고일, 원서접수 기간, 제1차 시험일 등
- 사전예고 내용은 변동 가능성 높음

원서접수

- 전국 17개 시·도 교육청 중 1개의 교육청에만 지원 가능
- 시·도 교육청별 온라인 채용시스템으로만 접수 가능
- **준비물** : 한국사능력검정시험 (심화) 3급 이상, 사진

참고 한국사능력검정시험 관련 유의사항
- 제1차 시험 예정일로부터 역산하여 5년이 되는 해의 1월 1일 이후에 실시된 시험에 한함 (2023학년도 중등임용 시험의 경우 2017. 1. 1. 이후 실시된 시험에 한함)
- 제1차 시험 예정일 전까지 취득한 인증등급 이상인 인증서에 한하여 인정함

시행계획 공고

- **확정된 선발 규모 (= 본 T.O.)** : 선발예정 과목 및 인원
- **상세 내용** : 시험 시간표, 제1~2차 시험 출제 범위 및 배점, 가산점 등
- 추후 시행되는 시험의 변경 사항 공지

☑ **아래 내용만은 놓치지 말고 '꼭' 확인하세요!**
☐ 응시하고자 하는 과목의 선발예정 인원
☐ 원서접수 일정 및 방법
☐ 제1~2차 시험 일정
☐ 스캔 파일 제출 대상자 여부 및 제출 필요 서류
☐ 가산점 및 가점 대상자 여부 & 세부사항

제1차 시험
11월

제1차 합격자 발표
12월

제2차 시험
1월

최종 합격자 발표
2월

제1차 합격자 발표
- 제1차 시험 합격 여부
- 과목별 점수 및 제1차 시험 합격선
- 제출 필요 서류
- 제2차 시험 일정 및 유의사항

제2차 시험
- 교직적성 심층면접
- **수업능력 평가** : 교수 · 학습 지도안 작성, 수업실연 등(일부 과목은 실기 · 실험 포함)
- 제1차 합격자 대상으로 시행됨
- 시 · 도별/과목별 과목, 배점 등이 상이함

최종 합격자 발표
- 최종 합격 여부
- 제출 필요 서류 및 추후 일정

제1차 시험
- **준비물** : 수험표, 신분증, 검은색 펜, 수정테이프, 아날로그 시계
- 간단한 간식 또는 개인 도시락 및 음용수(별도 중식시간 없음)
- **시험과목 및 배점**

구분	1교시: 교육학	2교시: 전공 A		3교시: 전공 B	
출제분야	교육학	교과교육학(25~35%) + 교과내용학(75~65%)			
시험 시간	60분 (09:00~10:00)	90분 (10:40~12:10)		90분 (12:50~14:20)	
문항 유형	논술형	기입형	서술형	기입형	서술형
문항 수	1문항	4문항	8문항	2문항	9문항
문항 당 배점	20점	2점	4점	2점	4점
교시별 배점	20점	40점		40점	

교육학 논술 답안 작성 Guide

*아래 내용은 예시 방법 중 하나이며, 직접 답안 쓰기 연습을 해보면서 자신에게 맞는 방식을 찾는 게 가장 좋습니다.

STEP 1 논제 분석
🕐 권장 소요시간: 약 10~20분

(1) 문제지의 지시문, 예시, 배점(채점기준)을 통해 중심내용과 키워드를 확인한다.

(2) ❶~❸에 주어진 세부 단서를 파악하고 작성방향과 본론 개요를 구상한다.
   - ❶ 지시문 : 작성해야 할 답안의 전체 주제와 구성요소
   - ❷ 제시문 : 답안 작성의 바탕이 되는 학교 현장에서의 사례, 교사의 수업 관련 고민 등이며, 배점(채점기준)에 대한 세부 단서를 주는 내용
   - ❸ 배점 : 답안에 포함되어야 할 문항별 세부 주제와 형식 조건

STEP 2 개요 작성
🕐 권장 소요시간: 약 5~15분

(1) 구상한 답안의 서술구조와 작성방향을 간략하게 개요표로 작성한다.

(2) 본론에 들어갈 내용을 주어진 가짓수에 맞춰 키워드 위주로 정리한다.

(3) 초안의 작성 목적이 문제가 요구한 항목별 답안과 관련 교육학 지식, 키워드를 빠짐없이 적는 것인 만큼, 문제지와 대조하며 누락한 내용이 없는지 확인한다.

참고
- 초안 작성 용지는 B4 크기의 2면으로 구성, 원하는 방식으로 자유롭게 작성 가능
- 시험 종료 후 답안지 제출 시 초안 작성 용지는 제출하지 않음

STEP 3 답안 완성
🕐 권장 소요시간: 약 10~20분

(1) 앞서 짜놓은 개요에 따라 답안 작성을 시작한다. 답안은 각 문항이 요구하는 중심 키워드를 포함하여 두괄식으로 작성하는 것이 좋다.

(2) 서론 – 본론 – 결론에 해당하는 내용을 순서에 맞게 작성한다.

(3) 답안 작성 완료 후 잘 작성되었는지를 마지막으로 한 번 더 검토한다.

참고
- 답안지는 B4 크기의 OMR 2면이며, 답안 작성란은 줄글 형식으로 제공됨
- 필요한 내용 위주로 간결하게 작성하고, 식별 가능한 글씨체로 작성해야 함

답안지 작성 관련 Q&A

Q 기본적인 답안 작성 방법이 궁금해요.

A 교육학 논술은 답안지 2면이 주어지며, 지정된 답안란에 답안을 작성하면 됩니다. 답안란을 벗어난 부분이나 초안 작성 용지에 적은 답안은 인정되지 않으므로 꼭 주어진 답안란에 작성합니다.

Q 반드시 알아야 하는 주의사항이 있나요?

A 답안란에 수정액 또는 수정테이프를 사용할 수 없으므로, 부분 수정이 필요한 경우 삭제할 부분에 두 줄(=)을 긋고 수정할 내용을 작성하거나 일반적인 글쓰기 교정부호를 사용합니다. 이때 주의할 점은 특정 부분을 강조하는 밑줄, 기호가 금지된다는 점입니다. 전체 수정이 필요할 경우에는 답안지를 교체할 수도 있습니다.

Q 글자 수나 분량의 제한은 없나요?

A 글자 수와 분량에는 제한이 없습니다. 다만 불필요한 수식어나 미사여구는 채점하지 않으므로 문항에서 요구한 내용을 간결하게 작성하는 것이 좋습니다.

Q 시험 종료 후 시험지와 답안지를 모두 제출해야 하나요?

A 답안지만 제출하며, 시험지와 초안 작성 용지는 제출하지 않습니다. 답안지를 제출할 때는 답안을 작성하지 않은 빈 답안지도 함께 제출해야 하며 성명, 수험번호, 쪽 번호를 기재해야 합니다.

(답안 작성 연습 TIP)

• 문제 풀이와 답안지 작성은 기본이론 학습을 완료한 후 일정 수준 이상의 인출이 가능할 때 시작하는 것을 권장합니다.
• 기출문제, 기출변형문제, 모의고사 등의 실제 임용 교육학 시험 대비용 문제를 풀이하는 것이 가장 좋습니다.
• 가능한 한 고사장과 비슷한 환경을 조성하고, 실제 시험시간에 맞게 답안을 작성하는 연습을 하는 것이 중요합니다.
• 채점 시 문항에서 요구하는 키워드와 주제를 정확한 내용으로 빠짐없이 포함했는지 확인해야 합니다.

한눈에 보는 **교육학 논술 출제경향**

1. 기출 연도별 논술 제시문 출제경향 분석

시험	스토리텔링	제시문 형태	출제 내용		영역
2013학년도 특수 추가	학습동기 유발 – 원인과 해결책	교사와 학부모 상담 대화문	지능이론 – IQ해석		교육심리
			동기이론 – 원인, 해결책	기대×가치이론	
				매슬로이론	
2014학년도	수업에 소극적인 이유와 해결책	초임교사와 중견교사대화문	동기 미유발	잠재적 교육과정 관점	교육과정
				문화실조 관점	교육사회학
			동기유발 전략	협동학습 차원	교육방법
				형성평가 활용 차원	교육평가
				교사지도성 차원	교육행정
2014학년도 전문상담 추가	부적응 행동 해결 & 수업효과성	성찰일지	청소년 비행이론 – 차별교제이론, 낙인이론		교육사회학
			상담 기법	행동중심 상담	생활지도와 상담
				인간중심 상담	
			수업 효과성 전략	학문중심 교육과정 근거	교육과정
				장학활동	교육행정
2015학년도	우리 교육의 문제점과 개선방안	분임토의 결과 발표	교육목적 – 자유교육 관점		교육의 이해
			교육과정 – 백워드 설계 특징		교육과정
			동기유발 위한 과제 제시 방안		교육심리 & 교육방법
			학습조직 – 구축 원리		교육행정
2015학년도 전문교과 추가	교사의 과제 – 학교이해 & 수업 이해	학교장 특강	기능론 – 선발 배치 기능 및 한계		교육사회학
			학교조직 – 관료제와 이완결합체 특징		교육행정
			교수 설계 – ADDIE(분석, 설계)		교육방법
			준거지향 평가 – 개념과 장점		교육평가
2016학년도	교사 역량 – 수업, 진로지도, 학교 내 활동	자기개발 계획서	경험형 교육과정 – 장·단점		교육과정
			형성평가 – 기능과 전략		교육평가
			에릭슨 – 심리적 유예 개념		교육심리
			반두라 – 간접적 강화 개념		
			비공식 조직 – 순기능과 역기능		교육행정
2017학년도	2015 개정 교육과정 구현방안	학교현장 목소리	교육기획 – 개념과 효용성		교육행정
			교육과정 재구성 – 계속성, 계열성, 통합성		교육과정
			학생참여 수업 – 구성주의 수업(학습지원과 교수활동)		교육방법
			내용 타당도 – 개념		교육평가
2018학년도	학생 다양성 고려한 교육	교사 대화문	워커 교육과정 – 명칭, 학교 적용 이유(특징)		교육과정
			PBL – 학습자 역할, 문제 특성과 학습 효과		교육방법
			절대평가 – 명칭, 개인차에 대한 해석		교육평가
			성장·능력 참조 평가 – 개념		
			동료장학 – 명칭, 활성화 방안		교육행정
2019학년도	수업개선을 위한 교사의 반성적 실천	수업 성찰 기록	가드너 다중지능(세부적)		교육심리
			타일러 학습경험 선정 원리		교육과정
			잠재적 교육과정 개념		
			척도법(평정척도법)		교육연구법
			문항내적합치도		교육평가
			변혁적 리더십		교육행정

2020학년도	토의식 수업 활성화 방안	교사협의회 자료	비고츠키 – 지식론, 지식 성격, 교사와 학생역할	교육과정 & 교육방법
			영 교육과정 시사점	교육과정
			중핵교육과정 – 명칭과 장단점	
			정착수업 원리	교육공학
			위키활용 수업(웹기반수업) 문제점	
			스타인호프 – 기계문화 명칭, 해결책	교육행정
2021학년도	학생의 선택과 결정의 기회를 확대하는 교육	편지형식	스나이더 교육과정 운영 관점 – 충실성·형성 관점	교육과정
			자기 평가 – 교육적 효과와 실행방안	교육평가
			온라인 수업(인터넷 활용수업) – 학습자 분석과 환경 분석의 예	교육공학
			토론 게시판 활성화 방안	교육방법, 교육공학
			의사결정 모형 – 합리모형, 점증모형	교육행정
2022학년도	학교 내 교사 간 활발한 정보 공유를 통한 교육의 내실화	대화문	교육과정 – 수직적 연계성 의의, 교육과정 재구성 방안	교육과정
			교육평가 – 진단 방안, 평가결과 해석 기준 (성장·능력·준거참조 평가)	교육평가
			교수전략 – 딕과 캐리의 교수전략 개발 단계 전략, 온라인 수업 고립감 해소 방안	교육방법, 교육공학
			교원연수 – 학교 중심 연수 종류 및 지원 방안	교육행정

2. 내용 영역별 기출 출제 현황

내용 영역	학년도											
	2013 (추가)	2014	2014 (추가)	2015	2015 (추가)	2016	2017	2018	2019	2020	2021	2022
교육의 이해	○				○							
교육철학												
서양 교육사												
한국 교육사												
교육사회학		○	○	○								
교육심리학						○			○			
생활지도와 상담		○										
교육과정		○	○		○	○	○	○	○	○	○	○
교육평가			○	○		○	○	○	○		○	○
교육통계												
교육연구									○			
교육방법			○	○	○					○	○	○
교육공학										○	○	○
교육행정		○	○	○	○	○	○	○	○	○		

고민별 맞춤 학습 Solution

 **강의**   " 전문가의 도움을 받으면서 효율적으로 공부하고 싶어."

🔊 Solution

교수님의 생생한 강의를 들으면서 양질의 학습경험을 쌓아보세요. 교수님의 노하우가 담긴 부가 학습자료를 얻을 수 있고, 잘 정리된 교재를 통해 방대한 각론서를 보지 않아도 효과적인 학습이 가능합니다. 또한 질의응답, 모의고사 첨삭 등을 통해 전문적인 조언을 들을 수도 있습니다.

▶ **이런 분께 추천합니다!**
   임용 초수생, 양질의 모의고사를 풀어보고 싶은 수험생

💡 How to

- 이론학습, 기출분석, 모의고사 등 자신에게 필요한 강의를 선택해서 듣기
- 자신의 학습 성향과 환경에 따라 동영상 강의와 학원 강의 중 선택해서 듣기
- 질문이 생기면 해커스임용 사이트의 [나의 강의실] - [학습상담] - [학습 질문하기] 게시판에 직접 질문하기

 **인출**   " 이론 암기가 잘 안 돼. 뭔가 효과적인 방법 없을까?"

🔊 Solution

인출학습을 통해 학습한 이론을 차근차근 떠올리며 효과적으로 암기해 보세요. 다양한 인출방법을 활용하여 스스로 이해한 내용을 나만의 표현으로 정리할 수 있고, 쓰기 연습까지 가능하므로 서답형 시험을 매우 효과적으로 대비할 수 있습니다.

▶ **이런 분께 추천합니다!**
   • 기본 지식은 있으나 키워드 암기에 약한 수험생
   • 서답형 글쓰기에 어려움을 느끼는 수험생

💡 How to

- **백지 인출** : 빈 종이 위에 이론에 대하여 이해 · 암기한 내용을 자유롭게 적어 나가기
- **구두 인출** : 학습한 이론에 대해 말로 설명하기
- **청킹** : 관련된 여러 키워드를 묶어서 암기할 경우, 키워드의 앞글자만 따서 외우기

단권화 " 이론이 너무 방대해서 핵심만 간단하게 정리가 필요해. "

Solution

요약집 한 권을 정하거나 나만의 노트를 만들어서 학습한 내용을 한 곳에 정리하는 단권화 작업을 해보세요. 방대한 이론의 핵심을 한눈에 파악할 수 있고, 기출분석, 모의고사 등을 통해 여러 번 학습한 내용이 누적적으로 쌓이면서 꼼꼼하게 학습할 수 있습니다.

▶ **이런 분께 추천합니다!**
  • 어느 정도 기본 지식을 갖춘 수험생
  • 핵심만 간편하게 확인하기를 원하는 수험생

How to

• **교재 활용** : 핵심만 간단히 정리된 교재에 나만의 설명을 덧붙여가며 정리하기
• **프로그램 활용** : 한글 · 워드 또는 마인드맵 제작 프로그램 등을 활용하여 정리하기
• **개념 구조화** : 핵심 키워드 중심으로 개념을 확장시키며 교육학 뼈대 잡기

Tip! 단권화는 학습 초반보다는 이론에 대한 개념이 어느 정도 잡힌 중후반부에 진행해야 학습 효과를 극대화할 수 있습니다.

스터디 " 다른 사람들과 소통하면서 부족한 부분을 보완하고 싶어. "

Solution

학습 시기와 목적에 부합하는 다양한 스터디에 참여해 보세요. 학습에 강제성을 부여할 수 있어 효과적인 학습관리를 할 수 있고, 스터디원과 함께 이야기하면서 모르는 지식을 알게 되거나 다양한 정보를 공유할 수도 있습니다.

▶ **이런 분께 추천합니다!**
  • 여러 사람과 공부할 때 학습 효율이 높아지는 수험생
  • 시험에 대한 다양한 정보를 얻고 싶은 수험생

How to

• **인출 스터디** : 특정 이론에 대해서 서로 설명하면서 구두인출하는 스터디
• **인증 스터디** : 학습 내용 또는 공부 시간을 인증하는 스터디
• **모의고사 스터디** : 모의고사를 함께 풀어보고 서로 첨삭해주는 스터디

교원임용 교육 1위,

해커스임용 teacher.Hackers.com

PART 1
교육의 이해

Theme 1 교육의 이해

Theme 2 교육의 유형

Theme 1
교육의 이해

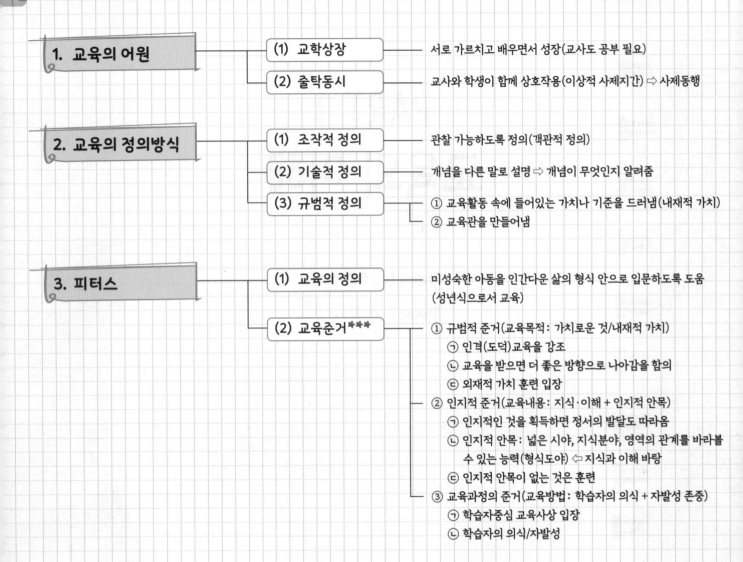

1. 교육의 어원

- **(1) 교학상장** ──── 서로 가르치고 배우면서 성장(교사도 공부 필요)
- **(2) 줄탁동시** ──── 교사와 학생이 함께 상호작용(이상적 사제지간) ⇨ 사제동행

2. 교육의 정의방식

- **(1) 조작적 정의** ──── 관찰 가능하도록 정의(객관적 정의)
- **(2) 기술적 정의** ──── 개념을 다른 말로 설명 ⇨ 개념이 무엇인지 알려줌
- **(3) 규범적 정의** ──── ① 교육활동 속에 들어있는 가치나 기준을 드러냄(내재적 가치)
  - ② 교육관을 만들어냄

3. 피터스

- **(1) 교육의 정의** ──── 미성숙한 아동을 인간다운 삶의 형식 안으로 입문하도록 도움
  (성년식으로서 교육)
- **(2) 교육준거✽✽✽** ──── ① 규범적 준거(교육목적: 가치로운 것/내재적 가치)
  - ㉠ 인격(도덕)교육을 강조
  - ㉡ 교육을 받으면 더 좋은 방향으로 나아감을 함의
  - ㉢ 외재적 가치 훈련 입장
  - ② 인지적 준거(교육내용: 지식·이해 + 인지적 안목)
    - ㉠ 인지적인 것을 획득하면 정서의 발달도 따라옴
    - ㉡ 인지적 안목: 넓은 시야, 지식분야, 영역의 관계를 바라볼 수 있는 능력(형식도야) ⇦ 지식과 이해 바탕
    - ㉢ 인지적 안목이 없는 것은 훈련
  - ③ 교육과정의 준거(교육방법: 학습자의 의식 + 자발성 존중)
    - ㉠ 학습자중심 교육사상 입장
    - ㉡ 학습자의 의식/자발성

4. 교육의 규범적 정의

(1) 주입으로서의 교육관 — 교사중심, 현재는 적합 ✕(학습자 흥미 고려 ✕)

(2) 주형으로서의 교육관 — 교사중심 : 행동주의(S ⇨ R), Shaping, 백지설, 기능론적 입장

(3) 도야로서의 교육관
- ① 도야 : 갈고 닦음
  - ㉠ 목적 : 정신도야/인격도야
  - ㉡ 방법 : 근육처럼 정신훈련 중시(형식도야설)
- ② 심리적 배경 : 로크의 능력심리학
  - ㉠ 부소능력 강조 : 마음의 형식 - 기억, 추리하는 힘
  - ㉡ 형식 도야 : 내용(단순한 지식)이 아닌 형식(사고하는 힘) - 전이이론(형식도야설)
- ③ 교육내용 : 교과(4서3경/7자유과)
- ④ 재미없는 교과를 공부해야 할 이유임

(4) 성장으로서의 교육관 — 학습자중심(흥미) ⇨ 교사는 보조·협력·안내자(자연주의 철학)

> **자연주의 철학**
> ㉠ 자연스러운 교육(교사와 아동은 수평적 인간관계를 전제함)
> ㉡ 교육목적 : 자연인(고상한 야인)
> ㉢ 교육내용 : 자연 자체(사물)
> ㉣ 교육방법 : 자연스럽게, 시청각교육(직관교육)
> ㉤ 교사관 : 소극적 교육

(5) 계명으로서의 교육관
- ① 깨우치는 것(※ 도야는 인격을 완성하는 것)
- ② 학문중심 교육과정 입장
- ③ 브루너 : 지식의 구조, 발견학습

(6) 자아실현으로서의 교육관
- ① 인간중심 교육관(인본주의 철학/심리학)
- ② 실존주의 철학에 영향 받음
- ③ 학생이 학교에서 생활하며 경험한 모든 것(잠재적 교육과정 강조)
- ④ 완벽하게 학습자중심 수업

5. 자유교육 ✤

(1) 개념 — 교양교육, 인격교육(=일반교육)

(2) 특징
- ① 지식의 내적 가치 추구(직업교육이 아닌 교양교육)
- ② 인간의 지적 능력 배양을 중시
- ③ 이성 중시
- ④ 도구 : 교과(7자유과)

> ◎ **기출 KEEP**
> 자유교육 관점에서 보는 교육의 목적을 논하시오.
> 15 중등

1. 페다고지 & 안드라고지

- **(1) 페다고지** — 전통적 교육, 교사중심
- **(2) 안드라고지** — 성인교육학, 구성주의, 학습자의 경험 인정(중요한 학습자원), 교사는 다양한 자료 제공, 내적 동기 중시, 필요에 의한 학습, 문제 해결을 위한 학습
- **(3) 전환학습**
  - ① 개념: 기존 관점을 전환, 성찰(스스로 경험에 의미를 부여함)
  - ② 경험: 자신의 경험(을 통한 의식 전환) 강조 ⇨ 경험도 소중한 자원
  - ③ 비판적 반성: 새로운 가치(학습자의 인지적 고찰), 경험을 비판적으로 반성
  - ④ 개인의 발달: 고차적 의미를 부여함(삶의 전환)
  - ⑤ 결론: 학습자의 인지적 과정 중심

2. 자기주도학습

- **(1) 의미**
  - ① 학습자 개인이 학습의 전 과정에서 의사결정과 행동의 주체가 되는 것(스스로 해결)
  - ② 학습은 주체적 재해석 과정(학습자 중시)
- **(2) 목적**
  - ① 목표의식을 가지고 자신의 현실 문제를 해결하는 것
  - ② 삶의 문제 중심의 문제해결능력, 창의력 배양, 학습자 경험 중시
  - ③ 미래 능력의 개발
- **(3) 교육과정**
  - ① 수업목표: 다양(학습자에 따라 다양) 예) PBL
  - ② 수업내용: 학습자가 관심을 가지는 것, 학습자의 경험이 중요한 학습자원, 생활과업 중심의 문제
  - ③ 수업방법: 다양한 방법 사용
  - ④ 수업평가: 학습자 스스로 평가(수행평가)
- **(4) 지도방안**
  - ① 스스로 할 수 있는 방법을 찾도록 해줌
  - ② 필요로 하는 것에 대해 능력과 적성에 맞는 도움 제공
- **(5) 절차** — 학습요구 진단 ⇨ 학습목표 설정 ⇨ 학습을 위한 인적·물적 자원 파악 ⇨ 학습전략 설정 및 실행 ⇨ 학습결과 평가(모두 학습자가 스스로)
- **(6) 강조점***
  - ① 학습자 중심: 스스로(교사 배제)
  - ② 다양성 강조: 목적에서 평가까지
  - ③ 학습자 경험 중시

3. 대안교육

(1) 개념
- ① 현 학교 문제 해결의 대안으로 나온 교육 ⇨ 교육의 인간화
- ② 자유(학생)와 개방(교사)을 통한 인간성 회복

(2) 이념
- 공동체 가치 추구, 노작교육(생명존중과 사회적 협동)

(3) 특성
- ① 자연친화적 삶 추구
- ② 작은 학교 지향
- ③ 교육주체의 원상회복 지향
- ④ '나'의 변화를 통한 교육 지향

(4) 학점은행제 & 교육계좌제[*]
- ① 학점은행제: 학습경험을 학점으로 인정(학위취득)
- ② 교육계좌제: 종합학습기록부(다양한 경험 누적 관리)

(5) 발도르프학교
- ① 에포크: 집중 수업
- ② 오이리트미: 정신적 율동
- ③ 포르멘 수업: 표현력을 길러주는 수업
- ④ 담임 지속

(6) 차터스쿨[*]
- 자율과 책임, 교육청과 계약, 헌장에 따라 운영

(7) 마그넷스쿨
- 학과목은 자신의 학교, 전문과정은 마그넷스쿨에서

(8) 스타스쿨
- EBS(인공위성 이용)

(9) 바우처제도
- 교육비를 쿠폰으로 지급 ⇨ 원하는 학교에 제시(자유로운 학교 선택)

4. 생태주의 교육

(1) 환경교육
- 인간보다 환경 중시

(2) 교육생태학
- 교육공동체, 전인교육, 지행합일 교육

(3) 강조점[*]
- ① 상호작용(교사 – 학생)
- ② 학생 중심 교육

※ 홀리스틱 교육: 조화

5. 브론펜브레너 - 생태이론

(1) 미시체계	아동에게 직접 영향을 주는 환경
(2) 중간체계	미시체계 간의 상호작용
(3) 외체계	아동이 맥락의 부분을 이루지 않음(but, 아동에게 영향 주는 맥락)
(4) 거시체계	아동이 자라온 문화권
(5) 시간체계✱	시간의 변화에 따른 영향(경험)/사건
(6) 결론	현상을 이해하기 위해서는 모든 체제의 유기적 상호작용 고려

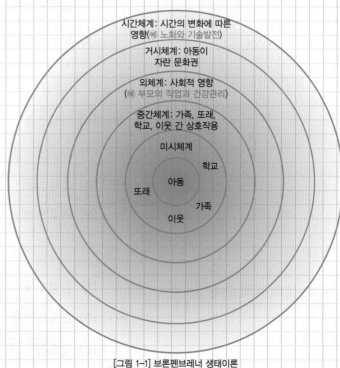

[그림 1-1] 브론펜브레너 생태이론

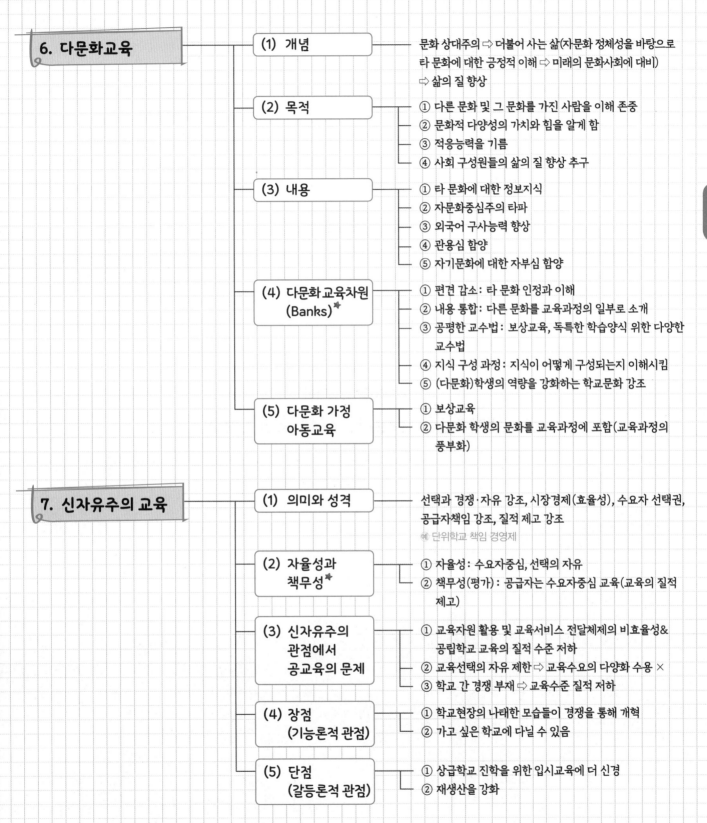

6. 다문화교육

(1) 개념 — 문화 상대주의 ⇨ 더불어 사는 삶(자문화 정체성을 바탕으로 타 문화에 대한 긍정적 이해 ⇨ 미래의 문화사회에 대비) ⇨ 삶의 질 향상

(2) 목적
- ① 다른 문화 및 그 문화를 가진 사람을 이해 존중
- ② 문화적 다양성의 가치와 힘을 알게 함
- ③ 적응능력을 기름
- ④ 사회 구성원들의 삶의 질 향상 추구

(3) 내용
- ① 타 문화에 대한 정보지식
- ② 자문화중심주의 타파
- ③ 외국어 구사능력 향상
- ④ 관용심 함양
- ⑤ 자기문화에 대한 자부심 함양

(4) 다문화 교육차원 (Banks)
- ① 편견 감소: 타 문화 인정과 이해
- ② 내용 통합: 다른 문화를 교육과정의 일부로 소개
- ③ 공평한 교수법: 보상교육, 독특한 학습양식 위한 다양한 교수법
- ④ 지식 구성 과정: 지식이 어떻게 구성되는지 이해시킴
- ⑤ (다문화)학생의 역량을 강화하는 학교문화 강조

(5) 다문화 가정 아동교육
- ① 보상교육
- ② 다문화 학생의 문화를 교육과정에 포함(교육과정의 풍부화)

7. 신자유주의 교육

(1) 의미와 성격 — 선택과 경쟁·자유 강조, 시장경제(효율성), 수요자 선택권, 공급자책임 강조, 질적 제고 강조
예: 단위학교 책임 경영제

(2) 자율성과 책무성
- ① 자율성: 수요자중심, 선택의 자유
- ② 책무성(평가): 공급자는 수요자중심 교육(교육의 질적 제고)

(3) 신자유주의 관점에서 공교육의 문제
- ① 교육자원 활용 및 교육서비스 전달체제의 비효율성& 공립학교 교육의 질적 수준 저하
- ② 교육선택의 자유 제한 ⇨ 교육수요의 다양화 수용 ×
- ③ 학교 간 경쟁 부재 ⇨ 교육수준 질적 저하

(4) 장점 (기능론적 관점)
- ① 학교현장의 나태한 모습들이 경쟁을 통해 개혁
- ② 가고 싶은 학교에 다닐 수 있음

(5) 단점 (갈등론적 관점)
- ① 상급학교 진학을 위한 입시교육에 더 신경
- ② 재생산을 강화

PART 2
교육철학

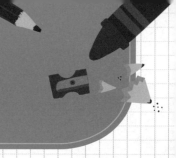

Theme 1
교육철학의 기초

1. 교육철학의 기능
- **(1) 사변적 기능** ── 새로운 제언과 아이디어 창출(목표설정)
- **(2) 분석적 기능** ── 언어의 의미(개념 정의)를 분명히, 철학의 과학화
- **(3) 평가적 기능** ── 교육의 적합성 여부 평가(교육의 가치판단)
- **(4) 종합적 기능** ── 통합적 기능(교육의 일관성 유지), 전체로서의 의미(포괄적 안목)

2. 교육철학의 영역
- **(1) 존재론** ── 존재의 본질을 탐구
  예 관념론, 실재론, 실용주의론
- **(2) 인식론*** ── 진리와 지식의 근거 탐구(무엇이 진리인가를 탐구)
  예 합리론, 경험론
- **(3) 가치론** ── 가치의 본질을 탐구
  예 윤리학(선 or 악), 미학
- **(4) 논리학** ── 모순 없는 사고의 전개과정을 위한 규칙에 관한 연구
  예 연역적 논리, 귀납적 논리

3. 교육의 목적론**
- **(1) 내재적 목적**
  - ① 교육(행위) 안에 목적 존재, 본질적 기능, 목적적 기능
  - ② 교육 자체가 목적(인격완성, 자아실현, 민주시민 양성, 위기지학, 홍익인간, 전인교육)
- **(2) 외재적 목적**
  - ① 교육(행위) 밖에 목적 존재, 비본질적 목적, 수단적 목적
  - ② 교육이 어떠한 목적의 수단(발전교육론적 입장, 위인지학)

4. 지식의 종류
- **(1) 방법적 지식**
  - ① 어떤 과제의 절차와 방법에 대한 지식(~을 할 줄 안다; know-how의 개념), 묵시지
  - ② 활용/문제해결방안 생성 및 창출
- **(2) 명제적 지식**
  - ① 옳고 그름을 판단하는 지식(know-what), 명시지
  - ② 사실적 지식, 논리적 지식, 규범적 지식

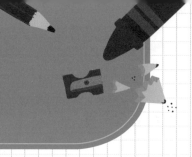

Theme 2
미국의 4대 교육철학

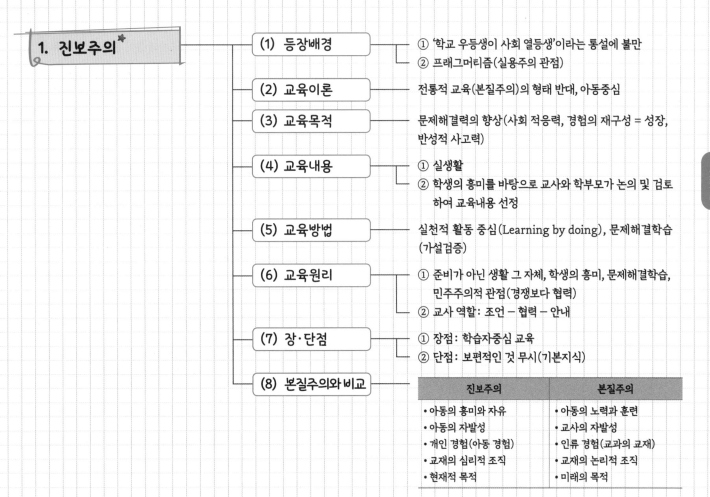

1. 진보주의 ★

(1) 등장배경
① '학교 우등생이 사회 열등생'이라는 통설에 불만
② 프래그머티즘(실용주의 관점)

(2) 교육이론
전통적 교육(본질주의)의 형태 반대, 아동중심

(3) 교육목적
문제해결력의 향상(사회 적응력, 경험의 재구성 = 성장, 반성적 사고력)

(4) 교육내용
① 실생활
② 학생의 흥미를 바탕으로 교사와 학부모가 논의 및 검토하여 교육내용 선정

(5) 교육방법
실천적 활동 중심(Learning by doing), 문제해결학습(가설검증)

(6) 교육원리
① 준비가 아닌 생활 그 자체, 학생의 흥미, 문제해결학습, 민주주의적 관점(경쟁보다 협력)
② 교사 역할: 조언 – 협력 – 안내

(7) 장·단점
① 장점: 학습자중심 교육
② 단점: 보편적인 것 무시(기본지식)

(8) 본질주의와 비교

진보주의	본질주의
• 아동의 흥미와 자유	• 아동의 노력과 훈련
• 아동의 자발성	• 교사의 자발성
• 개인 경험(아동 경험)	• 인류 경험(교과의 교재)
• 교재의 심리적 조직	• 교재의 논리적 조직
• 현재적 목적	• 미래의 목적

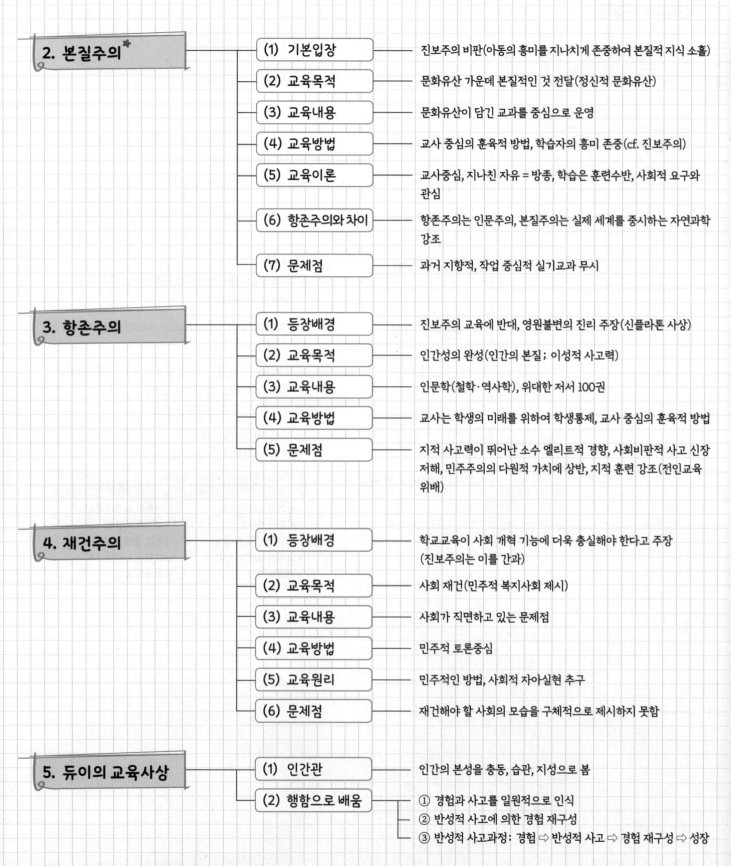

2. 본질주의*

(1) 기본입장	진보주의 비판(아동의 흥미를 지나치게 존중하여 본질적 지식 소홀)
(2) 교육목적	문화유산 가운데 본질적인 것 전달(정신적 문화유산)
(3) 교육내용	문화유산이 담긴 교과를 중심으로 운영
(4) 교육방법	교사 중심의 훈육적 방법, 학습자의 흥미 존중(cf. 진보주의)
(5) 교육이론	교사중심, 지나친 자유 = 방종, 학습은 훈련수반, 사회적 요구와 관심
(6) 항존주의와 차이	항존주의는 인문주의, 본질주의는 실제 세계를 중시하는 자연과학 강조
(7) 문제점	과거 지향적, 작업 중심적 실기교과 무시

3. 항존주의

(1) 등장배경	진보주의 교육에 반대, 영원불변의 진리 주장(신플라톤 사상)
(2) 교육목적	인간성의 완성(인간의 본질 ; 이성적 사고력)
(3) 교육내용	인문학(철학·역사학), 위대한 저서 100권
(4) 교육방법	교사는 학생의 미래를 위하여 학생통제, 교사 중심의 훈육적 방법
(5) 문제점	지적 사고력이 뛰어난 소수 엘리트적 경향, 사회비판적 사고 신장 저해, 민주주의의 다원적 가치에 상반, 지적 훈련 강조(전인교육 위배)

4. 재건주의

(1) 등장배경	학교교육이 사회 개혁 기능에 더욱 충실해야 한다고 주장 (진보주의는 이를 간과)
(2) 교육목적	사회 재건(민주적 복지사회 제시)
(3) 교육내용	사회가 직면하고 있는 문제점
(4) 교육방법	민주적 토론중심
(5) 교육원리	민주적인 방법, 사회적 자아실현 추구
(6) 문제점	재건해야 할 사회의 모습을 구체적으로 제시하지 못함

5. 듀이의 교육사상

(1) 인간관	인간의 본성을 충동, 습관, 지성으로 봄
(2) 행함으로 배움	① 경험과 사고를 일원적으로 인식 ② 반성적 사고에 의한 경험 재구성 ③ 반성적 사고과정: 경험 ⇨ 반성적 사고 ⇨ 경험 재구성 ⇨ 성장

Theme 3
현대 교육철학

1. 실존주의

(1) 개념 ── 주체적으로 자신의 삶을 살아감으로써 삶의 의미를 찾는 것

(2) 등장배경 ── 현대 문명의 비인간화에 대한 반항, 인간성 회복과 인간의
주체성 주장 ⇨ 주체적 존재로서의 인간 중시

(3) 주요개념* ── ① 실존 ⇨ 실존은 본질에 선행(내가 먼저 존재, 그 다음에
본질규명)
── ② 선택 ⇨ 자유와 책임(어떤 것이든 선택 가능)
── ③ 소외 × ⇨ 주체성(스스로 독자적인 삶)

(4) 특성 ── ① 개인의 독자적인 삶과 자유 중시
── ② 추상적·보편적 인간 지향하지 않음
── ③ 스스로 각성, 자아발견 중시
── ④ 대화, 책임, 각성 중시

(5) 교육이론 ── ① 전인적 인간육성(자아실현)
── ② 개인의 개성존중(사회적 규범 ×)
── ③ 획일적인 교육비판, 독자적 삶 중시

(6) 교사역할 ── ① 인간 개성과 주체성 존중, 다양한 커리큘럼 제공
── ② 자아실현 강조, 만남 중시(교사는 만남을 대비하는 사람)

(7) 교사관 ── 공감(학생이해), 풍부한 경험의 소유자, 격려하는 자세,
학습자중심

(8) 비판점 ── 인간의 존재양상의 측면을 객관적 분석 ×, 교육내용이나
방법 경시

(9) 주요학자* ── ① 볼노브: 수직적·비연속적 교육 ⇨ 삶의 질 자체 변화,
인격적 만남 중시
── ② 부버: 일상생활의 충실, 관심, 사랑 강조, '나와 너'의
주체적 만남 중시

(10) 교육적 시사점* ── ① 교사와 학생 간의 인격적 만남 중시
── ② 개인의 성장과 자아실현 강조(비인격적 성장, 질적 변화)
── ③ 지적 교육보다 도덕교육과 인간주의적 교육방법 강조
── ④ 강의식 × ⇨ 토의식 수업(대화), 소외 방지

2. 구조주의

(1) 등장배경 — 실존주의와 대립, 자연적 인생에는 하나의 사고방식(논리)이 존재
예 지식의 구조

(2) 교육원리 — 사회현상 이면에 작동하는 보편적 진리 탐구

(3) 특징 — 피동성, 전체 속의 나, 객관성

(4) 대표자 — 피아제, 브루너, 촘스키

(5) 실존주의와 비교 —

구조주의	실존주의
• 보편적 세계추구	• 주체적 의식추구
• 자주적 행위 부정	• 자주적 행위 강조
• 몰인격적 체계 구조	• 주체적·실존적 자각
• 정지된 시간의 초월	• 역사주의적 입장

3. 포스트 모더니즘

(1) 등장배경 — 정보통신기술의 발전(정보화 사회) ⇨ 다양화

(2) 특징 — 다양성, 해체(반이성), 반합리주의, 인식론적 상대주의(보편타당한 지식 ×), 유희적 행복감, 주관성, 학습자 중심, 탈 정전(소서사적 지식)

(3) 교육이론 — 창의성, 다원주의, 문화적 맥락, 교육내용의 다양화, 교과 통합형

(4) 푸코✱ — 경계 허물기(해체) ; 정상─비정상(지식─권력관계), 생체권력, 판옵티콘

4. 구성주의

(1) 특성 — 주관주의 지식관, 능동적, 느낌이나 의미부여를 넘어선 실재와 관련

(2) 교육론✱ — 학습자(능동적), PBL, 교사(조력자, 안내자), Cu(학습자에 의해 재구성)

(3) 문제중심학습 —
① 현실 문제(problem) : 맥락적·상황적 문제
② 자기주도학습, 협동학습
③ 결과 동일 × ⇨ 결과만 평가 ×, 과정도 평가(수행평가)
④ 인지 × ⇨ 초인지, 창의력, 방법적 지식
⑤ 열린교육(교실, 교사, 교과서만 강조 ×)

(4) 수업원리 — 능동적 참여, 유의미적(학생) 관련성, 아이디어 활성화(창의성), 풍부한 학습환경, 협동적 수업

(5) 평가방법 — 자기평가, 학생 간의 평가, 수행평가

(6) 문제점✱✱✱ —
① 학교교육의 교육과정 체계화 ×
② 기초학력 저하 우려
③ 자기주도학습의 어려움(장의존적 학습자)

(7) 7차 Cu 배경 — 인식론 바탕(능동적 구성), 디지털 정보화(가상현실)

5. 분석적 교육철학

(1) 개념 — 의미를 분석해서 눈에 보이도록 명확히 객관화(철학적 태도, 언어분석)

(2) 기본입장 — 언어를 철학탐구의 대상, 용어(개념)의 의미 명료화

(3) 교육론 — 교육적 실천원리를 정당화, 용어의 의미를 분석하여 명료화 (개념 – 정의 – 분석)

(4) 의의 ✱ — 과학언어와 일상언어 명료화 ⇨ 인간세계 이해, 철학을 과학화, 이데올로기적 표현

(5) 교육 시사점 — 명확한 의사전달, 일관성 있는 추리, 객관적 지식, 언어와 개념 정의 등의 명료화

(6) 교사 시사점 — 교육이념·교육목적·교육과정을 위한 분석법 사용

6. 현상학

(1) 개관 ✱
① 있는 현상을 그대로 기술(질적 접근)
② 세상의 모든 존재는 의식을 통해 존재, 지향성(의식작용의 결과)
③ 정신이해, 행위자 입장, 맥락적 관점

(2) 방법 — 의식탐구에 대한 관심과 의식을 분석(의식 – 지향성 – 대상)

(3) 주요학자 ✱ — 메를로 퐁티 ⇨ 전 반성적사고(구체적 경험을 토대로 사고)
예 백문이불여일견

(4) 시사점 — 지식의 문제는 지식의 주체와 분리시켜 생각 ×(관찰자가 아닌 행위자 입장), 학습자의 동기(주체성) 강조

7. 해석학

(1) 삶의 의미 — 교육현실 속에는 의미와 목적 설정이 내재, 모든 과학은 '이해'를 전제

(2) 교육 현실 — 인간적 삶의 현실을 교육적인 시각에서 바라보고 의미 해석(맥락적 이해)

(3) 전이해(선이해) — 이해할 수 있다(다양한 이해)

(4) 삶의 표현 — 의미충족 형식, 해석의 대상, 이해를 필요로 함

(5) 순환·이해 — (행위자 – 정신 – 이해), 전체의 이해가 부분에 대한 이해 높임, 해석학적 순환

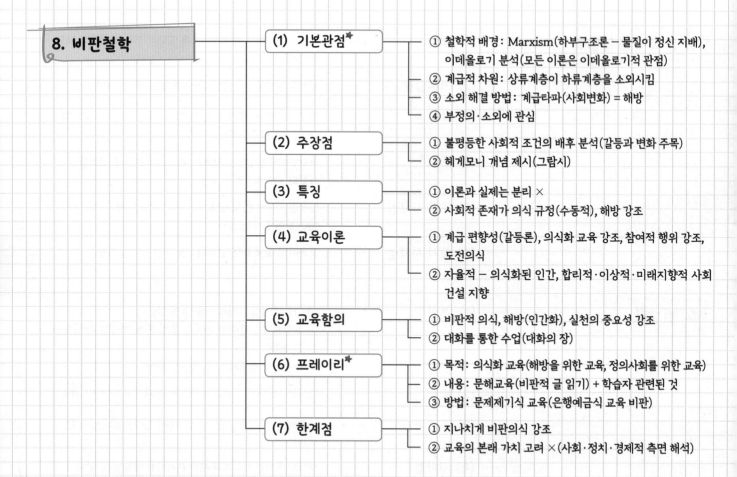

8. 비판철학

(1) 기본관점 ★
- ① 철학적 배경: Marxism(하부구조론 – 물질이 정신 지배), 이데올로기 분석(모든 이론은 이데올로기적 관점)
- ② 계급적 차원: 상류계층이 하류계층을 소외시킴
- ③ 소외 해결 방법: 계급타파(사회변화) = 해방
- ④ 부정의·소외에 관심

(2) 주장점
- ① 불평등한 사회적 조건의 배후 분석(갈등과 변화 주목)
- ② 헤게모니 개념 제시(그람시)

(3) 특징
- ① 이론과 실제는 분리 ×
- ② 사회적 존재가 의식 규정(수동적), 해방 강조

(4) 교육이론
- ① 계급 편향성(갈등론), 의식화 교육 강조, 참여적 행위 강조, 도전의식
- ② 자율적 – 의식화된 인간, 합리적·이상적·미래지향적 사회 건설 지향

(5) 교육함의
- ① 비판적 의식, 해방(인간화), 실천의 중요성 강조
- ② 대화를 통한 수업(대화의 장)

(6) 프레이리 ★
- ① 목적: 의식화 교육(해방을 위한 교육, 정의사회를 위한 교육)
- ② 내용: 문해교육(비판적 글 읽기) + 학습자 관련된 것
- ③ 방법: 문제제기식 교육(은행예금식 교육 비판)

(7) 한계점
- ① 지나치게 비판의식 강조
- ② 교육의 본래 가치 고려 ×(사회·정치·경제적 측면 해석)

Theme 4
유교 철학

1. 유교 철학

- **(1) 목적*** ── 인격완성(위기지학 : 경학)

- **(2) 교육내용** ── 소학 ⇨ 대학(4서 5경)

- **(3) 교육방법**
  - ① 거경궁리, 존천리 거인욕, 강의
  - ② 탐구론 : 이기론 ⇨ '이' 강조
  - ③ 대학론 : 격물치지 ⇨ 성의정심 ⇨ 수신, 제가, 치국, 평천하

교육철학

PART 2

ET 권지수 교육학 논술 콕콕 키워드 마인드맵

PART 3
서양교육사

Theme 1
고대의 교육

1. 개요 ── (1) 교육목적 ── 정치가 양성(도덕성 교육 + 변론술; 수사학)

            ├─ (2) 교육대상 ── 귀족

            └─ (3) 주요 교과 ── 라틴어, 7자유과

2. 교육사상가 ── (1) 소피스트 ── ① 교육목적: 정치가 양성(입신양명)

                               └─ ② 교육사상: 상대적 진리관

           ├─ (2) 소크라테스* ── ① 교육목적: 도덕성 함양(지행합일)

                              ├─ ② 교육사상: 이성 강조(보편적 진리관), 무지의 자각, 지식을 통한 도덕성 교육(진지)

                              └─ ③ 교육방법: 대화법(산파술, 반어법) – 개발주의 교육

           ├─ (3) 플라톤 ── ① 교육목적: 철인양성, 이데아의 실현

                              ├─ ② 교육사상: 이원론, 이데아 강조, 이상국가론(4주덕)

                              └─ ③ 교육방법: 회상술(상기설)

           └─ (4) 아리스토텔레스 ── ① 교육목적: 행복(목적적 윤리), 자기실현

                                  ├─ ② 교육사상: 일원론(형상과 질료), 자유교육론

                                  └─ ③ 교육방법: 중용의 실천

근세의 교육(15~17세기)

1. 중세교육

(1) 기사도 교육
- ① 교육목적: 야만적 무사로 하여금 기독교 정신 습득
- ② 의의: 체육교육에 지대한 영향, 서양 신사정신(Gentlemanship) 원천

(2) 중세 대학
- ① 발달원인: 십자군 원정, 사라센 문화 도입, 도시발달, 스콜라철학
- ② 교육목적: 연구와 전문인(의사, 목사, 법관 등) 양성
- ③ 교육내용: 7자유과
- ④ 교육방법: 강의

(3) 시민교육
- ① 특징: 시민교육, 직업교육, 복선형
- ② 교육제도: 길드제도(도제제도)

2. 16세기 인문주의

(1) 배경
- ① 교회중심 세계관 ⬇, 동방문화와의 접촉
- ② 부를 축적한 시민계급 발생

(2) 특징
- 지덕체 수양, 고대문화(로마) 부흥 및 인간성 존중

(3) 유형
- 개인적 인문주의, 사회적 인문주의, 키케로주의

3. 16세기 종교개혁

(1) 신교 윤리
- 성서는 신앙의 규범, 인간은 평등, 노동을 신성하게 여김(소명)

(2) 교육 특징
- 신교의 직업윤리관(소명의식), 여성교육 주장, 성서가 일반 시민에까지 개방, 초등 의무교육 발달에 크게 기여

(3) 루터
- 만인사제론(직임이나 일에 관계없이 세례를 받으면 모두 영적인 계급에 속한다고 봄)

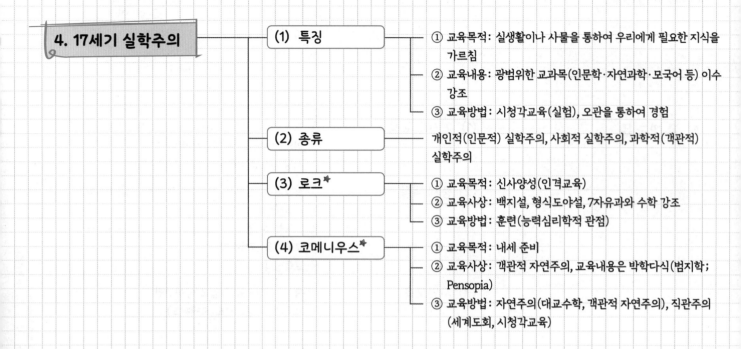

4. 17세기 실학주의

(1) 특징
- ① 교육목적: 실생활이나 사물을 통하여 우리에게 필요한 지식을 가르침
- ② 교육내용: 광범위한 교과목(인문학·자연과학·모국어 등) 이수 강조
- ③ 교육방법: 시청각교육(실험), 오관을 통하여 경험

(2) 종류
개인적(인문적) 실학주의, 사회적 실학주의, 과학적(객관적) 실학주의

(3) 로크﹡
- ① 교육목적: 신사양성(인격교육)
- ② 교육사상: 백지설, 형식도야설, 7자유과와 수학 강조
- ③ 교육방법: 훈련(능력심리학적 관점)

(4) 코메니우스﹡
- ① 교육목적: 내세 준비
- ② 교육사상: 객관적 자연주의, 교육내용은 박학다식(범지학; Pensopia)
- ③ 교육방법: 자연주의(대교수학, 객관적 자연주의), 직관주의 (세계도회, 시청각교육)

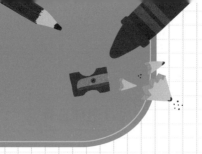

근대 이후의 교육

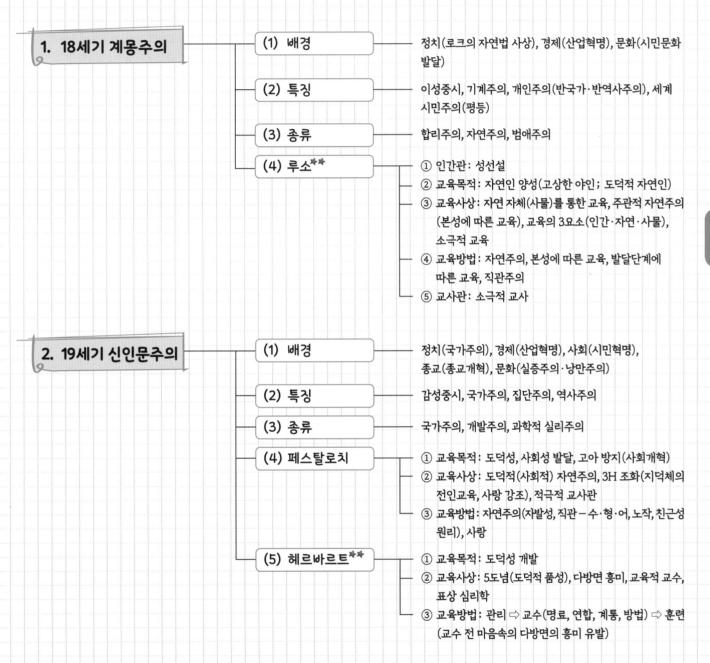

1. 18세기 계몽주의

(1) 배경 ── 정치(로크의 자연법 사상), 경제(산업혁명), 문화(시민문화 발달)

(2) 특징 ── 이성중시, 기계주의, 개인주의(반국가·반역사주의), 세계 시민주의(평등)

(3) 종류 ── 합리주의, 자연주의, 범애주의

(4) 루소✵✵
① 인간관: 성선설
② 교육목적: 자연인 양성(고상한 야인; 도덕적 자연인)
③ 교육사상: 자연 자체(사물)를 통한 교육, 주관적 자연주의(본성에 따른 교육), 교육의 3요소(인간·자연·사물), 소극적 교육
④ 교육방법: 자연주의, 본성에 따른 교육, 발달단계에 따른 교육, 직관주의
⑤ 교사관: 소극적 교사

2. 19세기 신인문주의

(1) 배경 ── 정치(국가주의), 경제(산업혁명), 사회(시민혁명), 종교(종교개혁), 문화(실증주의·낭만주의)

(2) 특징 ── 감성중시, 국가주의, 집단주의, 역사주의

(3) 종류 ── 국가주의, 개발주의, 과학적 실리주의

(4) 페스탈로치
① 교육목적: 도덕성, 사회성 발달, 고아 방지(사회개혁)
② 교육사상: 도덕적(사회적) 자연주의, 3H 조화(지덕체의 전인교육, 사랑 강조), 적극적 교사관
③ 교육방법: 자연주의(자발성, 직관 — 수·형·어, 노작, 친근성 원리), 사랑

(5) 헤르바르트✵✵
① 교육목적: 도덕성 개발
② 교육사상: 5도념(도덕적 품성), 다방면 흥미, 교육적 교수, 표상 심리학
③ 교육방법: 관리 ⇨ 교수(명료, 연합, 계통, 방법) ⇨ 훈련(교수 전 마음속의 다방면의 흥미 유발)

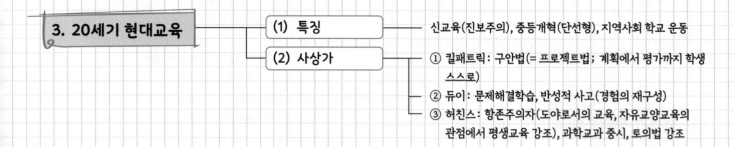

3. 20세기 현대교육

(1) 특징 ──── 신교육(진보주의), 중등개혁(단선형), 지역사회 학교 운동

(2) 사상가 ──── ① 킬패트릭 : 구안법(= 프로젝트법 ; 계획에서 평가까지 학생
　　　　　　　　　　스스로)

　　　　　　── ② 듀이 : 문제해결학습, 반성적 사고(경험의 재구성)

　　　　　　── ③ 허친스 : 항존주의자(도야로서의 교육, 자유교양교육의
　　　　　　　　　　관점에서 평생교육 강조), 과학교과 중시, 토의법 강조

PART 4
한국교육사

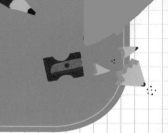

삼국시대 교육

1. 개요 ── **(1) 목적** ── 인재양성 + 국가 방위에 필요한 무인의 양성(문 + 무)

├ **(2) 방법** ── 경전에 의한 문자교육(주입식·암기식 방법의 모방교육)

2. 고구려 ── **(1) 태학**
① 성격: 우리나라 최고의 관학이자 대학
② 교육목적: 관리양성
③ 교육내용: 5경 3사

├ **(2) 경당**
① 성격: 군사조직체
② 교육목적: 통경과 습사

3. 신라 ── **(1) 화랑도**
① 성격
㉠ 우리의 고유사상(풍류도) + 유·불·선 ⇨ 통합적 관점
㉡ 종교적(심신수양)·군사적(전쟁 준비)·교육적 기능(국가 통치 요원 양성)
㉢ 국가에서 보호·육성하나 관학이 아닌 사설조직체(비형식적 교육기관)
② 교육목적: 세속오계에 의한 무인양성
③ 교육방법: 실생활 교육

├ **(2) 국학**
① 성격: 학업(강학)과 문묘제례(인격완성)
② 과거제도: 독서삼품과

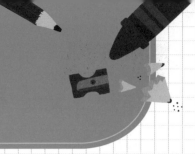

Theme 2
고려시대 교육

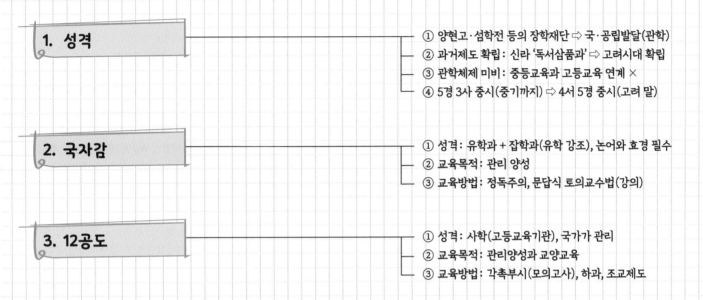

1. 성격
- ① 양현고·섬학전 등의 장학재단 ⇨ 국·공립발달(관학)
- ② 과거제도 확립 : 신라 '독서삼품과' ⇨ 고려시대 확립
- ③ 관학체제 미비 : 중등교육과 고등교육 연계 ×
- ④ 5경 3사 중시(중기까지) ⇨ 4서 5경 중시(고려 말)

2. 국자감
- ① 성격 : 유학과 + 잡학과(유학 강조), 논어와 효경 필수
- ② 교육목적 : 관리 양성
- ③ 교육방법 : 정독주의, 문답식 토의교수법(강의)

3. 12공도
- ① 성격 : 사학(고등교육기관), 국가가 관리
- ② 교육목적 : 관리양성과 교양교육
- ③ 교육방법 : 각촉부시(모의고사), 하과, 조교제도

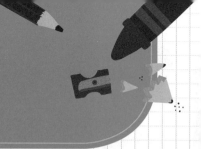

Theme 3
조선시대 교육

1. 학교제도

(1) 성균관＊
- ① 성격: 잡과 없고 유학만, 고등교육기관
- ② 교육목적: 관리양성(강학과 향사 기능)
- ③ 교육방법
    - ㉠ 강의 ⇨ 토론 ⇨ 반복연습(인지정교화 이론과 유사)
    - ㉡ 단계별 학습(구재지법): 대학 ⇨ 논어 ⇨ 맹자 ⇨ 중용 ⇨ 시경 ⇨ 서경 ⇨ 춘추 ⇨ 예기 ⇨ 역경
    - ㉢ 평정방법: 제술, 강경시험 ⇨ 4단계 평정(대통 ⇨ 통 ⇨ 약통 ⇨ 조통)
    - ㉣ 시험: 일강(매일), 순재(10일마다), 월강(월말 고시), 연고(학년말 고사)

(2) 4학(4부학당)
- ① 성격: 중앙 중등관학기관, 성균관 부속학교 성격, 소학 필수
- ② 교육목적: 성균관과 유사(강학만 있고 향사 기능 없음)
- ③ 교육방법: 성균관과 유사, 시험(승보시, 4학합제 – 도회)

(3) 향교
- ① 성격: 지방 중등관학기관, 실업교육 병행, 향풍순화
- ② 교육목적: 강학과 향사
- ③ 행사: 공도회, 지역사회 운동(향음주례, 향사례, 양노례 등)

(4) 잡과 교육
- ① 성격: 관아에서 실시하던 실업교육, 중인 대상
- ② 교육목적: 실업인 양성
- ③ 교육방법: 유학교육과 실습

(5) 서원
- ① 성격: 지방 중등사학기관, 국가의 보조 받음(반관 반민적 성격)
- ② 교육목적: 강학과 향사(선현)
- ③ 폐단: 군역의 도피 장소로 활용(서원의 노비), 유식장화, 우민착취, 행정질서 문란, 정권 다툼(붕당정치)의 소굴

(6) 서당＊
- ① 성격: 범계급적 초등교육기관, 조교(접장)제도, 능력별 수업, 전인교육
- ② 교육목적: 유교적 예절, 학문 기초, 4학과 향교 입학준비
- ③ 교육내용: 강독, 습자, 제술
- ④ 교육방법
    - ㉠ 개별교수법, 문리를 터득, 암기식 수업(숙독, 암송)
      (cf. 주입식 교육 ×)
    - ㉡ 계절에 따라 교과내용 달리 ※ 12공도-하과(하계강습회)
    - ㉢ 성적 ⇩ or 태만한 자: 초달 징계
    - ㉣ 강할 때 합격해야만 다음 진도(수업방법인 동시에 학습평가)
    - ㉤ 학동은 문장을 읽고 암송, 해석
    - ㉥ 놀이학습: 민족의식 고취
    - ㉦ 운영의 다양화(야간제, 계절제, 전일제)

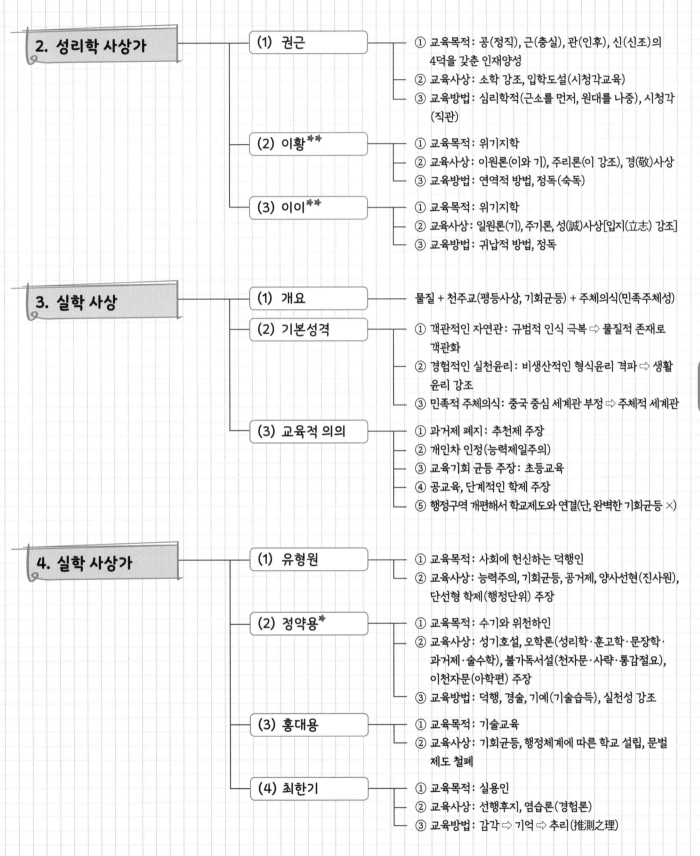

2. 성리학 사상가

(1) 권근
- ① 교육목적: 공(정직), 근(충실), 관(인후), 신(신조)의 4덕을 갖춘 인재양성
- ② 교육사상: 소학 강조, 입학도설(시청각교육)
- ③ 교육방법: 심리학적(근소를 먼저, 원대를 나중), 시청각(직관)

(2) 이황✤✤
- ① 교육목적: 위기지학
- ② 교육사상: 이원론(이와 기), 주리론(이 강조), 경(敬)사상
- ③ 교육방법: 연역적 방법, 정독(숙독)

(3) 이이✤✤
- ① 교육목적: 위기지학
- ② 교육사상: 일원론(기), 주기론, 성(誠)사상[입지(立志) 강조]
- ③ 교육방법: 귀납적 방법, 정독

3. 실학 사상

(1) 개요
- 물질 + 천주교(평등사상, 기회균등) + 주체의식(민족주체성)

(2) 기본성격
- ① 객관적인 자연관: 규범적 인식 극복 ⇨ 물질적 존재로 객관화
- ② 경험적인 실천윤리: 비생산적인 형식윤리 격파 ⇨ 생활윤리 강조
- ③ 민족적 주체의식: 중국 중심 세계관 부정 ⇨ 주체적 세계관

(3) 교육적 의의
- ① 과거제 폐지: 추천제 주장
- ② 개인차 인정(능력제일주의)
- ③ 교육기회 균등 주장: 초등교육
- ④ 공교육, 단계적인 학제 주장
- ⑤ 행정구역 개편해서 학교제도와 연결(단, 완벽한 기회균등 ×)

4. 실학 사상가

(1) 유형원
- ① 교육목적: 사회에 헌신하는 덕행인
- ② 교육사상: 능력주의, 기회균등, 공거제, 양사선현(진사원), 단선형 학제(행정단위) 주장

(2) 정약용✤
- ① 교육목적: 수기와 위천하인
- ② 교육사상: 성기호설, 오학론(성리학·훈고학·문장학·과거제·술수학), 불가독서설(천자문·사략·통감절요), 이천자문(아학편) 주장
- ③ 교육방법: 덕행, 경술, 기예(기술습득), 실천성 강조

(3) 홍대용
- ① 교육목적: 기술교육
- ② 교육사상: 기회균등, 행정체계에 따른 학교 설립, 문벌제도 철폐

(4) 최한기
- ① 교육목적: 실용인
- ② 교육사상: 선행후지, 염습론(경험론)
- ③ 교육방법: 감각 ⇨ 기억 ⇨ 추리(推測之理)

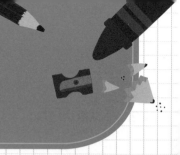

Theme 4
갑오개혁과 일제강점기 교육

1. 갑오개혁

(1) 주요 조치 — 과거제 폐지, 신분제 타파, 부녀자의 재가 허용

(2) 교육정책
- ① 교육의 기회균등(한성소학교)
- ② 외국어 교육(육영공원)
- ③ 실업교육
- ④ 교원양성(한성사범학교)

(3) 교육입국 조서
- ① 교육을 국가중흥의 수단으로 인식: 교육의 사회개조기능 중시
- ② 비실용적 경전중심 교육 지양: 실용적 교육 강조
- ③ 전인교육 강조(덕·체·지)
- ④ 국민교육 권장
- ⑤ 구교육과 신교육의 분기점, 근대학제 확립에 기여(근대학제 완성 ×), 민주교육의 구현에 기여(민주교육 이념의 구현 ×)
- ⑥ 국사와 국문 강조

(4) 교육적 특징
- ① 관학보다 사학의 발달(지방분권적)
- ② 관학: 교원양성(소학교 교사), 실업교육, 외국어 교육에 치중
- ③ 교육의 기회균등(소학교와 단선형): 초등교육의 의무화, 교육의 민주화 공헌
- ④ 체계적 학제 확립: 현대교육 학제의 기본이념 형성
- ⑤ 한성사범학교(1895): 최초의 근대적 학제
- ⑥ 구교육체제 일소: 전통과의 접맥을 위한 시도 결여

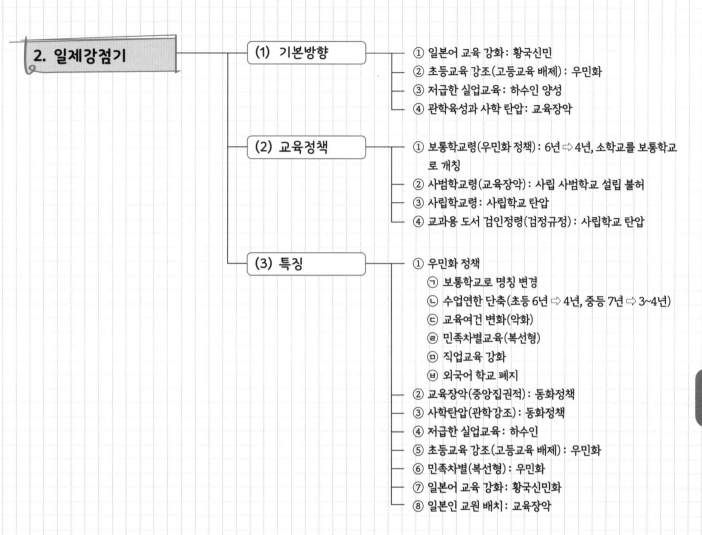

2. 일제강점기

(1) 기본방향
- ① 일본어 교육 강화 : 황국신민
- ② 초등교육 강조(고등교육 배제) : 우민화
- ③ 저급한 실업교육 : 하수인 양성
- ④ 관학육성과 사학 탄압 : 교육장악

(2) 교육정책
- ① 보통학교령(우민화 정책) : 6년 ⇨ 4년, 소학교를 보통학교로 개칭
- ② 사범학교령(교육장악) : 사립 사범학교 설립 불허
- ③ 사립학교령 : 사립학교 탄압
- ④ 교과용 도서 검인정령(검정규정) : 사립학교 탄압

(3) 특징
- ① 우민화 정책
  - ㉠ 보통학교로 명칭 변경
  - ㉡ 수업연한 단축(초등 6년 ⇨ 4년, 중등 7년 ⇨ 3~4년)
  - ㉢ 교육여건 변화(악화)
  - ㉣ 민족차별교육(복선형)
  - ㉤ 직업교육 강화
  - ㉥ 외국어 학교 폐지
- ② 교육장악(중앙집권적) : 동화정책
- ③ 사학탄압(관학강조) : 동화정책
- ④ 저급한 실업교육 : 하수인
- ⑤ 초등교육 강조(고등교육 배제) : 우민화
- ⑥ 민족차별(복선형) : 우민화
- ⑦ 일본어 교육 강화 : 황국신민화
- ⑧ 일본인 교원 배치 : 교육장악

PART 5
교육사회학

Theme 1
교육사회학의 기초

1. 주요 관점

(1) 발전과정 ── 기능주의적 관점 ──▶ ┌ 갈등주의적 관점(미국 중심)
　　　　　　　　　　　　　　　　　　 └ 신교육사회학(영국 중심)

(2) 거시적 관점
① 기능주의 관점
　㉠ 학교의 기능을 낙관(비본질적·수단적 기능의 강조)
　㉡ 학교교육 ⇨ 능력 향상 ⇨ 국가·사회발전, 개인 성장
　㉢ 능력, 노력, 사회화 강조
② 갈등주의 관점
　㉠ 기능주의의 기본이론 부정
　㉡ 학교교육은 중상류계층에서 더 유리
　㉢ 지배이데올로기, 재생산, 계급 간 이해관계 강조

(3) 미시적 관점
① 해석학적 관점: 상징적 상호작용론, 피그말리온 효과
② 신교육사회학: 지식사회학적 관점(교육과정의 이데올로기성 분석)

(4) 비교
① 거시적 관점: 사회구조의 영향력과 관계에 관심
② 미시적 관점: 사회구조보다 교실과 학교 안, 교육과정에 관심

기능주의와 갈등주의

1. 기능주의

(1) 개요

① 기본전제
  ㉠ 사회는 유기체
  ㉡ 부분은 전체를 위해 고유한 기능 수행
  ㉢ 능력에 따른 차등적 보상체제(노력)
② 기본 가정(주요 요소): 안정성, 통합성, 기능적 조정 (구조와 기능), 합의

(2) 교육적 관점

◎ **기출 KEEP**

기능론적 관점에서 학교교육의 선발·배치 기능 및 한계점을 설명하시오. 15 중등

① 사회관
  ㉠ 안정지향적
  ㉡ 상호의존적·통합적
  ㉢ 사회변화는 점진적·누적적(안정지향)
  ㉣ 지위 배분은 개인의 성취능력에 의해 달성: 노력
② 교육관 ✤
  ㉠ 교육을 통해 능력을 배양하면 계층이동이 가능하다고 봄(평등)
  ㉡ 학교는 개인의 재능과 노력에 따라 공정한 평가와 사회적 보상 제공
  ㉢ 학교는 지위의 사다리: 교육을 통한 평등 지향
  ㉣ 지식은 불변의 것: 합의된 지식 강조
  ㉤ 경쟁원리 중시: 노력
③ 교육과정관: 교육내용은 보편적인 것
④ 교육문제와 교육개혁관: 스스로 교육문제 해결가능 (점진적 개혁)
⑤ 선발·배치관: 평등(노력 강조) ✤
  ㉠ 능력에 따른 인력배치
  ㉡ 우열반 찬성: 능력에 따라 분류
  ㉢ 학습능력에 맞는 학습방법, 교과과정 제공
⑥ 평등관 ✤
  ㉠ 불평등 인정(동인으로 작용)
  ㉡ 교육을 통해 평등해질 수 있음

교육사회학

PART 5 ET 김인식 교육학 논술 콕콕 키워드 마인드맵

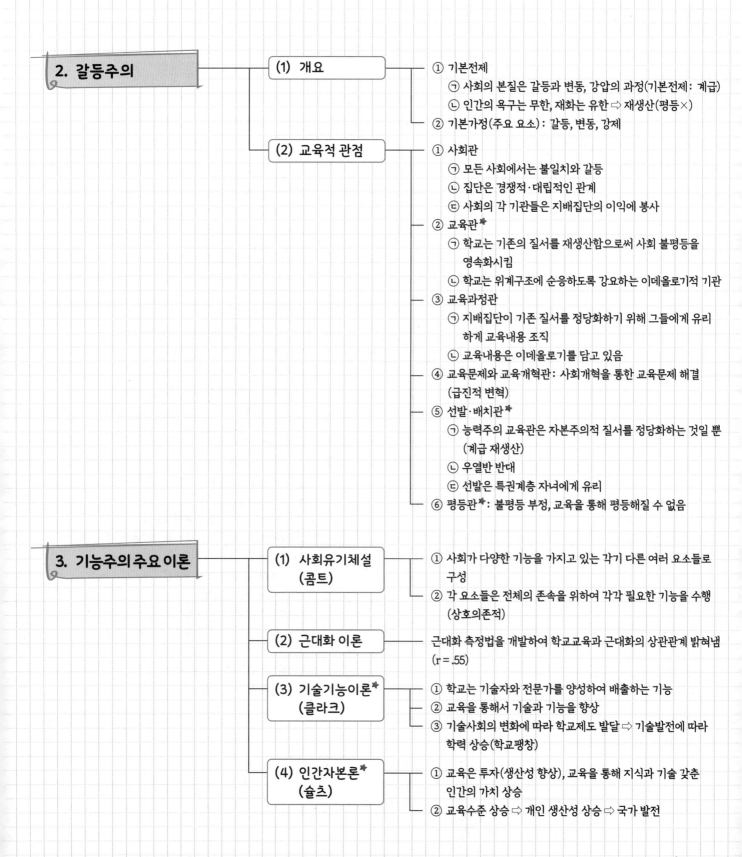

2. 갈등주의

(1) 개요

① 기본전제
   ㉠ 사회의 본질은 갈등과 변동, 강압의 과정(기본전제: 계급)
   ㉡ 인간의 욕구는 무한, 재화는 유한 ⇨ 재생산(평등×)
② 기본가정(주요 요소): 갈등, 변동, 강제

(2) 교육적 관점

① 사회관
   ㉠ 모든 사회에서는 불일치와 갈등
   ㉡ 집단은 경쟁적·대립적인 관계
   ㉢ 사회의 각 기관들은 지배집단의 이익에 봉사
② 교육관*
   ㉠ 학교는 기존의 질서를 재생산함으로써 사회 불평등을 영속화시킴
   ㉡ 학교는 위계구조에 순응하도록 강요하는 이데올로기적 기관
③ 교육과정관
   ㉠ 지배집단이 기존 질서를 정당화하기 위해 그들에게 유리하게 교육내용 조직
   ㉡ 교육내용은 이데올로기를 담고 있음
④ 교육문제와 교육개혁관: 사회개혁을 통한 교육문제 해결 (급진적 변혁)
⑤ 선발·배치관*
   ㉠ 능력주의 교육관은 자본주의적 질서를 정당화하는 것일 뿐 (계급 재생산)
   ㉡ 우열반 반대
   ㉢ 선발은 특권계층 자녀에게 유리
⑥ 평등관*: 불평등 부정, 교육을 통해 평등해질 수 없음

3. 기능주의 주요 이론

(1) 사회유기체설 (콩트)

① 사회가 다양한 기능을 가지고 있는 각기 다른 여러 요소들로 구성
② 각 요소들은 전체의 존속을 위하여 각각 필요한 기능을 수행 (상호의존적)

(2) 근대화 이론

근대화 측정법을 개발하여 학교교육과 근대화의 상관관계 밝혀냄 (r = .55)

(3) 기술기능이론* (클라크)

① 학교는 기술자와 전문가를 양성하여 배출하는 기능
② 교육을 통해서 기술과 기능을 향상
③ 기술사회의 변화에 따라 학교제도 발달 ⇨ 기술발전에 따라 학력 상승(학교팽창)

(4) 인간자본론* (슐츠)

① 교육은 투자(생산성 향상), 교육을 통해 지식과 기술 갖춘 인간의 가치 상승
② 교육수준 상승 ⇨ 개인 생산성 상승 ⇨ 국가 발전

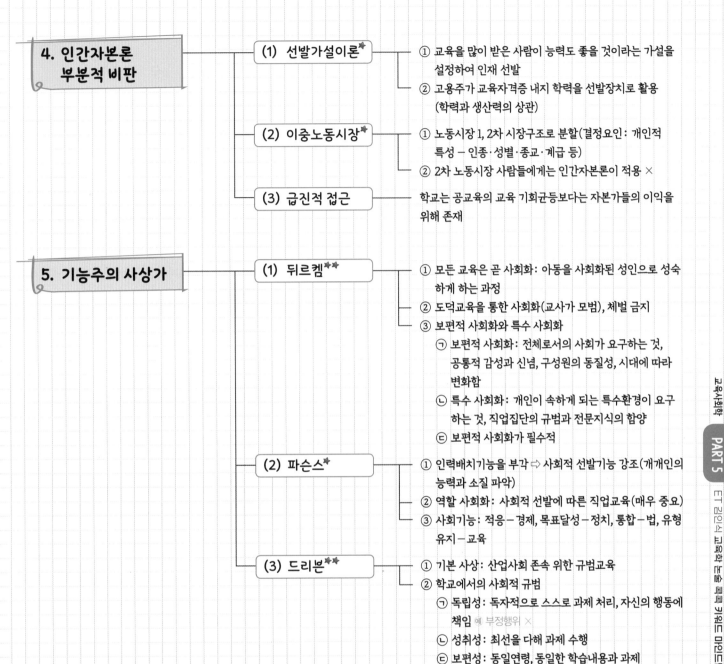

4. 인간자본론 부분적 비판

(1) 선발가설이론[*]
① 교육을 많이 받은 사람이 능력도 좋을 것이라는 가설을 설정하여 인재 선발
② 고용주가 교육자격증 내지 학력을 선발장치로 활용 (학력과 생산력의 상관)

(2) 이중노동시장[*]
① 노동시장 1, 2차 시장구조로 분할(결정요인 : 개인적 특성 – 인종·성별·종교·계급 등)
② 2차 노동시장 사람들에게는 인간자본론이 적용 ×

(3) 급진적 접근
학교는 공교육의 교육 기회균등보다는 자본가들의 이익을 위해 존재

5. 기능주의 사상가

(1) 뒤르켐[**]
① 모든 교육은 곧 사회화 : 아동을 사회화된 성인으로 성숙하게 하는 과정
② 도덕교육을 통한 사회화(교사가 모범), 체벌 금지
③ 보편적 사회화와 특수 사회화
  ㉠ 보편적 사회화 : 전체로서의 사회가 요구하는 것, 공통적 감성과 신념, 구성원의 동질성, 시대에 따라 변화함
  ㉡ 특수 사회화 : 개인이 속하게 되는 특수환경이 요구하는 것, 직업집단의 규범과 전문지식의 함양
  ㉢ 보편적 사회화가 필수적

(2) 파슨스[*]
① 인력배치기능을 부각 ⇨ 사회적 선발기능 강조(개개인의 능력과 소질 파악)
② 역할 사회화 : 사회적 선발에 따른 직업교육(매우 중요)
③ 사회기능 : 적응 – 경제, 목표달성 – 정치, 통합 – 법, 유형 유지 – 교육

(3) 드리븐[**]
① 기본 사상 : 산업사회 존속 위한 규범교육
② 학교에서의 사회적 규범
  ㉠ 독립성 : 독자적으로 스스로 과제 처리, 자신의 행동에 책임 예 부정행위 ×
  ㉡ 성취성 : 최선을 다해 과제 수행
  ㉢ 보편성 : 동일연령, 동일한 학습내용과 과제
  ㉣ 특수성 : 다른 학년과 구별, 흥미와 적성에 맞는 분야

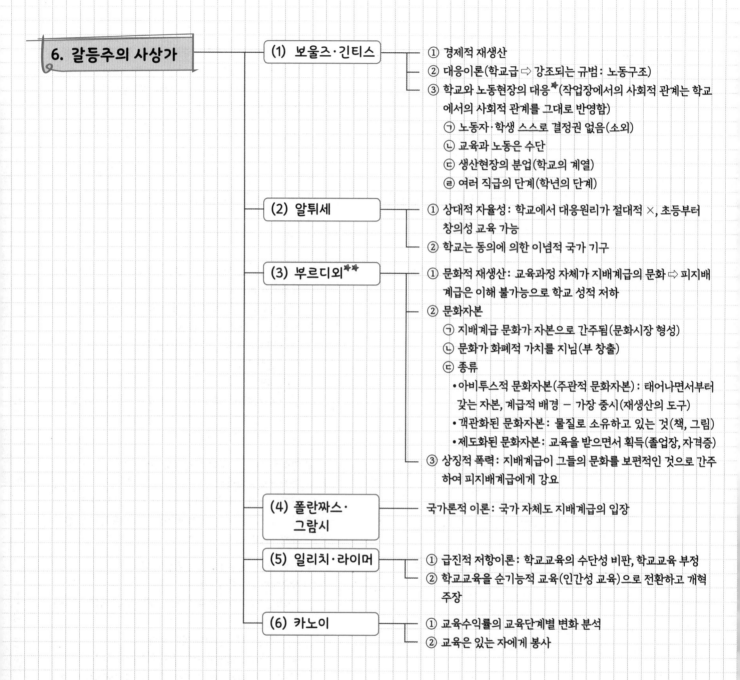

6. 갈등주의 사상가

(1) 보울스·긴티스
- ① 경제적 재생산
- ② 대응이론(학교급 ⇨ 강조되는 규범 : 노동구조)
- ③ 학교와 노동현장의 대응✱(작업장에서의 사회적 관계는 학교에서의 사회적 관계를 그대로 반영함)
  - ㉠ 노동자·학생 스스로 결정권 없음(소외)
  - ㉡ 교육과 노동은 수단
  - ㉢ 생산현장의 분업(학교의 계열)
  - ㉣ 여러 직급의 단계(학년의 단계)

(2) 알튀세
- ① 상대적 자율성 : 학교에서 대응원리가 절대적 ×, 초등부터 창의성 교육 가능
- ② 학교는 동의에 의한 이념적 국가 기구

(3) 부르디외✱✱
- ① 문화적 재생산 : 교육과정 자체가 지배계급의 문화 ⇨ 피지배계급은 이해 불가능으로 학교 성적 저하
- ② 문화자본
  - ㉠ 지배계급 문화가 자본으로 간주됨(문화시장 형성)
  - ㉡ 문화가 화폐적 가치를 지님(부 창출)
  - ㉢ 종류
    - •아비투스적 문화자본(주관적 문화자본) : 태어나면서부터 갖는 자본, 계급적 배경 − 가장 중시(재생산의 도구)
    - •객관화된 문화자본 : 물질로 소유하고 있는 것(책, 그림)
    - •제도화된 문화자본 : 교육을 받으면서 획득(졸업장, 자격증)
- ③ 상징적 폭력 : 지배계급이 그들의 문화를 보편적인 것으로 간주하여 피지배계급에게 강요

(4) 폴란짜스·그람시
- 국가론적 이론 : 국가 자체도 지배계급의 입장

(5) 일리치·라이머
- ① 급진적 저항이론 : 학교교육의 수단성 비판, 학교교육 부정
- ② 학교교육을 순기능적 교육(인간성 교육)으로 전환하고 개혁 주장

(6) 카노이
- ① 교육수익률의 교육단계별 변화 분석
- ② 교육은 있는 자에게 봉사

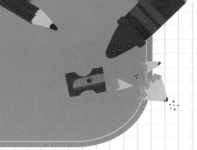

Theme 3
해석학

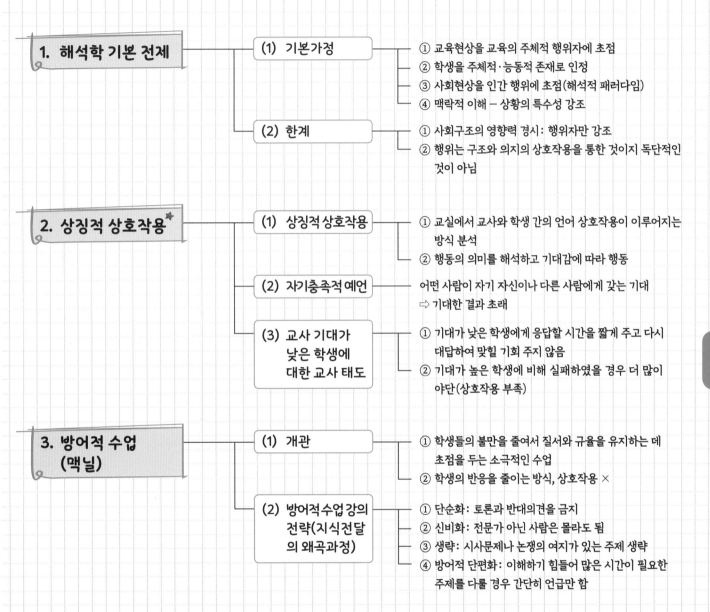

1. 해석학 기본 전제

(1) 기본가정
- ① 교육현상을 교육의 주체적 행위자에 초점
- ② 학생을 주체적·능동적 존재로 인정
- ③ 사회현상을 인간 행위에 초점(해석적 패러다임)
- ④ 맥락적 이해 – 상황의 특수성 강조

(2) 한계
- ① 사회구조의 영향력 경시: 행위자만 강조
- ② 행위는 구조와 의지의 상호작용을 통한 것이지 독단적인 것이 아님

2. 상징적 상호작용 ★

(1) 상징적 상호작용
- ① 교실에서 교사와 학생 간의 언어 상호작용이 이루어지는 방식 분석
- ② 행동의 의미를 해석하고 기대감에 따라 행동

(2) 자기충족적 예언
어떤 사람이 자기 자신이나 다른 사람에게 갖는 기대
⇨ 기대한 결과 초래

(3) 교사 기대가 낮은 학생에 대한 교사 태도
- ① 기대가 낮은 학생에게 응답할 시간을 짧게 주고 다시 대답하여 맞힐 기회 주지 않음
- ② 기대가 높은 학생에 비해 실패하였을 경우 더 많이 야단(상호작용 부족)

3. 방어적 수업 (맥닐)

(1) 개관
- ① 학생들의 불만을 줄여서 질서와 규율을 유지하는 데 초점을 두는 소극적인 수업
- ② 학생의 반응을 줄이는 방식, 상호작용 ×

(2) 방어적 수업 강의 전략(지식전달의 왜곡과정)
- ① 단순화: 토론과 반대의견을 금지
- ② 신비화: 전문가 아닌 사람은 몰라도 됨
- ③ 생략: 시사문제나 논쟁의 여지가 있는 주제 생략
- ④ 방어적 단편화: 이해하기 힘들어 많은 시간이 필요한 주제를 다룰 경우 간단히 언급만 함

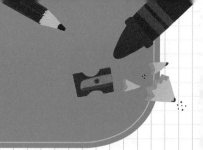

Theme 4
신교육사회학

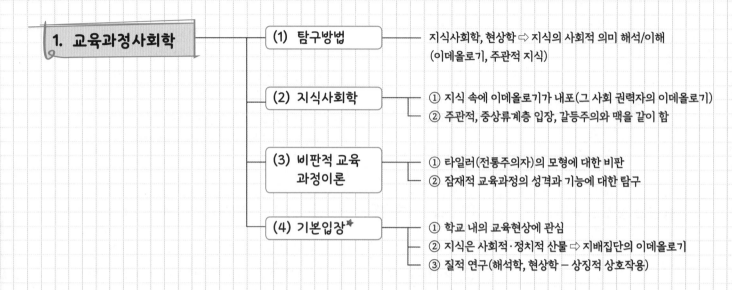

1. 교육과정사회학

(1) 탐구방법 ── 지식사회학, 현상학 ⇨ 지식의 사회적 의미 해석/이해
(이데올로기, 주관적 지식)

(2) 지식사회학 ── ① 지식 속에 이데올로기가 내포(그 사회 권력자의 이데올로기)
② 주관적, 중상류계층 입장, 갈등주의와 맥을 같이 함

**(3) 비판적 교육
과정이론** ── ① 타일러(전통주의자)의 모형에 대한 비판
② 잠재적 교육과정의 성격과 기능에 대한 탐구

(4) 기본입장✱ ── ① 학교 내의 교육현상에 관심
② 지식은 사회적·정치적 산물 ⇨ 지배집단의 이데올로기
③ 질적 연구(해석학, 현상학 – 상징적 상호작용)

2. 신교육사회학 주요 이론

(1) 영
— 지식과 이데올로기: 권력을 가진 지배집단의 지식이 교육과정으로 선정

(2) 번스타인✴✴
— ① 교육과정 언어 사회학
  - ㉠ 학교에서 지식 전달 시 사용하는 언어
    ⇨ 공식어(정교한 어법)
  - ㉡ 하류계층은 대중어(제한된 어법) 사용(공식어 이해 ⇩)
  - ㉢ 중상류계층은 공식어(정교한 어법) 사용
    ⇨ 아동 학업 성취도 높음
— ② 교육의 상대적 자율이론 – 교육과정 분석
  - ㉠ 구조와 분류
    • 구조: 과목 내 조직
    • 분류: 과목 간 구분, 경계의 선명도
  - ㉡ 약분류(통합형 Cu)보다 강분류(집합형 Cu)일 때 외부 영향력 적음 ⇨ 교육 자율성 보장
— ③ 보이는 교수법/보이지 않는 교수법
  - ㉠ 보이는 교수법: 전통적 지식교육, 교사중심
  - ㉡ 보이지 않는 교수법: 열린교육, 약구조·약분류, 공부와 놀이 구분 ×
  - ㉢ 모두 중상류계층에게 유리

(3) 윌리스✴
— ① 저항이론: 제한 + 간파 = 반학교문화(이해)
  - ㉠ 대상: 노동자 계급 남자
  - ㉡ 제한: 아무리 노력해도 계층 상승에 한계(사회 변화에 한계)
  - ㉢ 간파: 학교교육 내용과 직업세계가치 내용 다름을 인지
  - ㉣ 학교에서 권장하는 규범에 저항, 반학교 문화 이해 필요(신분 상승) 제한 – (투입 > 산출) 간파, 사회변화도 가능(학교 나름 자율성 인정)
— ② 노동학습–모델링: 남성우월주의 + 능동적(실패를 알지만)
  - ㉠ 저항의 해결책(합리화 기제)
  - ㉡ 남성우월주의적 관점 실패임을 알면서도 스스로 사나이답게 노동직 선택(능동적)

(4) 애플
— ① 문화적 헤게모니 ≒ 영(지식과 이데올로기)
— ② 지배집단은 사회의식 속에 지배집단의 가치체계(헤게모니) 주입, 질서를 정당화·유지

(5) 왈라스
— ① 사회적 시기에 따른 교육과정 우선순위 변화
— ② 혁명기 – 도덕성, 보수기 – 기술, 복고기 – 도덕성
— ③ 시사점: 학교 교육과정은 사회적으로 만들어짐으로써, 시대마다 다름

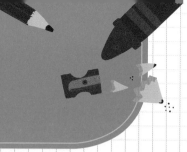

Theme 5
교육과 평등

1. 교육 평등의 유형✿✿

- **(1) 기회 평등**
  - ① 허용적 평등
    - ㉠ 모든 사람에게 동등한 기회가 주어져야 한다는 관점, 인재군(재능예비군), 능력주의 관점
    - ㉡ 헌법 제31조(기회균등)
  - ② 보장적 평등
    - ㉠ 경제적·지리적·사회적 제반 장애를 제거하여 기회 보장
    - ㉡ 장학금, 무상교육, 야간제 학교
- **(2) 내용 평등**
  - ① 과정적 평등
    - ㉠ 학교시설, 교사의 자질, 교육과정 등 학교 간의 차이 ×
    - ㉡ 고교평준화(개념상 평등)
  - ② 결과의 평등(보상적 평등)
    - ㉠ 교육결과가 같도록 열등한 학생에게 더 좋은 교육조건 제공(보상교육), 상대적 역차별 발생
    - ㉡ 농어촌특례입학, 교육우선지역(EPA), 헤드스타트 프로그램

2. 교육의 불평등

- **(1) 능력주의 관점**
  - ① 교육불평등 원인: 지능, 적성, 학생의 타고난 능력이나 성취동기
  - ② 기능론 관점
- **(2) 문화·환경론적 관점**
  - ① 불평등 원인: 아동이 처한 환경(사회문화적 환경, 언어 등; 갈등론 관점) ⇨ 보상교육 필요
  - ② 콜맨보고서: 가정 내 자본✿✿✿
    - ㉠ 종류
      - 경제자본: 부모의 경제적 지원능력
      - 사회자본: 사회적 관계에 내재된 자원(관심), 상호작용(대화)
      - 인간자본: 부모의 지적 능력이나 교육수준
    - ㉡ 시사점: 교육적 관심이나 노력을 통한 교사와 학생의 상호작용 중시(사회자본이 가장 중요)

Theme 6
교육과 사회계층

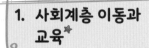

1. 사회계층 이동과 교육

　(1) 기능론적 관점
　　① 개요 : 교육을 통해 계층이동이 가능하다고 보는 입장
　　② 주요 이론(블라우·던컨) : 현재 직업에 본인교육이
　　　　결정적(39.4%)

　(2) 갈등론적 관점
　　① 개요 : 가정의 귀속적인 요인에 의해 교육영향 달라짐
　　② 주요 이론
　　　　㉠ 보울즈·긴티스 : 경제 재생산
　　　　㉡ 콜린스
　　　　　•계층 경쟁론(권력이 학력상승 원인) : 기술기능
　　　　　　이론의 한계를 설명함
　　　　　•고등교육 팽창
　　　　㉢ 카노이 : 수익률 재분석

2. 학교와 사회평등

　(1) 기능론적 관점　　평등화론 ; 학교가 사회평등을 실현할 수 있는 제도적
　　　　　　　　　　　　　장치라고 생각

　(2) 갈등론적 관점　　불평등재생산 ; 교육기회는 상류계층에게만 주어지기 때문
　　　　　　　　　　　　　에 기존의 불평등 재생산(카노이 – 수익률 재생산 연구)

　(3) 무효과론　　　　교육은 사회평등 또는 불평등과는 관계가 없다는 주장

Theme 7
문화와 청소년 일탈

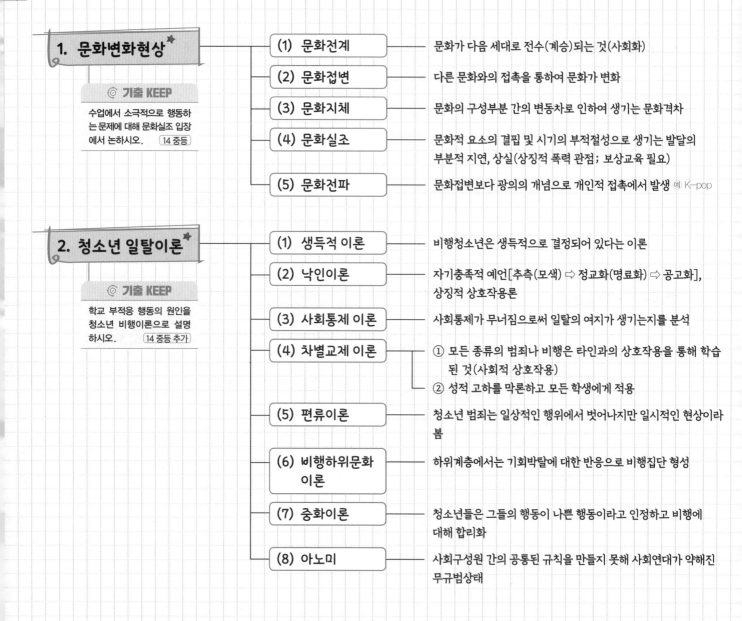

1. 문화변화현상* ── (1) 문화전계 ── 문화가 다음 세대로 전수(계승)되는 것(사회화)

◎ 기출 KEEP

수업에서 소극적으로 행동하는 문제에 대해 문화실조 입장에서 논하시오. [14 중등]

(2) 문화접변 ── 다른 문화와의 접촉을 통하여 문화가 변화

(3) 문화지체 ── 문화의 구성부분 간의 변동차로 인하여 생기는 문화격차

(4) 문화실조 ── 문화적 요소의 결핍 및 시기의 부적절성으로 생기는 발달의 부분적 지연, 상실(상징적 폭력 관점; 보상교육 필요)

(5) 문화전파 ── 문화접변보다 광의의 개념으로 개인적 접촉에서 발생 예 K-pop

2. 청소년 일탈이론* ── (1) 생득적 이론 ── 비행청소년은 생득적으로 결정되어 있다는 이론

◎ 기출 KEEP

학교 부적응 행동의 원인을 청소년 비행이론으로 설명하시오. [14 중등 추가]

(2) 낙인이론 ── 자기충족적 예언[추측(모색) ⇨ 정교화(명료화) ⇨ 공고화], 상징적 상호작용론

(3) 사회통제 이론 ── 사회통제가 무너짐으로써 일탈의 여지가 생기는지를 분석

(4) 차별교제 이론 ── ① 모든 종류의 범죄나 비행은 타인과의 상호작용을 통해 학습된 것(사회적 상호작용)
── ② 성적 고하를 막론하고 모든 학생에게 적용

(5) 편류이론 ── 청소년 범죄는 일상적인 행위에서 벗어나지만 일시적인 현상이라 봄

(6) 비행하위문화 이론 ── 하위계층에서는 기회박탈에 대한 반응으로 비행집단 형성

(7) 중화이론 ── 청소년들은 그들의 행동이 나쁜 행동이라고 인정하고 비행에 대해 합리화

(8) 아노미 ── 사회구성원 간의 공통된 규칙을 만들지 못해 사회연대가 약해진 무규범상태

Theme 8
학교교육의 팽창과 원인

1. 학습욕구이론⭐

- **(1) 의미** — 학교가 학습에 대한 욕구를 충족시켜 주기 때문에 누구나 학교 다니기 원함
- **(2) 매슬로우** — 자아실현의 욕구 실현을 위해 학교는 욕구 실현을 조력해야 함
- **(3) 포스터** — 문화권에 따라 학력 상승, 일본·한국 유교적 가치로 인해 교육열 ⇧

2. 기술기능이론⭐

- **(1) 의미** — 산업사회의 기술발전 ⇨ 기술인력 수준 향상 ⇨ 학력상승 ⇨ 학교팽창
- **(2) 클라크** — 우리 시대에는 유능한 기술자와 전문가 양성의 과업에 교육제도 충실
- **(3) 콜린스** — 산업사회에서 끊임없이 기술요건이 높아짐에 따라 수준에 맞는 훈련이 필요 + 계층경쟁(권력의 영향)

3. 신마르크스이론

- **(1) 의미** — 자본가 계급의 이익을 위해 자본가 계급에 의하여 발전
- **(2) 보울스&긴티스** — 교육제도는 자본주의 계급의 이익을 위해 발전
- **(3) 카츠** — 자본주의 경제체제를 유지, 고용주의 구미에 맞는 교육, 자본주의 사회규범 주입

4. 지위경쟁 이론⭐⭐

- **(1) 의미** — ① 높은 학력을 가짐으로 인해 얻어지는 지위가 더 높아짐
  ② 학력은 지위획득을 위한 합법적 사다리, 졸업장은 공인된 품질보증서(남보다 더 높은 지위 획득 가능)
- **(2) 도어** — 지위획득의 수단으로 학력이 작용 ⇨ 진학률 상승, 학력의 가치 ⇩, 졸업장병, 학력 인플레이션 현상(과잉학력) ⇨ 해결책(능력 강조)

5. 국민통합론

- **(1) 의미** — 국민통합을 위해 교육 필요(정체성 형성)
- **(2) 특징** — 초등교육 팽창, 고등교육 팽창은 설명 ×

교육사회학

PART 5

ET 김인식 교육학 논술 콕콕 키워드 마인드맵

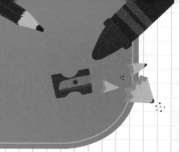

Theme 9
평생학습체제

1. 평생교육

    (1) 개념
- ① 개인의 출생에서 죽을 때까지 전 생애에 걸친 교육, 학교 및 사회 전체 교육
- ② 목적: 삶의 질 향상

    (2) 교육 개념 확장
- ① 형식 교육: 국가가 공식적으로 인증하는 교육
- ② 비형식 교육: 국가의 인증을 받지 못하는 교육
- ③ 무형식 교육: 활동 속에서 가르침과 배움이 일어남

    (3) 필요성
- ① 정보화 사회의 등장(수요자 중심)
- ② 학교교육의 비융통성 탈피

2. 평생교육이론

    (1) 랭그랑 — 탄생~죽음, 학교와 학교 외 교육 통합(수직적 + 수평적 차원), 앎과 삶의 통합

    (2) 데이브 — 학교교육의 부적절성(교육의 수단성) 비판, 교육과 생활의 결합, 삶의 질 향상

    (3) 허친스 — 학습사회 개념 등장, 인간성 회복, 여가교육(교양교육)

    (4) 일리치 — 학교교육 부정, 네트워크를 통한 학습망 제안, 다양한 학습방법과 과정

    (5) 포르위원회 — 소유하기 위한 학습이 아니라 존재를 위한 학습, 인간성 교육, 학습사회 주장

3. 교육의 4가지 기둥 (드로우 보고서)☆

    (1) 알기 위한 학습 — 학습하는 방법에 대한 학습을 의미, 학습방법의 숙달(자기주도학습)

    (2) 행동하기 위한 학습 — 직업훈련 문제에 보다 밀접하게 관련, 미래의 직업을 준비(진로교육)

    (3) 함께 살기 위한 학습 — 공동체 속에서 다른 지역·외국 사람과 조화로운 삶 영위(다문화교육)

    (4) 존재하기 위한 학습 — 위의 3가지 교육적 기능의 총체, 전인적 발전을 위한 조화로운 발전(교양, 자유교육), 인간성 교육

PART 6
교육심리학

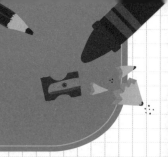

Theme 1
인지적 특성

1. 지능개념 발달

(1) 구조적 접근
① 스피어만: 일반요인, 특수요인
② 서스톤: 7요인(인간의 기본적인 정신능력)
③ 길포드: 지능구조[내용×조작(인지활동)×결과, 수렴적 사고와 확산적 사고]

(2) 가드너의 다중 지능이론✿✿
① 기존 지능 vs 다중지능(특징)

구분	기존 지능	다중지능
기본가정	지능은 지식	지능은 생활
발달 가능성	거의 정해짐	환경에 따라 발달
지능요인	단일	다양(개성 인정)
주된 관심	논리·수학적 지능	생활 속의 지능
측정방식	지필(언어중심)	생활 속 활동을 통해
지능&문화	관계 ×	문화에 따라 다름

② 기본입장
  ㉠ 지능은 여러 개, 독립적이면서도 상호작용
  ㉡ 지능은 생활 속에서 나타남(문화에 따라 다르게 나타남)
③ 교육적 시사점
  ㉠ 지능검사는 다양한 방법으로 실시(다중지능은 실생활과 관계 ⇨ 교육의 과정과 평가 경계 구분 ×)
  ㉡ 학생의 개인차를 인정 ⇨ 개별화교육
  ㉢ 강점지능 강화, 약점지능 보완 ⇨ 풍부한 교육적 환경 조성, 훈련
④ 교사의 수업에서의 시사점
  ㉠ 지적·정의적·신체적인 것 강조 ⇨ 전인교육
  ㉡ 개별화 수업, 진로지도
⑤ 교수·학습상황에서의 시사점
  ㉠ 교육목표: 강점지능은 더욱 강하게, 약점지능은 보완
  ㉡ 교육내용 선정: 개별화, 개인중심 교육과정
  ㉢ 교육방법: 지능은 실생활과 관련, 실생활과 같은 환경조성, 다양한 학습방법
  ㉣ 평가: 지능은 생활 속에서 나타남, 교육과정과 평가 구분 ×
  ㉤ 기본가정: 다양성에 따른 개성 존중
⑥ 대인관계지능, 실존지능(반쪽 지능)

> **◎ 기출 KEEP**
> 대인관계지능의 명칭과 개념, 개인지각 지능 아동에게 맞는 과제에 대해 논하시오. `19 중등`

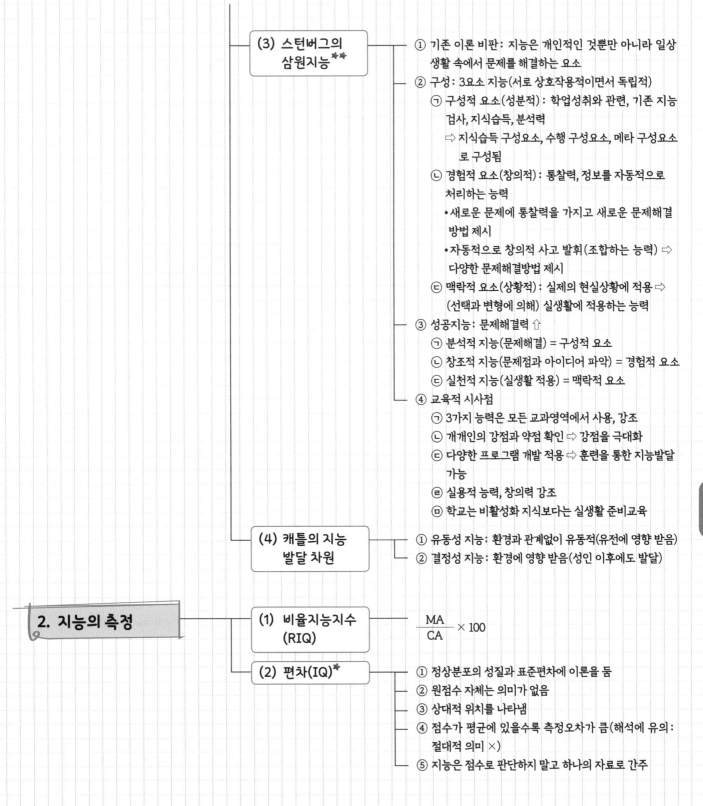

(3) 스턴버그의 삼원지능★★

① 기존 이론 비판: 지능은 개인적인 것뿐만 아니라 일상 생활 속에서 문제를 해결하는 요소
② 구성: 3요소 지능(서로 상호작용적이면서 독립적)
　㉠ 구성적 요소(성분적): 학업성취와 관련, 기존 지능 검사, 지식습득, 분석력
　　⇨ 지식습득 구성요소, 수행 구성요소, 메타 구성요소로 구성됨
　㉡ 경험적 요소(창의적): 통찰력, 정보를 자동적으로 처리하는 능력
　　• 새로운 문제에 통찰력을 가지고 새로운 문제해결 방법 제시
　　• 자동적으로 창의적 사고 발휘(조합하는 능력) ⇨ 다양한 문제해결방법 제시
　㉢ 맥락적 요소(상황적): 실제의 현실상황에 적용 ⇨ (선택과 변형에 의해) 실생활에 적용하는 능력
③ 성공지능: 문제해결력 ⇧
　㉠ 분석적 지능(문제해결) = 구성적 요소
　㉡ 창조적 지능(문제점과 아이디어 파악) = 경험적 요소
　㉢ 실천적 지능(실생활 적용) = 맥락적 요소
④ 교육적 시사점
　㉠ 3가지 능력은 모든 교과영역에서 사용, 강조
　㉡ 개개인의 강점과 약점 확인 ⇨ 강점을 극대화
　㉢ 다양한 프로그램 개발 적용 ⇨ 훈련을 통한 지능발달 가능
　㉣ 실용적 능력, 창의력 강조
　㉤ 학교는 비활성화 지식보다는 실생활 준비교육

(4) 캐틀의 지능 발달 차원

① 유동성 지능: 환경과 관계없이 유동적(유전에 영향 받음)
② 결정성 지능: 환경에 영향 받음(성인 이후에도 발달)

2. 지능의 측정

(1) 비율지능지수 (RIQ)

$$\frac{MA}{CA} \times 100$$

(2) 편차(IQ)★

① 정상분포의 성질과 표준편차에 이론을 둠
② 원점수 자체는 의미가 없음
③ 상대적 위치를 나타냄
④ 점수가 평균에 있을수록 측정오차가 큼(해석에 유의: 절대적 의미 ×)
⑤ 지능은 점수로 판단하지 말고 하나의 자료로 간주

3. 지능에 대한 논의 ✦

◎ 기출 KEEP
IQ의 의미를 해석하시오.
13 중등

(1) 지능과 학업 성취 — 상관계수가 평균 r = .70(r^2−결정계수 ; 변량은 약 49%), 그러나 지능은 단지 학교학습에 영향을 주는 하나의 변인임

(2) 지능검사 해석 시 유의점
- ① 절대적 지수가 아님, 플린효과에 유의(기준 현재, 유층표집)
- ② 하위검사 점수 고려하여 해석
- ③ 전체점수로 해석(신뢰도 제고)

4. 창의력 발달

(1) 정의 — 길포드의 확산적 사고에 해당, 스턴버그의 경험적 지능과 관련, 비합리성 중시

(2) 구성요인
- ① 민감성(민감하게 알아냄)
- ② 유창성(많은 양)
- ③ 융통성(다양한 해결책)
- ④ 정교성(치밀하게 발전)
- ⑤ 독창성(참신)

(3) 창의력 발달원리
- ① 판단보류의 원리
- ② 결합의 원리
- ③ 독창성의 원리
- ④ 다양성의 원리
- ⑤ 개방성의 원리
- ⑥ 자율성의 원리

(4) 창의력과 학교 학습 — 높은 창의력과 높은 IQ 학생은 성취동기도 높음(창의성과 학교 학습 상관 있음)

(5) 창의성 함양을 위한 교수·학습 방법 ✦
- ① 개방적이고 허용적 분위기(비심판적 태도)
- ② 자기주도적 학습
- ③ 개방적·평가적 질문
- ④ 학습의 장 확장
- ⑤ 체험학습, 현장학습

(6) 창의성 계발 ✦
- ① 유추의 단계: 이탈 ⇨ 거치 ⇨ 성찰 ⇨ 자율
  - 예 유추의 예: 직접적 유추, 의인유추, 상징유추, 환상유추
- ② 브레인스토밍: 비판금지, 자유분방, 양산, 결합과 개선
- ③ 체크리스트법(SCAMPER법): 기존 것을 변형
- ④ PMI법: 긍정·부정, 가치중립적 사실
- ⑤ 여섯 가지 사고모자: 한 번에 하나 사고, 다른 양식으로 사고 전환

(7) 창의지성교육 ✦
- ① 정의: 지성교육의 방법을 통해 창의성 달성
- ② 구성: 교육내용 재구성 + 배움중심 수업 + 평가혁신
- ③ 교육내용 재구성: 핵심개념, 통합형
- ④ 배움 중심 수업: 자기생각 만들기, 비판적 사고
- ⑤ 평가혁신: 성장참조평가, 수행평가적 방법 사용

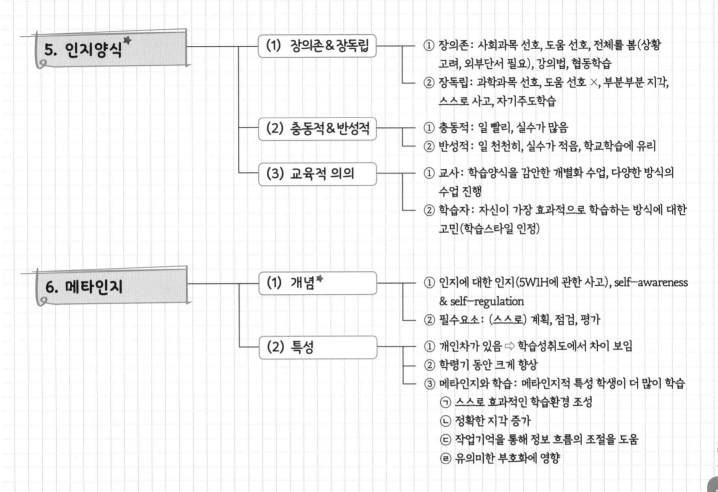

5. 인지양식[*]

(1) 장의존 & 장독립
① 장의존: 사회과목 선호, 도움 선호, 전체를 봄(상황 고려, 외부단서 필요), 강의법, 협동학습
② 장독립: 과학과목 선호, 도움 선호 ×, 부분부분 지각, 스스로 사고, 자기주도학습

(2) 충동적 & 반성적
① 충동적: 일 빨리, 실수가 많음
② 반성적: 일 천천히, 실수가 적음, 학교학습에 유리

(3) 교육적 의의
① 교사: 학습양식을 감안한 개별화 수업, 다양한 방식의 수업 진행
② 학습자: 자신이 가장 효과적으로 학습하는 방식에 대한 고민(학습스타일 인정)

6. 메타인지

(1) 개념[*]
① 인지에 대한 인지(5W1H에 관한 사고), self-awareness & self-regulation
② 필수요소: (스스로) 계획, 점검, 평가

(2) 특성
① 개인차가 있음 ⇨ 학습성취도에서 차이 보임
② 학령기 동안 크게 향상
③ 메타인지와 학습: 메타인지적 특성 학생이 더 많이 학습
　㉠ 스스로 효과적인 학습환경 조성
　㉡ 정확한 지각 증가
　㉢ 작업기억을 통해 정보 흐름의 조절을 도움
　㉣ 유의미한 부호화에 영향

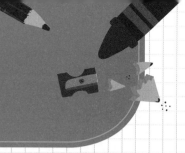

Theme 2
인지기능의 발달

1. 피아제
- 인지발달이론

(1) 주요개념
- ① 인지구조: 외부의 자극을 받아들이고 해석·전환·조직하는 일련의 정신구조
- ② 동화: 비슷한 새로운 정보는 기존의 스키마에 의해 받아들여짐(양적 변화)
- ③ 조절: 신·구정보를 통합시키기 위해 기존의 스키마를 재구조화(질적 변화)
- ④ 평형: 동화와 조절이 균형
- ⑤ 불평형*: 인지적 균형이 깨진 상태(인지적 갈등)

> **인지발달의 극대화(질적 변화)**
> ㉠ 인지발달 수준보다 조금 더 어려운 것 제시
> ㉡ 아동의 인지발달 수준을 파악(수준별 수업)
> ㉢ 인지적으로 비슷한 또래들과 학습하는 것 강조(적절한 수준의 불평형 유도), 협동학습

(2) 발달단계
- ① 감각운동기: 대상 영속성, 표상적 사고
- ② 전조작기: 작동적 표현방식, 비가역성, 자기중심성, 직관적 사고
- ③ 구체적 조작기: 영상적 표현방식, 귀납적 사고, 가역적 사고, 명제 내 사고
- ④ 형식적 조작기*: 상징적 표현방식, 가설연역적 사고, 명제 간 사고(명제적 사고), 복합적 사고, 반성적 추상화

(3) 시사점
- ① 학생들의 현재 사고능력을 과소·과대평가 ×
- ② 학습자는 능동적 지식획득자 ⇨ 어린이의 자발성, 자기주도적 활동, 경험과 활동에 의존, 능동적 발견학습 가능
- ③ 학습자의 내적 동기 중시

2. 케이스
- 신피아제이론

(1) 실행제어구조
- 문제해결과정을 실행제어 구조로 표현

(2) 작동기억
- ① 조작 공간: 문제해결과정에서 필요로 하는 기억용량
- ② 저장 공간: 지식의 저장 공간
  - ㉠ 작다: 통제화(아는 것 ×, 신중한 선택)
  - ㉡ 크다: 자동화(아는 것 ○, 끄집어내면 OK)
  - ※ 작동기억의 용량 증가를 인지발달로 봄

3. 비고츠키 – 인지 발달이론

(1) 근접발달영역✳✳
- ① 개념 : 나보다 뛰어난 누구든 도움을 주면 문제해결이 가능한 부분
- ② 누구의 도움 : 나보다 뛰어난 어떤 사람(이질적 구성의 모둠학습)
- ③ 어떻게 : 언어적 설명(사회적 상호작용, 사회·문화적 측면 강조, 언어를 통한 인지발달)
- ④ 교사의 역할 : 발달수준 파악, ZPD 발달(scaffolding ; 단서 힌트), ZPD의 상향이동(fading + 학생 스스로), 사회적 상호작용(협동학습)

(2) 언어발달단계와 사고발달단계 (언어>사고)
- ① 1단계(원시적 또는 자연적) : 비개념적 언어, 비언어적 사고
- ② 2단계(순수심리) : 언어와 사고의 결합, 어휘의 급격한 증가
- ③ 3단계(자기중심언어 = 사적 언어, 혼잣말)✳ : 스스로의 도움으로 문제 해결을 위한 도구, 내적 언어로 발전
- ④ 4단계(내적 언어) : 문제해결을 위하여 내적 언어 사용, 과제 난이도가 높을수록 사용 ⇧

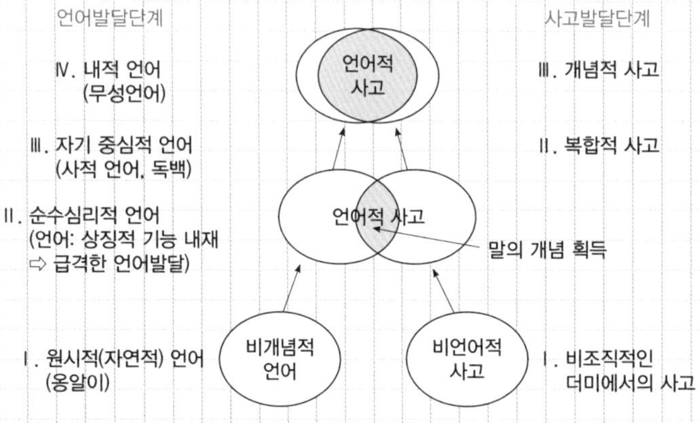

[그림 6-1] 언어발달단계와 사고발달단계

(3) 교육적 시사점
- ZPD 범위 내에서 도움, 미래지향적 교수, Scaffolding 후 Fading(스스로 문제해결, ZPD의 상향이동), 역동적 평가

Theme 3
정의적 특성

1. 콜버그
- 도덕성 발달단계

(1) 발달단계
- ① 1단계 : 벌 회피
- ② 2단계 : 욕구충족(욕구충족이 도덕 판단의 기준)
- ③ 3단계 : 대인관계(다른 사람을 기쁘게 해주는 것), 착한 아이 지향
- ④ 4단계 : 법(법은 만인에게 평등, 예외 ×, 절대윤리)
- ⑤ 5단계 : 사회계약(상대윤리)
- ⑥ 6단계 : 보편적 도덕원리

(2) 교육적 적용
- 비평형화, 연령에 따른 도덕성 교육(중등 – 체벌 ×)

(3) 교육방법
- 토론, 도덕적 갈등상황 제시, 가치명료화 기법

2. 프로이트
- 성격 발달이론

(1) 개요
- 과거 경험이 무의식에 내재되어 있다가 현재 행동을 유발하는 동인이 됨

(2) 성격구조
- ① Id(원초아, 본능) : 성격의 생물학적 요소, 정신에너지 저장소, 쾌락원리, 삶의 본능(리비도)
- ② Ego(자아) : 성격의 심리학적 요소, 현실원리, Id와 Superego를 조절
- ③ Superego(초자아) : 성격의 사회적 요소, 양심, 죄책감 (불안 야기)

(3) 성격발달
- 욕구의 불충족이나 과잉 충족이 나타나면 고착현상이 일어남

(4) 성격발달 단계
- ① 구강기 : 욕구가 입술에 머무름, Id가 지배하는 시기, 요구 수유 ○, 자아정체감 특징의 원형 형성
- ② 항문기 : 통제의 경험, 갈등해결의 원형, Ego가 발달
- ③ 남근기 : 남녀의 신체차이를 인식하게 됨, 오이디푸스/일렉트라 콤플렉스(극복 : 동일시), Superego 발달
- ④ 잠복기 : 성적 욕구가 억압됨, 사회적 지위(진로지도 가능)
- ⑤ 생식기 : 성애의 욕구 본격화, 긍정적인 방향으로의 승화 필요

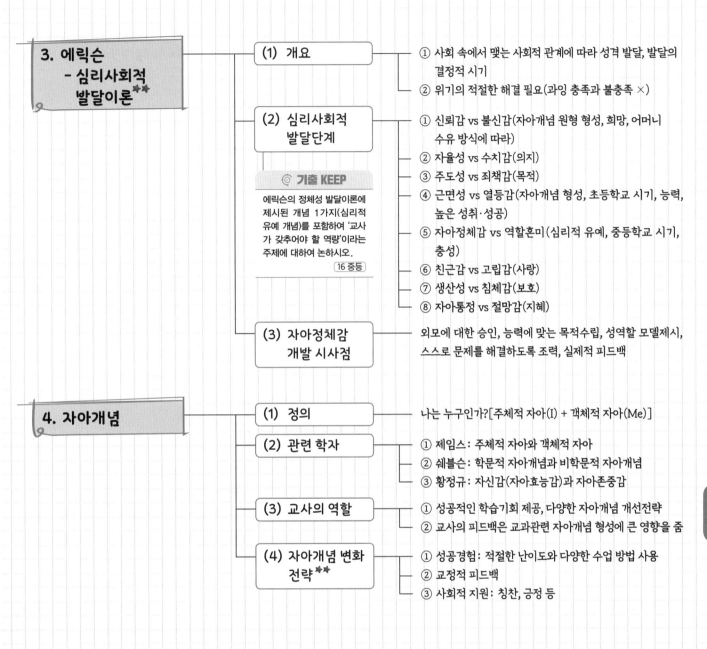

3. 에릭슨
- 심리사회적
발달이론⭐⭐

(1) 개요

① 사회 속에서 맺는 사회적 관계에 따라 성격 발달, 발달의 결정적 시기
② 위기의 적절한 해결 필요(과잉 충족과 불충족 ×)

(2) 심리사회적 발달단계

① 신뢰감 vs 불신감(자아개념 원형 형성, 희망, 어머니 수유 방식에 따라)
② 자율성 vs 수치감(의지)
③ 주도성 vs 죄책감(목적)
④ 근면성 vs 열등감(자아개념 형성, 초등학교 시기, 능력, 높은 성취·성공)
⑤ 자아정체감 vs 역할혼미(심리적 유예, 중등학교 시기, 충성)
⑥ 친근감 vs 고립감(사랑)
⑦ 생산성 vs 침체감(보호)
⑧ 자아통정 vs 절망감(지혜)

> ◎ **기출 KEEP**
>
> 에릭슨의 정체성 발달이론에 제시된 개념 1가지(심리적 유예 개념)를 포함하여 '교사가 갖추어야 할 역량'이라는 주제에 대하여 논하시오.
>
> 16 중등

(3) 자아정체감 개발 시사점

외모에 대한 승인, 능력에 맞는 목적수립, 성역할 모델제시, 스스로 문제를 해결하도록 조력, 실제적 피드백

4. 자아개념

(1) 정의

나는 누구인가?[주체적 자아(I) + 객체적 자아(Me)]

(2) 관련 학자

① 제임스 : 주체적 자아와 객체적 자아
② 쉐블슨 : 학문적 자아개념과 비학문적 자아개념
③ 황정규 : 자신감(자아효능감)과 자아존중감

(3) 교사의 역할

① 성공적인 학습기회 제공, 다양한 자아개념 개선전략
② 교사의 피드백은 교과관련 자아개념 형성에 큰 영향을 줌

(4) 자아개념 변화 전략⭐⭐

① 성공경험 : 적절한 난이도와 다양한 수업 방법 사용
② 교정적 피드백
③ 사회적 지원 : 칭찬, 긍정 등

교육심리학

PART 6

ET 권지수 교육학 논술 콕콕 키워드 마인드맵

**5. 청소년 자아
정체성 이론**

(1) 개요 ── 성숙한 정체성 성취에는 위기와 참여를 경험해야 함
(참여보다 위기경험이 우선됨)

(2) 정체성 상태 ✱

참여 ＼ 위기		위기	
		예	아니오
참여 (몰입)	예	정체성 성취 (확고한 안정적 자아)	정체성 유실 (탐색이나 의문 없이 다른 사람의 가치 채택)
	아니오	정체성 유예 (위기/전환점을 경험, 적극적으로 정체성 성취하고자 탐색)	정체성 혼미 (방향의 결여, 무관심)

(3) 교육적 시사점
── ① 교사가 모델링 대상
── ② 또래문화 중요 : 차별교제이론에 의해 좋은 친구 사귀기
── ③ 지식위주의 교육에서 탈피
── ④ 위기를 먼저 경험할 수 있도록 다양한 교육 필요
　　(위기 ⇨ 유예 ⇨ 성취)

**6. 청소년 자아
중심성(엘킨드)**

(1) 개요 ── 객관적 이해 부족, 강한 자의식, 교사가 이해해야 함

(2) 상상의 청중 ── 청소년기 과장된 자의식 ⇨ 타인의 집중적인 관심과 주의의 대상이
되고 있다고 믿는 것

(3) 개인적 우화 ── 자신이 다른 사람들과 달리 특별하고 독특한 존재이며 자신의 사고
와 감정, 경험세계는 다른 사람과 근본적으로 다르다고 믿음

7. 정서지능
── ① 자신·타인 정서 인식
── ② 자신·타인 정서 조절
── ③ 스스로 동기유발

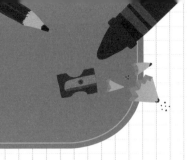

1. 동기

(1) 내재적 동기& 외재적 동기

① 내재적 동기: 개인의 내적 요인과 수행하는 과제 자체에 의하여 동기화되는 것
② 외재적 동기: 외적인 요소에 의해 동기화되는 것
③ 과잉 정당화: 내적 흥미를 가진 과제에 외적 보상을 주면 내재적 동기가 감소
④ 인지평가이론: 외적 보상이 능력 향상에 대한 것으로 인지되면 효능감을 느껴 내적 동기 상승

(2) 동기이론

① 행동주의적 접근: 일차적·이차적 강화인자를 얻기 위해, 벌을 피하기 위해 행동(외적 강화)
② 정신분석적 접근: 무의식적 동기(Id)
③ 인간주의적 접근: 자아실현★
　– 매슬로우: 인간의 동기위계
　※ 결핍의 욕구: 아래 단계의 욕구 충족 × ⇨ 상위단계도 충족 ×
　※ 성장의 욕구(자아실현 욕구): 완전히 충족 ×, 절정경험(교사는 성취감을 맛볼 수 있도록, 난이도 조절)

> **◎ 기출 KEEP**
>
> 욕구이론에 따른 동기상실의 원인과 해결방안에 대해 논하시오. **13 중등**

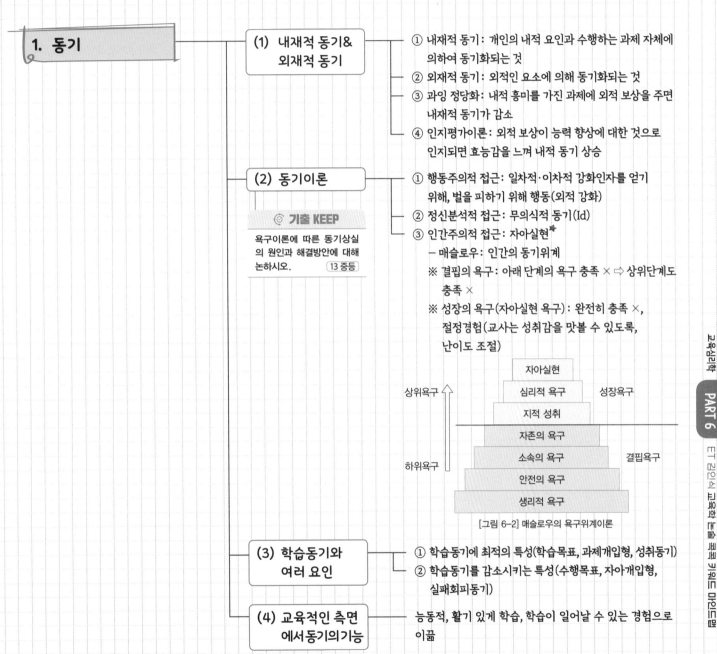

[그림 6-2] 매슬로우의 욕구위계이론

(3) 학습동기와 여러 요인

① 학습동기에 최적의 특성(학습목표, 과제개입형, 성취동기)
② 학습동기를 감소시키는 특성(수행목표, 자아개입형, 실패회피동기)

(4) 교육적인 측면에서 동기의 기능

능동적, 활기 있게 학습, 학습이 일어날 수 있는 경험으로 이끎

2. 기대×가치이론

기출 KEEP

기대×가치이론에 따른 동기
상실의 원인과 해결방안에
대해 논하시오. [13 중등]

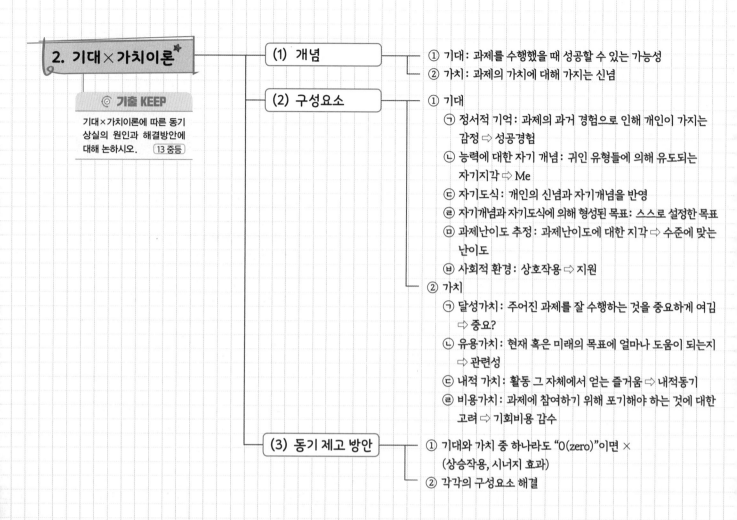

(1) 개념
① 기대: 과제를 수행했을 때 성공할 수 있는 가능성
② 가치: 과제의 가치에 대해 가지는 신념

(2) 구성요소
① 기대
  ㉠ 정서적 기억: 과제의 과거 경험으로 인해 개인이 가지는 감정 ⇨ 성공경험
  ㉡ 능력에 대한 자기 개념: 귀인 유형들에 의해 유도되는 자기지각 ⇨ Me
  ㉢ 자기도식: 개인의 신념과 자기개념을 반영
  ㉣ 자기개념과 자기도식에 의해 형성된 목표: 스스로 설정한 목표
  ㉤ 과제난이도 추정: 과제난이도에 대한 지각 ⇨ 수준에 맞는 난이도
  ㉥ 사회적 환경: 상호작용 ⇨ 지원
② 가치
  ㉠ 달성가치: 주어진 과제를 잘 수행하는 것을 중요하게 여김 ⇨ 중요?
  ㉡ 유용가치: 현재 혹은 미래의 목표에 얼마나 도움이 되는지 ⇨ 관련성
  ㉢ 내적 가치: 활동 그 자체에서 얻는 즐거움 ⇨ 내적동기
  ㉣ 비용가치: 과제에 참여하기 위해 포기해야 하는 것에 대한 고려 ⇨ 기회비용 감수

(3) 동기 제고 방안
① 기대와 가치 중 하나라도 "0(zero)"이면 ✕ (상승작용, 시너지 효과)
② 각각의 구성요소 해결

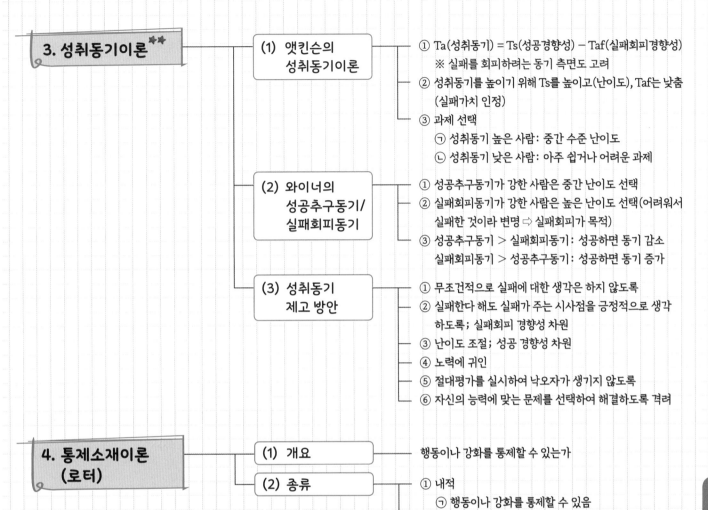

3. 성취동기이론 ✜✜

(1) 앳킨슨의 성취동기이론
- ① Ta(성취동기) = Ts(성공경향성) − Taf(실패회피경향성)
  ※ 실패를 회피하려는 동기 측면도 고려
- ② 성취동기를 높이기 위해 Ts를 높이고(난이도), Taf는 낮춤 (실패가치 인정)
- ③ 과제 선택
  - ㉠ 성취동기 높은 사람: 중간 수준 난이도
  - ㉡ 성취동기 낮은 사람: 아주 쉽거나 어려운 과제

(2) 와이너의 성공추구동기/ 실패회피동기
- ① 성공추구동기가 강한 사람은 중간 난이도 선택
- ② 실패회피동기가 강한 사람은 높은 난이도 선택(어려워서 실패한 것이라 변명 ⇨ 실패회피가 목적)
- ③ 성공추구동기 > 실패회피동기: 성공하면 동기 감소
  실패회피동기 > 성공추구동기: 성공하면 동기 증가

(3) 성취동기 제고 방안
- ① 무조건적으로 실패에 대한 생각은 하지 않도록
- ② 실패한다 해도 실패가 주는 시사점을 긍정적으로 생각 하도록; 실패회피 경향성 차원
- ③ 난이도 조절; 성공 경향성 차원
- ④ 노력에 귀인
- ⑤ 절대평가를 실시하여 낙오자가 생기지 않도록
- ⑥ 자신의 능력에 맞는 문제를 선택하여 해결하도록 격려

4. 통제소재이론 (로터)

(1) 개요
- 행동이나 강화를 통제할 수 있는가

(2) 종류
- ① 내적
  - ㉠ 행동이나 강화를 통제할 수 있음
  - ㉡ 행위가 보상받을 것이라고 기대
- ② 외적
  - ㉠ 운이나 상황이 행동이나 강화를 결정
  - ㉡ 해결에 몰두하지 않고 원인을 외부요인으로 돌림

5. 귀인이론 ✤✤

(1) 개요 —— 성패의 이유를 어떻게 지각하는가

(2) 와이너의 귀인이론

구분	내적		외적	
	안정	불안정	안정	불안정
통제 ○	지속적 노력	일시적 노력	교사의 관건	타인의 도움
통제 ×	능력	기분 (예 아팠다)	난이도	운

(3) 시사점
① 성공은 노력으로 귀인, 실패는 노력부족으로 귀인
② 자신의 학습결과에 대해 스스로 책임지도록
③ 학습결과에 대한 학생 자신의 책임감을 배양시키는 프로그램 개발
④ 노력-성공인지론 위해 난이도 조절
⑤ 경쟁적 학습풍토보다 협동적, 개별화 학습풍토, 절대평가 사용

6. 목표지향이론 ✤✤

(1) 개요 —— 모든 사람들은 스스로 설정한 목표를 달성하기 위해 합리적 행동

(2) 비교

구분	수행목표 지향	숙달목표 지향
목적	능력 과시	자기개발 (새로운 지식과 기술 습득)
비교대상	타인	과거의 자신
동기소재	외재적	내재적
과제 선택	낮은 난이도	도전적 과제
실패 시 귀인	능력	노력
실수에 대한 견해	불인정(실패)	인정(정보 획득)
타인의 도움	회피	적극적 요청
성취동기	약함	강함

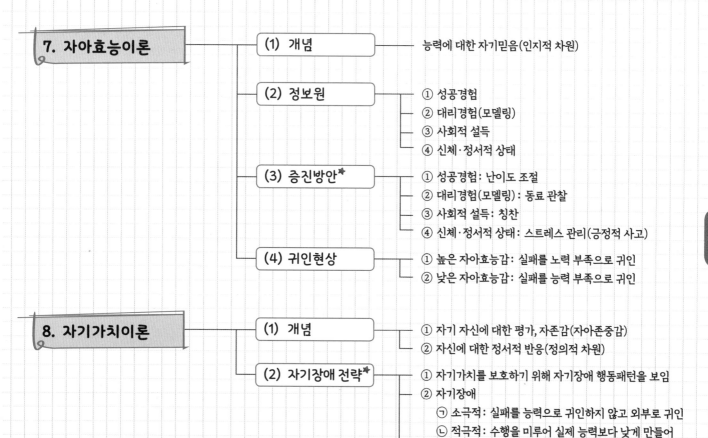

(3) 영향

구분	수행목표 지향	숙달목표 지향
귀인	능력 귀인	노력귀인
정의적	실패 시 부정적 정의 경험	• 성공 시 자부심/성취감 • 노력 부족 시 죄책감 • 학습에 대한 긍정적 태도 • 내적동기 유발
인지	기계적 학습전략 활용	• 정보처리전략 • 자기조절전략 활용
행동	쉬운 과제 선택	도전적 과제(적절한 난이도)

(4) 시사점
① 상대적 비교보다는 자신의 능력 향상도에 초점
② 실패는 노력귀인으로

7. 자아효능이론

(1) 개념 — 능력에 대한 자기믿음(인지적 차원)

(2) 정보원
① 성공경험
② 대리경험(모델링)
③ 사회적 설득
④ 신체·정서적 상태

(3) 증진방안*
① 성공경험: 난이도 조절
② 대리경험(모델링): 동료 관찰
③ 사회적 설득: 칭찬
④ 신체·정서적 상태: 스트레스 관리(긍정적 사고)

(4) 귀인현상
① 높은 자아효능감: 실패를 노력 부족으로 귀인
② 낮은 자아효능감: 실패를 능력 부족으로 귀인

8. 자기가치이론

(1) 개념
① 자기 자신에 대한 평가, 자존감(자아존중감)
② 자신에 대한 정서적 반응(정의적 차원)

(2) 자기장애 전략*
① 자기가치를 보호하기 위해 자기장애 행동패턴을 보임
② 자기장애
　㉠ 소극적: 실패를 능력으로 귀인하지 않고 외부로 귀인
　㉡ 적극적: 수행을 미루어 실제 능력보다 낮게 만들어 노력 부족이라고 합리화(능력 낮음을 숨김)
③ 해결책: 노력 귀인 ⇨ 능력 제고

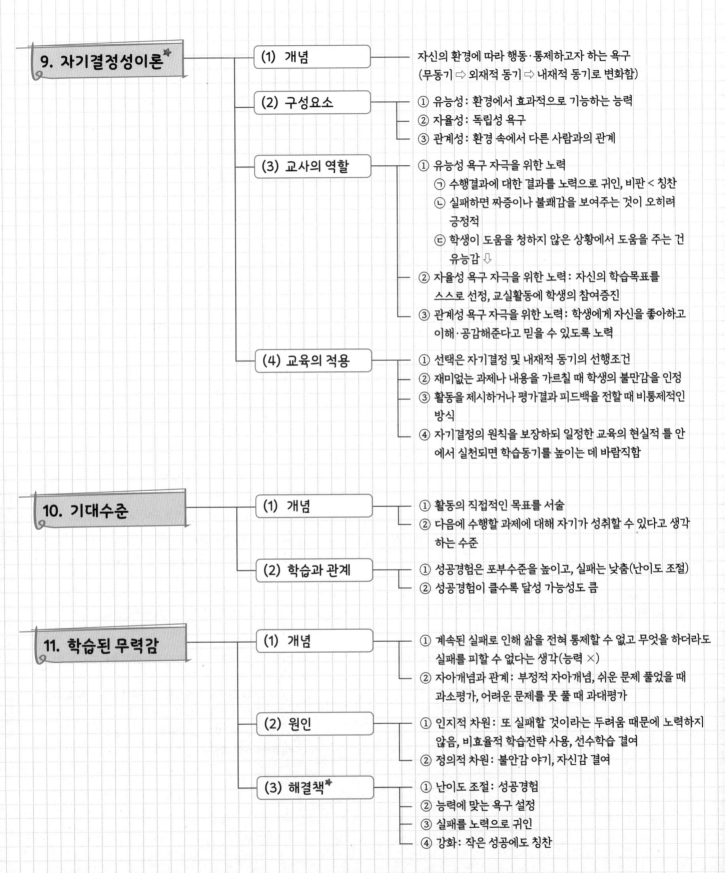

9. 자기결정성이론 *

(1) 개념 — 자신의 환경에 따라 행동·통제하고자 하는 욕구
(무동기 ⇨ 외재적 동기 ⇨ 내재적 동기로 변화함)

(2) 구성요소
- ① 유능성: 환경에서 효과적으로 기능하는 능력
- ② 자율성: 독립성 욕구
- ③ 관계성: 환경 속에서 다른 사람과의 관계

(3) 교사의 역할
- ① 유능성 욕구 자극을 위한 노력
  - ㉠ 수행결과에 대한 결과를 노력으로 귀인, 비판 < 칭찬
  - ㉡ 실패하면 짜증이나 불쾌감을 보여주는 것이 오히려 긍정적
  - ㉢ 학생이 도움을 청하지 않은 상황에서 도움을 주는 건 유능감 ⇩
- ② 자율성 욕구 자극을 위한 노력: 자신의 학습목표를 스스로 선정, 교실활동에 학생의 참여증진
- ③ 관계성 욕구 자극을 위한 노력: 학생에게 자신을 좋아하고 이해·공감해준다고 믿을 수 있도록 노력

(4) 교육의 적용
- ① 선택은 자기결정 및 내재적 동기의 선행조건
- ② 재미없는 과제나 내용을 가르칠 때 학생의 불만감을 인정
- ③ 활동을 제시하거나 평가결과 피드백을 전할 때 비통제적인 방식
- ④ 자기결정의 원칙을 보장하되 일정한 교육의 현실적 틀 안에서 실천되면 학습동기를 높이는 데 바람직함

10. 기대수준

(1) 개념
- ① 활동의 직접적인 목표를 서술
- ② 다음에 수행할 과제에 대해 자기가 성취할 수 있다고 생각하는 수준

(2) 학습과 관계
- ① 성공경험은 포부수준을 높이고, 실패는 낮춤(난이도 조절)
- ② 성공경험이 클수록 달성 가능성도 큼

11. 학습된 무력감

(1) 개념
- ① 계속된 실패로 인해 삶을 전혀 통제할 수 없고 무엇을 하더라도 실패를 피할 수 없다는 생각(능력 ×)
- ② 자아개념과 관계: 부정적 자아개념, 쉬운 문제 풀었을 때 과소평가, 어려운 문제를 못 풀 때 과대평가

(2) 원인
- ① 인지적 차원: 또 실패할 것이라는 두려움 때문에 노력하지 않음, 비효율적 학습전략 사용, 선수학습 결여
- ② 정의적 차원: 불안감 야기, 자신감 결여

(3) 해결책 *
- ① 난이도 조절: 성공경험
- ② 능력에 맞는 욕구 설정
- ③ 실패를 노력으로 귀인
- ④ 강화: 작은 성공에도 칭찬

행동주의 학습이론

1. 고전적 조건화설

(1) 조건화란?
반응의 대상이 다르다 해도 일정한 훈련을 받으면 동일한 반응을 가져옴

(2) 단계
① 1단계 : 고기(무조건자극) ⇨ 침(무조건반응)
② 2단계 : 종(중성자극) + 고기 ⇨ 침(무조건반응)
③ 3단계 : 2단계가 계속해서 반복되면,
　　　　　종(조건자극) ⇨ 침(조건반응) ∴ 조건화

(3) 조건화 원리
① 일관성의 원리 : 조건자극은 동일
② 계속성의 원리 : 연습법칙(빈도법칙)
③ 강도의 원리 : 조건자극이 감각역을 넘어야 함
④ 시간의 원리 : 조건자극이 무조건자극보다 앞

(4) 조건형성 중요원리
① 자극의 일반화, 자극의 식별, 제지

　　북 ⇨ 침 ○ [(자극) 일반화]
　　　⇨ 침 × [(자극) 변별]
　　　⇨ 침 △ [(반응) 제지]

② 소거(소멸), 자발적 회복, 간헐적 강화

　　종 ⇨ 침(조건화)
　　　　조건화 후 고기 × [종 ⇨ 침 ×(조건화 소멸)]
　　　　∴ 소멸방지 전략으로 가끔 고기 ○(간헐적 강화)
　　⇩ 소멸 후 일정시간 경과
　　종 ⇨ 침 △ [(조건화) 자발적 회복]

③ 고차적 조건화

　　종 ⇨ 침(조건화)
　　북 + 종 ⇨ 침
　　북 ⇨ 침(고차적 조건화)

2. 연합학습

(1) 기본가정
자극과 반응이 시행착오를 통해 기계적으로 연합

(2) 학습의 법칙
① 효과의 법칙 : 학습의 과정·결과의 만족
② 연습의 법칙 : 자극과 반응의 결합이 되풀이
③ 준비성의 법칙 : 학습해낼 준비가 되어있는지의 문제

교육심리학 / PART 6 / 테마로 점검하는 교육학 꼼꼼 키워드 마인드맵

3. 조작적 조건화

(1) 개념 — 인간은 외부자극 없이 의식적으로 행동할 수 있는 존재/행동의 결과에 초점

※ S_1(변별자극) $-$ R $-$ S^{rt}

(2) 비교
- ① 고전적 조건화: 수동적, 무의식적, 자동적
- ② 조작적 조건화: 능동적, 의식적, 도구적, 작동적, 조작적

(3) 강화와 벌[*]

① 강화
- ㉠ 개념: 행동을 증가시키기 위해 사용되는 자극(촉매 역할)
- ㉡ 강화의 조건: 자주, 반응 후 제시, 바람직한 행동에만 제시 (미신행동 강화 ×)
- ㉢ 종류
  - 정적 강화: 행동의 결과 긍정적 보상이 따름
  - 부적 강화: 부정적 대상물을 제거함으로써 행동을 증가
- ㉣ 강화물: 1차적 강화물, 2차적 강화물, 일반화된 강화물

② 벌
- ㉠ 개념: 행동을 감소/저지시키기 위해 사용되는 자극
- ㉡ 목적: 궁극적으로는 좋은 행동을 증가, 벌은 강화의 역할까지 가야 함
- ㉢ 지침: 처벌은 원칙적으로 사용 ×, 처벌은 처벌적, 행동 후 즉각 처벌, 미리 경고, 처벌 후 보상 ×, 이유를 반드시 설명
- ㉣ 유형
  - 1유형: 적극적 벌, 수여성 벌
  - 2유형: 소극적 벌, 제거성 벌
- ㉤ 벌과 강화의 관계

구분		자극의 성질	
		유쾌	불쾌
자극 제시 방식	반응 후 제시	정적 강화	적극적 벌
	반응 후 제거	소극적 벌	부적 강화

- ㉥ 효과
  - 처벌은 지속효과 ×, 부작용 유발
  - 바람직하지 못한 행동의 즉각 중단
  - 바람직한 행동과 아닌 행동에 대한 정보를 제공
- ㉦ 대안: 변별자극을 바꿈, 포만법 사용, 바람직하지 않은 행동 무시, 상반행동 강화

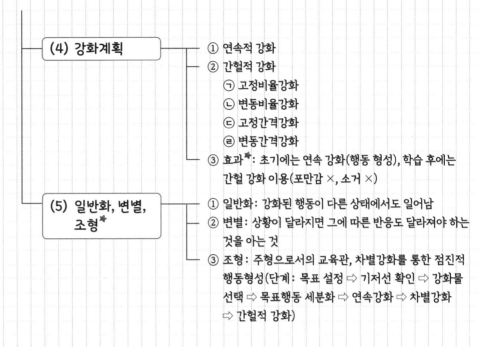

(4) 강화계획
- ① 연속적 강화
- ② 간헐적 강화
  - ㉠ 고정비율강화
  - ㉡ 변동비율강화
  - ㉢ 고정간격강화
  - ㉣ 변동간격강화
- ③ 효과*: 초기에는 연속 강화(행동 형성), 학습 후에는 간헐 강화 이용(포만감 ×, 소거 ×)

(5) 일반화, 변별, 조형*
- ① 일반화: 강화된 행동이 다른 상태에서도 일어남
- ② 변별: 상황이 달라지면 그에 따른 반응도 달라져야 하는 것을 아는 것
- ③ 조형: 주형으로서의 교육관, 차별강화를 통한 점진적 행동형성(단계: 목표 설정 ⇨ 기저선 확인 ⇨ 강화물 선택 ⇨ 목표행동 세분화 ⇨ 연속강화 ⇨ 차별강화 ⇨ 간헐적 강화)

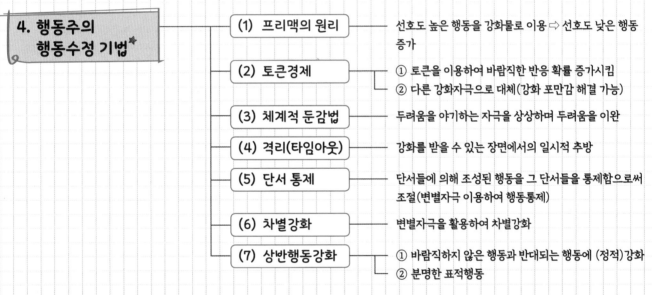

4. 행동주의 행동수정 기법*

(1) 프리맥의 원리
선호도 높은 행동을 강화물로 이용 ⇨ 선호도 낮은 행동 증가

(2) 토큰경제
- ① 토큰을 이용하여 바람직한 반응 확률 증가시킴
- ② 다른 강화자극으로 대체(강화 포만감 해결 가능)

(3) 체계적 둔감법
두려움을 야기하는 자극을 상상하며 두려움을 이완

(4) 격리(타임아웃)
강화를 받을 수 있는 장면에서의 일시적 추방

(5) 단서 통제
단서들에 의해 조성된 행동을 그 단서들을 통제함으로써 조절(변별자극 이용하여 행동통제)

(6) 차별강화
변별자극을 활용하여 차별강화

(7) 상반행동강화
- ① 바람직하지 않은 행동과 반대되는 행동에 (정적)강화
- ② 분명한 표적행동

5. 관찰학습

◎ **기출 KEEP**

반두라의 사회인지학습이론
에 제시된 개념(대리적 강화)
을 포함하여 '교사가 갖추어야
할 역량'이라는 주제에 대하여
논하시오.   16 중등

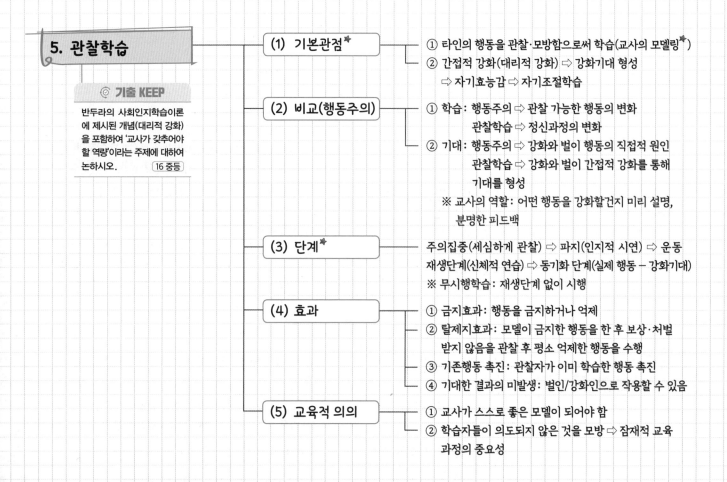

(1) 기본관점✱
- ① 타인의 행동을 관찰·모방함으로써 학습(교사의 모델링✱)
- ② 간접적 강화(대리적 강화) ⇨ 강화기대 형성
  ⇨ 자기효능감 ⇨ 자기조절학습

(2) 비교(행동주의)
- ① 학습: 행동주의 ⇨ 관찰 가능한 행동의 변화
  관찰학습 ⇨ 정신과정의 변화
- ② 기대: 행동주의 ⇨ 강화와 벌이 행동의 직접적 원인
  관찰학습 ⇨ 강화와 벌이 간접적 강화를 통해
  기대를 형성
  ※ 교사의 역할: 어떤 행동을 강화할건지 미리 설명,
  분명한 피드백

(3) 단계✱
- 주의집중(세심하게 관찰) ⇨ 파지(인지적 시연) ⇨ 운동
  재생단계(신체적 연습) ⇨ 동기화 단계(실제 행동 – 강화기대)
  ※ 무시행학습: 재생단계 없이 시행

(4) 효과
- ① 금지효과: 행동을 금지하거나 억제
- ② 탈제지효과: 모델이 금지한 행동을 한 후 보상·처벌
  받지 않음을 관찰 후 평소 억제한 행동을 수행
- ③ 기존행동 촉진: 관찰자가 이미 학습한 행동 촉진
- ④ 기대한 결과의 미발생: 벌인/강화인으로 작용할 수 있음

(5) 교육적 의의
- ① 교사가 스스로 좋은 모델이 되어야 함
- ② 학습자들이 의도되지 않은 것을 모방 ⇨ 잠재적 교육
  과정의 중요성

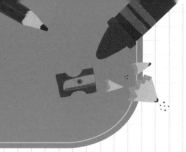

Theme 6
인지주의 학습이론

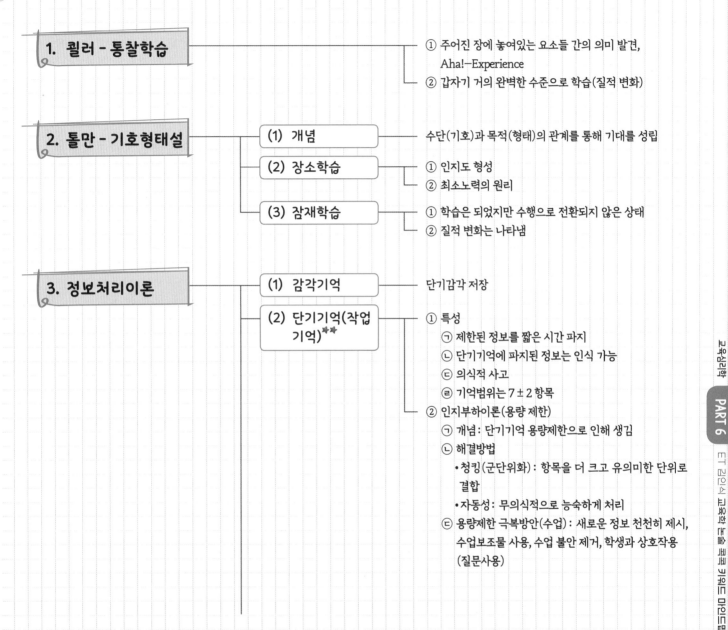

1. 쾰러 – 통찰학습
- ① 주어진 장에 놓여있는 요소들 간의 의미 발견, Aha!—Experience
- ② 갑자기 거의 완벽한 수준으로 학습(질적 변화)

2. 톨만 – 기호형태설
- **(1) 개념** — 수단(기호)과 목적(형태)의 관계를 통해 기대를 성립
- **(2) 장소학습**
  - ① 인지도 형성
  - ② 최소노력의 원리
- **(3) 잠재학습**
  - ① 학습은 되었지만 수행으로 전환되지 않은 상태
  - ② 질적 변화는 나타냄

3. 정보처리이론
- **(1) 감각기억** — 단기감각 저장
- **(2) 단기기억(작업기억)**
  - ① 특성
    - ㉠ 제한된 정보를 짧은 시간 파지
    - ㉡ 단기기억에 파지된 정보는 인식 가능
    - ㉢ 의식적 사고
    - ㉣ 기억범위는 7 ± 2 항목
  - ② 인지부하이론(용량 제한)
    - ㉠ 개념 : 단기기억 용량제한으로 인해 생김
    - ㉡ 해결방법
      - • 청킹(군단위화) : 항목을 더 크고 유의미한 단위로 결합
      - • 자동성 : 무의식적으로 능숙하게 처리
    - ㉢ 용량제한 극복방안(수업) : 새로운 정보 천천히 제시, 수업보조물 사용, 수업 불안 제거, 학생과 상호작용 (질문사용)

교육심리학

PART 6 ET 권인식 교육학 논술 콕콕 키워드 마인드맵

(3) 장기기억 *

① 특성
　㉠ 영구적 기억저장소로 용량 무제한
　㉡ 지식과 도식으로 개념화

② 구성

지식	서술적 지식 (선언적)	• 사실적 정보에 대한 지식, 내용지식 • 의미적 기억, 일화적 기억 등을 포괄 • 의식 회상이 가능, 언어로 표현 ○ 　⇨ 명시적 지식, 기술적 성격
	절차적 지식 (방법적)	• 행위를 수행하는 방식에 대한 지식 • 무의식적, 언어로 표현 안 됨 　⇨ 묵시지 • 처방적 성격을 지님, 조건행위 규칙 　(산출로 표상) • 유용성 기준으로 판단
	조건적 지식	• 서술적 지식과 절차적 지식을 언제 왜 　사용할지에 대한 인지전략 • 자기조절학습의 핵심
도식		• 일련의 유사한 경험을 통해 형성된 공통된 속성으로 세계 　를 지각하는 방식(인지구조) • 도식에 비추어 정보를 처리하는 방식은 개인차가 큼 • 교육이나 경험을 통해 새로운 정보 습득 ⇨ 변화 가능 • 도식에 의해 주의집중, 지각, 부호화에 영향 줌

(4) 정보처리 (과정) 단계 *

① 주의집중: 도식에 의해 선택적 주의집중, 많은 정보 중 관심
　있는 것에 집중(칵테일파티 효과), 단기기억으로 이동시키는
　것(교사는 주의집중에 관심 필요)

② 지각: 도식에 의해 경험에 해석과 의미부여(배경지식 제공,
　선행학습 복습), 정보가 왜곡됨(개인마다 다르게 받아들임)

③ 시연: 반복(작동기억 안에서 장기기억으로 저장하기 위함)
　- 초두성, 신근성 효과에 따른 회상률(분산학습이 효과적)

④ (유의미한) 부호화 * *: 자극을 변형 ⇨ 쉽게 회상 가능한
　형태로 바꿈(조직화, 정교화, 활성화, 능동성, 기억술, 심상
　형성)

⑤ 인출
　㉠ 장기기억에 있는 정보를 탐색하는 과정
　㉡ 부호화와 밀접 연관
　㉢ 설단현상: 정확하게 인출 ×, 혀끝에 맴도는 현상(성공
　　적인 부호화 선행의 필요성)

⑥ 인지전략: 문제사태의 해결절차와 해결책을 스스로
　발견할 수 있도록 많은 경험 제공, 특정 저장고 정보를
　다른 저장고로 옮기기 위한 것(행동 지배통제)

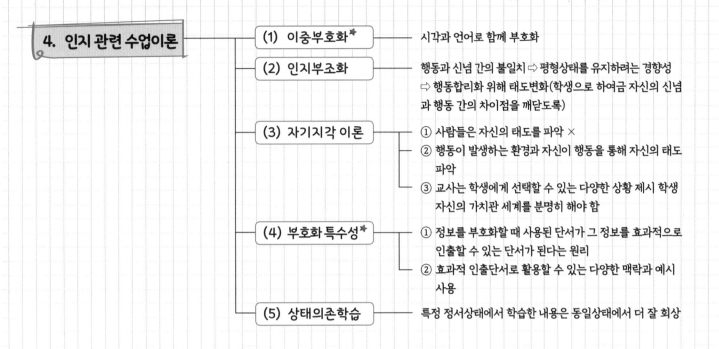

4. 인지 관련 수업이론

    (1) 이중부호화✤ ── 시각과 언어로 함께 부호화

    (2) 인지부조화 ── 행동과 신념 간의 불일치 ⇨ 평형상태를 유지하려는 경향성
        ⇨ 행동합리화 위해 태도변화(학생으로 하여금 자신의 신념과 행동 간의 차이점을 깨닫도록)

    (3) 자기지각 이론
        ① 사람들은 자신의 태도를 파악 ×
        ② 행동이 발생하는 환경과 자신이 행동을 통해 자신의 태도 파악
        ③ 교사는 학생에게 선택할 수 있는 다양한 상황 제시 학생 자신의 가치관 세계를 분명히 해야 함

    (4) 부호화 특수성✤
        ① 정보를 부호화할 때 사용된 단서가 그 정보를 효과적으로 인출할 수 있는 단서가 된다는 원리
        ② 효과적 인출단서로 활용할 수 있는 다양한 맥락과 예시 사용

    (5) 상태의존학습 ── 특정 정서상태에서 학습한 내용은 동일상태에서 더 잘 회상

5. 신경망 이론

    (1) 개념
        ① 순서적인 정보처리이론에 대한 대안이론
        ② 각기 다른 인지과정이 동시에 발생 가정

    (2) 시사점 ── 특정 주제를 가르칠 경우 주제와 관련된 정보나 배경을 제시

Theme 7
인본주의 학습이론

1. 인본주의 학습

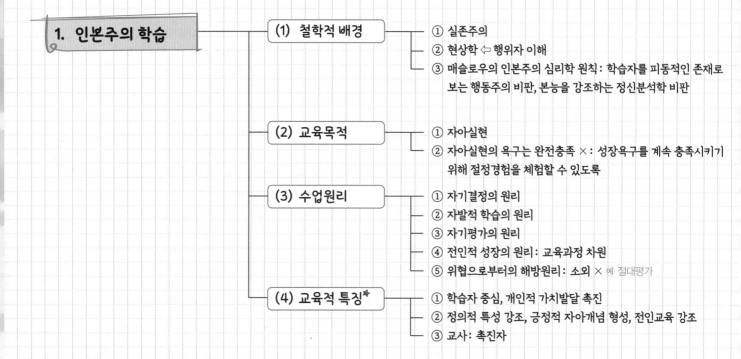

(1) 철학적 배경
- ① 실존주의
- ② 현상학 ⇦ 행위자 이해
- ③ 매슬로우의 인본주의 심리학 원칙 : 학습자를 피동적인 존재로 보는 행동주의 비판, 본능을 강조하는 정신분석학 비판

(2) 교육목적
- ① 자아실현
- ② 자아실현의 욕구는 완전충족 × : 성장욕구를 계속 충족시키기 위해 절정경험을 체험할 수 있도록

(3) 수업원리
- ① 자기결정의 원리
- ② 자발적 학습의 원리
- ③ 자기평가의 원리
- ④ 전인적 성장의 원리 : 교육과정 차원
- ⑤ 위협으로부터의 해방원리 : 소외 × 예 절대평가

(4) 교육적 특징*
- ① 학습자 중심, 개인적 가치발달 촉진
- ② 정의적 특성 강조, 긍정적 자아개념 형성, 전인교육 강조
- ③ 교사 : 촉진자

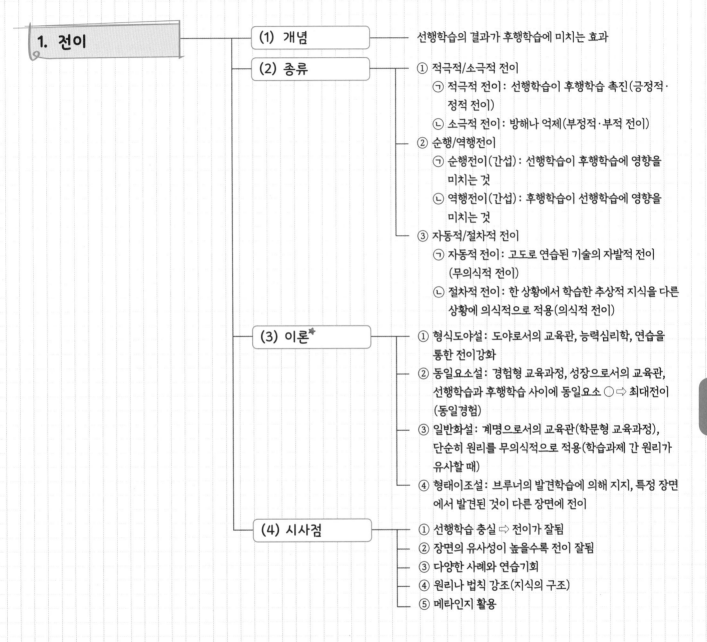

1. 전이

(1) 개념 — 선행학습의 결과가 후행학습에 미치는 효과

(2) 종류
① 적극적/소극적 전이
  ㉠ 적극적 전이 : 선행학습이 후행학습 촉진(긍정적·정적 전이)
  ㉡ 소극적 전이 : 방해나 억제(부정적·부적 전이)
② 순행/역행전이
  ㉠ 순행전이(간섭) : 선행학습이 후행학습에 영향을 미치는 것
  ㉡ 역행전이(간섭) : 후행학습이 선행학습에 영향을 미치는 것
③ 자동적/절차적 전이
  ㉠ 자동적 전이 : 고도로 연습된 기술의 자발적 전이(무의식적 전이)
  ㉡ 절차적 전이 : 한 상황에서 학습한 추상적 지식을 다른 상황에 의식적으로 적용(의식적 전이)

(3) 이론*
① 형식도야설 : 도야로서의 교육관, 능력심리학, 연습을 통한 전이강화
② 동일요소설 : 경험형 교육과정, 성장으로서의 교육관, 선행학습과 후행학습 사이에 동일요소 ○ ⇨ 최대전이(동일경험)
③ 일반화설 : 계명으로서의 교육관(학문형 교육과정), 단순히 원리를 무의식적으로 적용(학습과제 간 원리가 유사할 때)
④ 형태이조설 : 브루너의 발견학습에 의해 지지, 특정 장면에서 발견된 것이 다른 장면에 전이

(4) 시사점
① 선행학습 충실 ⇨ 전이가 잘됨
② 장면의 유사성이 높을수록 전이 잘됨
③ 다양한 사례와 연습기회
④ 원리나 법칙 강조(지식의 구조)
⑤ 메타인지 활용

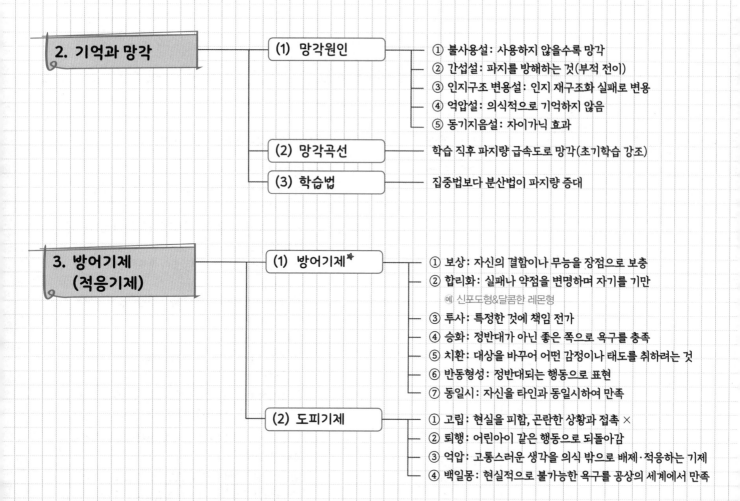

2. 기억과 망각

- **(1) 망각원인**
  - ① 불사용설: 사용하지 않을수록 망각
  - ② 간섭설: 파지를 방해하는 것(부적 전이)
  - ③ 인지구조 변용설: 인지 재구조화 실패로 변용
  - ④ 억압설: 의식적으로 기억하지 않음
  - ⑤ 동기지음설: 자이가닉 효과
- **(2) 망각곡선**
  - 학습 직후 파지량 급속도로 망각(초기학습 강조)
- **(3) 학습법**
  - 집중법보다 분산법이 파지량 증대

3. 방어기제 (적응기제)

- **(1) 방어기제**
  - ① 보상: 자신의 결함이나 무능을 장점으로 보충
  - ② 합리화: 실패나 약점을 변명하며 자기를 기만
    - 예 신포도형&달콤한 레몬형
  - ③ 투사: 특정한 것에 책임 전가
  - ④ 승화: 정반대가 아닌 좋은 쪽으로 욕구를 충족
  - ⑤ 치환: 대상을 바꾸어 어떤 감정이나 태도를 취하려는 것
  - ⑥ 반동형성: 정반대되는 행동으로 표현
  - ⑦ 동일시: 자신을 타인과 동일시하여 만족
- **(2) 도피기제**
  - ① 고립: 현실을 피함, 곤란한 상황과 접촉 ×
  - ② 퇴행: 어린아이 같은 행동으로 되돌아감
  - ③ 억압: 고통스러운 생각을 의식 밖으로 배제·적응하는 기제
  - ④ 백일몽: 현실적으로 불가능한 욕구를 공상의 세계에서 만족

4. 다양한 심리효과

(1) 피그말리온	긍정적으로 기대하면 그 기대에 부응하는 행동을 함
(2) 낙인효과 (= 골룸효과)	부정적으로 기대하면 그 기대에 부응하는 행동을 함
(3) 플라시보 효과	가짜 약이 진짜 약처럼 정신적·신체적 변화를 일으킴 (위약효과)
(4) 자이가닉 효과*	미완성 과제에 대한 기억이 완성과제에 대한 기억보다 강하게 남음
(5) 후광효과	한 가지 장점이나 매력 때문에 다른 특성도 좋게 평가
(6) 스톡홀름 신드롬	겁을 준 다음에 주는 호의가 더 효과적
(7) 초두효과	먼저 제시된 정보가 나중에 들어온 정보보다 전반적인 인상형성에 강력한 영향을 미치는 것
(8) 플린효과*	이전 세대보다 교육적 환경이 더 많이 노출되어 세대가 반복될수록 지능검사 점수가 높아짐
(9) 가르시아 효과	먹는 행동과 그로 인해 나타난 결과 사이에는 시간적으로 어느 정도 차이가 있지만 그들 사이에 일정한 인과관계 존재
(10) 노시보 효과	진짜 약임에도 나빠질 것이라는 불안감 때문에 실제로 몸이 나빠지는 효과

PART 7
생활지도와 상담

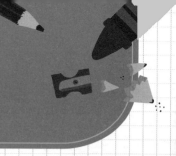

Theme 1
생활지도의 개념 및 원리

1. 생활지도 개념
- **(1) 개념** ——— 문제를 해결하도록 돕는 과정(안내, 조력)
- **(2) 특징** ——— 개개인 학생에게 관심, 환경의 이해 돕기(능력, 흥미 등 이해), 결과보다는 과정 중시

2. 생활지도 원리
- **(1) 개인존중·수용 원리** ——— 인간의 존엄성 인정, 학생을 인간적 존재로 인정
- **(2) 자율성존중 원리** ——— 본인 스스로 문제를 파악하고 해결방안 탐색하여 최종 결정
- **(3) 적응의 원리** ——— 생활지도는 생활적응의 조력과정으로 인성형성, 능동적 적응 강조
- **(4) 인간관계 원리** ——— 가치관의 변화, 태도의 변화 등의 정의적 학습과 관련이 깊음
- **(5) 자아실현 원리** ——— 생활지도의 궁극적인 목적

3. 생활지도 실천원리
- **(1) 계속성의 원리** ——— 종합적인 계획하에 일정의 주기성을 갖고 연속적 전개
- **(2) 균등성의 원리** ——— 문제 학생이나 부적응아뿐 아니라 우등생, 졸업생, 퇴학생 모든 학생 대상
- **(3) 과학성의 원리** ——— 객관적인 자료를 바탕으로 과학적인 지도와 조언
- **(4) 전인성의 원리** ——— 지·덕·체의 조화로운 발달을 위한 지도
- **(5) 적극성의 원리** ——— 치료(소극적 방법)보다 예방(적극적 방법)에 중점
- **(6) 협동성의 원리** ——— 학교와 가정, 지역사회가 상호 유기적 관계
- **(7) 조직성의 원리** ——— 상담교사를 중심으로 구체적인 조직

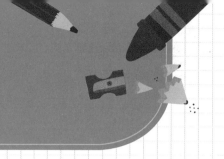

Theme 2
생활지도의 활동내용

1. 활동내용

- **(1) 학생조사활동** — 학생 이해에 필요한 모든 자료를 수집하는 활동
- **(2) 정보활동** — 개인적 성장과 사회적 적응을 돕기 위한 정보 및 자료 제공
- **(3) 상담활동** — 학생들의 적절한 감정처리를 위해 조력, 정신건강 향상, 적응 돕는 활동
- **(4) 정치활동** — 취업지도, 진학지도, 학과선택 지도
- **(5) 추수활동** — 이미 지도를 받은 학생들의 추후 적응상태 파악
- **(6) 위탁활동** — 교사가 감당할 수 없는 문제를 가진 아동을 전문기관에 위탁
- **(7) 진로교육** — 직업의식을 건전하게 발달, 적성에 맞는 직업선택, 직업적 적응(직업 준비와 직업윤리 교육)
- **(8) 심리교육** — 인간발달과 가치관의 명료화를 포함(정의적 교육)

생활지도와 상담

PART 7

ET 권지수 교육학 논술 콕콕 키워드 마인드맵

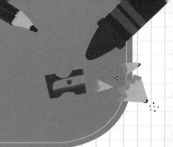

Theme 3
상담의 기본 원리

1. 상담의 기본원리

- **(1) 개별화 원리** ── 내담자의 독특한 성질을 알고 이해(cf. 집단상담)

- **(2) 의도적 감정 표현 원리** ── 내담자가 감정, 특히 부정적 감정을 자유롭게 표현할 수 있는 분위기 조성

- **(3) 통제된 정서 관여 원리** ── 내담자에게 감정을 말로 표현하도록 권고

- **(4) 수용의 원리** ── 학생을 있는 그대로 이해하여 그의 존엄성과 인격 존중

- **(5) 비심판적 태도 원리*** ── 상담자가 내담자를 평가하거나 비판 ×

- **(6) 자기결정의 원리** ── 스스로 나아갈 방향을 결정하고 선택하려는 내담자 결정 존중

- **(7) 비밀보장의 원리*** ── 상담자에게는 내담자를 보호하는 목적에서 비밀을 지킬 윤리적 의무(학생에 미치는 피해에 따라 달라짐)

2. 상담의 기본기술

(1) 기본 기술
① 수용
② 공감적 이해
③ 일치

(2) 래포 형성
상담자와 내담자가 마음을 열고 있는 믿음의 상태
예 친밀감, 안전감, 신뢰감

(3) 상담기술
① 반영 : 내담자의 내면적 감정 파악 (감정 읽어주기)
② 수용 : 학생을 학생 자체로 받아들이는 것
③ 구조화 : 상담의 체계와 방향을 알려주는 것
④ 바꾸어 말하기(환원, 재진술) : 내담자의 말을 간략하게 반복하는 것(감정없이 사실만)
⑤ 경청 : 내담자의 말을 주의 깊게 들어주는 것
⑥ 요약 : 생각과 감정을 하나로 묶어 정리
⑦ 명료화 : 상담과정에서 불분명한 것을 확인하는 것
⑧ 해석 : 학생 진술에 무엇이 함축되어 있는지 잠정적으로 가정하거나 설명, 새로운 각도에서 조망(가설 형태로 진술)
⑨ 직면 : 자신의 진솔한 감정에 맞닥뜨리게 하는 것, 모순 깨달음
⑩ 정보제공 : 자료 또는 어떤 사실들에 대한 언어적 의사소통
⑪ 자기개방 : 상담자가 자신의 정보를 개방하는 것
⑫ 신체적 주의 기울이기 : 약간 앞으로 기울여 시선의 접촉 유지
⑬ 나-전달법(I-message) : 상담교사 자신의 의사와 감정을 전달하는 것

Theme 4
학교상담의 특성

1. 자발적인 변화 유도 —————————— 학생 스스로 자주적이고 자율적인 변화를 추구

2. 예방지도의 강조 —————————— 문제를 야기하는 소수 학생뿐 아니라 모든 학생이 대상

3. 호출면담 —————————— 학교상담은 대부분 호출상담(비자발적)

4. 이중관계의 가능성⁜⁜ —————————
① 교사와 학생이라는 관계 외 상담자와 내담자의 관계로 이중 관계 형성
② 문제점
   ㉠ 교사: 객관성 유지 ×
   ㉡ 학생: 교사역할에 대한 혼란
③ 해결책
   ㉠ 원칙: 상담은 상담교사가 실시
   ㉡ 차선책: 담임교사는 필요 시 상담교사와 협력하에 실시

5. 시간의 제약(단기) —————————— 현실적으로 제한된 시간으로 인해 지속적 상담활동 전개 어려움

1. 합리적 정의이론 (엘리스)

- **(1) 특성** — 비합리적 상념을 논리적으로 반박해서 합리적으로 생각하도록 하는 것
- **(2) 인간관** — 인간은 합리적·비합리적인 모든 사고를 할 수 있음
- **(3) 목표** — 비합리적 상념을 없애는 것
- **(4) 방법** — A(사태) B(신념) C(결과) D(논박) E(효과) 기법

2. 인지상담이론 (벡)

- **(1) 특성** — 사건에 대한 부정적 해석 ⇨ 역기능적 신념에 의한 인지적 왜곡 ⇨ 자동화(자동적 사고) ⇨ 우울
- **(2) 인간관** — 인간은 사건을 인지·해석, 이에 부여한 의미를 토대로 반응 전략을 세우는 존재
- **(3) 인지적 왜곡** — 임의적 추론, 선택적 추상화, 지나친 일반화, 과대(과소)평가, 사적인 것으로 받아들이기, 절대적(이분법적) 사고
- **(4) 방법**
  - ① 인지적 기법: 현실 지향적인 해석
  - ② 행동적 기법: 주간행동계획표

3. 비지시적 상담이론 (로저스)

⊚ 기출 KEEP

인간중심 상담 차원에서의 상담기법을 논하시오.

14 상담

- **(1) 특성** — 내담자 중심의 상담(공감적 이해 강조), 개인 문제는 스스로 찾아 해결, 자아개념의 변화(긍정적)
- **(2) 인간관** — 인간은 자아실현의 경향성, 계속해서 성장하고자 하는 욕구
- **(3) 문제원인** — 자아 이상과 현실과의 괴리 현상
- **(4) 목표** — 내담자의 자기 확신과 자기 이해 확장
- **(5) 방법**
  - ① 진실성: 솔직
  - ② 무조건적 긍정: 있는 그대로 수용
  - ③ 정확한 공감적 이해: 너의 문제를 내 것처럼

4. 개인심리학적 접근 (아들러)＊

(1) 특성	사회적 관계(최초 사회 : 가정) 속에서 무관심 ⇨ 열등감 ⇨ 공격적 행동
(2) 인간관	인간은 소속의 욕구를 가지며 행동은 사회적 맥락 속에서 일어남
(3) 목표	소속감 ⇧, 사회적 관심
(4) 방법	개인상담, 집단상담, 가족상담, 교사와 부모교육, 가족치료

5. 실존주의적 접근 (프랭클, 메이)

(1) 특성	삶의 의미나 존재 의미 상실, 불안(죽음)
(2) 인간관	인간은 자신이 선택의 주체(자유, 책임), 결정의 책임은 자신의 몫
(3) 목표	자기 존재를 완전히 각성하고 실현
(4) 방법	① 의미요법(삶의 의미) : 삶의 모든 순간순간이 의미 있음 ② 현존분석(존재 의미) : 현 존재 자체 의미 분석 ③ 역설적 의도 : 회피 ×, 직접 맞닥뜨림 ④ 반성제거(역반영) : 관심을 다른 것으로 옮김

6. 의사거래분석 (번)

(1) 특성	인간 행동에 숨겨진 그 행동에 동기를 부여하여 과정 분석
(2) 인간관	인간은 스스로를 결정
(3) 목표	모든 자아를 적절히 사용, 어른 자아를 충분히 활용 ⇨ 자율성 성취
(4) 3가지 자아상태	① 어버이 자아상태 ② 어른 자아상태 ③ 어린이 자아상태
(5) 기술＊	① 구조분석(자아상태 분석) : 혼합, 편재 있는지 확인(독특한 행동의 원천) ② 심리교류분석 : 의사교류과정에 어떤 자아가 관여하는지 분석, 상보적 교류가 이상적 ③ 게임분석 : 나쁜 감정 교류 ④ 생활각본분석 : 자·타 긍정의 생활자세 추구(생활양식 분석)

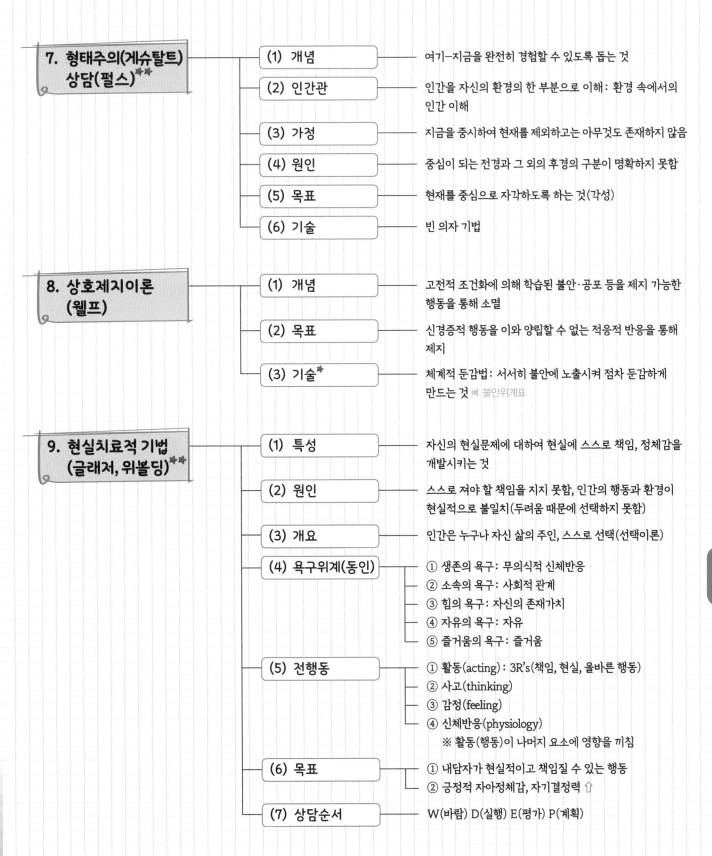

7. 형태주의(게슈탈트) 상담(펄스)★★

(1) 개념 — 여기−지금을 완전히 경험할 수 있도록 돕는 것

(2) 인간관 — 인간을 자신의 환경의 한 부분으로 이해 : 환경 속에서의 인간 이해

(3) 가정 — 지금을 중시하여 현재를 제외하고는 아무것도 존재하지 않음

(4) 원인 — 중심이 되는 전경과 그 외의 후경의 구분이 명확하지 못함

(5) 목표 — 현재를 중심으로 자각하도록 하는 것(각성)

(6) 기술 — 빈 의자 기법

8. 상호제지이론 (웰프)

(1) 개념 — 고전적 조건화에 의해 학습된 불안·공포 등을 제지 가능한 행동을 통해 소멸

(2) 목표 — 신경증적 행동을 이와 양립할 수 없는 적응적 반응을 통해 제지

(3) 기술* — 체계적 둔감법 : 서서히 불안에 노출시켜 점차 둔감하게 만드는 것 예 불안위계표

9. 현실치료적 기법 (글래저, 위볼딩)★★

(1) 특성 — 자신의 현실문제에 대하여 현실에 스스로 책임, 정체감을 개발시키는 것

(2) 원인 — 스스로 져야 할 책임을 지지 못함, 인간의 행동과 환경이 현실적으로 불일치(두려움 때문에 선택하지 못함)

(3) 개요 — 인간은 누구나 자신 삶의 주인, 스스로 선택(선택이론)

(4) 욕구위계(동인)
- ① 생존의 욕구 : 무의식적 신체반응
- ② 소속의 욕구 : 사회적 관계
- ③ 힘의 욕구 : 자신의 존재가치
- ④ 자유의 욕구 : 자유
- ⑤ 즐거움의 욕구 : 즐거움

(5) 전행동
- ① 활동(acting) : 3R's(책임, 현실, 올바른 행동)
- ② 사고(thinking)
- ③ 감정(feeling)
- ④ 신체반응(physiology)
  ※ 활동(행동)이 나머지 요소에 영향을 끼침

(6) 목표
- ① 내담자가 현실적이고 책임질 수 있는 행동
- ② 긍정적 자아정체감, 자기결정력 ⇑

(7) 상담순서 — W(바람) D(실행) E(평가) P(계획)

생활지도와 상담

PART 7

ET 권인식 교육학 논술 콕콕 키워드 마인드맵

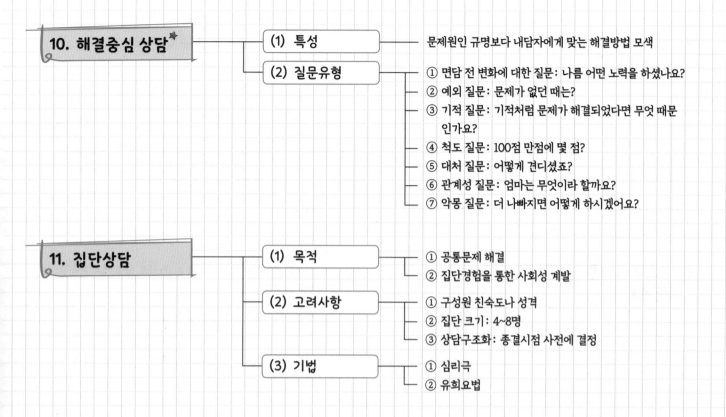

10. 해결중심 상담 ✦

- **(1) 특성** — 문제원인 규명보다 내담자에게 맞는 해결방법 모색
- **(2) 질문유형**
  - ① 면담 전 변화에 대한 질문: 나름 어떤 노력을 하셨나요?
  - ② 예외 질문: 문제가 없던 때는?
  - ③ 기적 질문: 기적처럼 문제가 해결되었다면 무엇 때문인가요?
  - ④ 척도 질문: 100점 만점에 몇 점?
  - ⑤ 대처 질문: 어떻게 견디셨죠?
  - ⑥ 관계성 질문: 엄마는 무엇이라 할까요?
  - ⑦ 악몽 질문: 더 나빠지면 어떻게 하시겠어요?

11. 집단상담

- **(1) 목적**
  - ① 공통문제 해결
  - ② 집단경험을 통한 사회성 계발
- **(2) 고려사항**
  - ① 구성원 친숙도나 성격
  - ② 집단 크기: 4~8명
  - ③ 상담구조화: 종결시점 사전에 결정
- **(3) 기법**
  - ① 심리극
  - ② 유희요법

Theme 6
진로지도

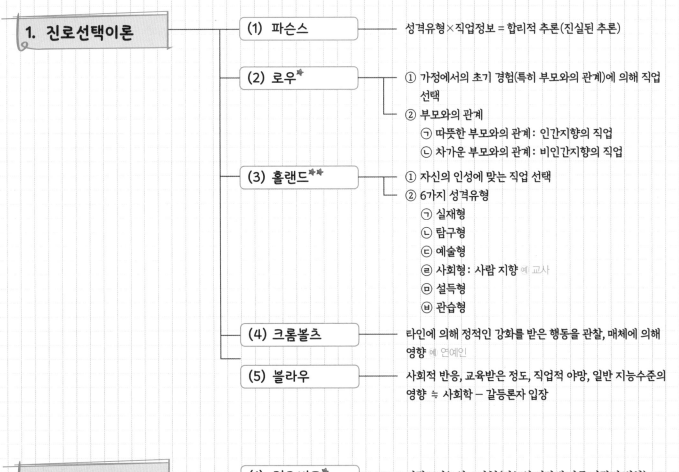

1. 진로선택이론

(1) 파슨스 — 성격유형×직업정보 = 합리적 추론(진실된 추론)

(2) 로우 —
① 가정에서의 초기 경험(특히 부모와의 관계)에 의해 직업 선택
② 부모와의 관계
  ㉠ 따뜻한 부모와의 관계: 인간지향의 직업
  ㉡ 차가운 부모와의 관계: 비인간지향의 직업

(3) 홀랜드 —
① 자신의 인성에 맞는 직업 선택
② 6가지 성격유형
  ㉠ 실재형
  ㉡ 탐구형
  ㉢ 예술형
  ㉣ 사회형: 사람 지향 예 교사
  ㉤ 설득형
  ㉥ 관습형

(4) 크롬볼츠 — 타인에 의해 정적인 강화를 받은 행동을 관찰, 매체에 의해 영향 예 연예인

(5) 블라우 — 사회적 반응, 교육받은 정도, 직업적 야망, 일반 지능수준의 영향 ≒ 사회학 – 갈등론자 입장

2. 진로발달이론

(1) 긴즈버그 — 바람×가능성 = 타협(가능성 지각에 따른 바람의 변화)

(2) 수퍼 — 타협(긴즈버그)×선택(자아개념·자아이미지) = 적응

(3) 타이드만, 오하라 — 자아정체성(직업정체성)

PART 8
교육과정

교육과정의 기초

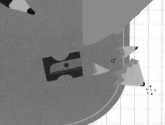

1. 개념

(1) 정의 ── 가르치고(교사), 배울거리(학생) = 교육내용

(2) 성격
① 사회의 요구와 필요 충족
② 학습자 전원이 혜택을 받고 개인의 전인적 발달을 위한 계획
③ 학생의 개인차 고려
④ 교육과 관련된 여러 분야의 전문가와 협력하여 계획
⑤ 창의력과 사고력 중심의 자발적인 학습이 이루어지도록 계획
⑥ 생활 중심적인 성격도 띰
⑦ 부단히 재검토되고 발전적인 개정이 이루어져야 함

2. 개념 모형

(1) 김호권
① 의도된 교육과정: 공약된 목표로서의 교육과정
② 전개된 교육과정: 수업 속에 반영된 교육과정
③ 실현된 교육과정: 학습 성과로서의 교육과정 ⇨ 진정한 교육과정

(2) 김종서
① 국가수준 및 사회수준의 교육과정 ≒ 의도된 교육과정
② 교사수준의 교육과정 ≒ 전개된 교육과정
③ 학생수준의 교육과정 ≒ 실현된 교육과정

3. 교육과정 접근 방법 ★

(1) 전통주의자
- ① 타일러(목표 강조) 입장 계승 ⇨ 체제접근모형(상호작용)으로 발전
- ② 모든 교육활동은 목표달성을 위한 수단으로 간주
- ③ 교육과정(수업)의 실제를 개발하려 함
- ④ 대표자: 타일러, 보비트, 타바

(2) 개념적 경험주의
- ① 전통주의자 입장을 경험적으로 증명
- ② 교육과정의 실제 문제(= 내용)에 관심(인지주의 관점)
- ③ 뚜렷한 증거를 가지고 교육과정 현상을 이해, 실제 문제에 접근
- ④ 대표자: 브루너, 블룸, 슈왑

(3) 재개념주의자 ★★
- ① 교육과정의 본질을 이해, 질적 접근
- ② 억압·자유·해방 강조, 교육과정 사회학자
- ③ 교육현상의 이데올로기나 도덕적 쟁점 분석
- ④ 파이너의 쿠레레 강조: 행위의 과정 그 자체 중시, 관심은 개인
  - ㉠ 회귀: 과거를 현재화(과거의 경험에서 정보 수집)
  - ㉡ 전진: 미래에 대한 상상
  - ㉢ 분석: 과거, 현재, 미래를 연결하는 관계 분석(자신의 삶 분석)
  - ㉣ 종합: 현재의 의미 자문
- ⑤ 대표자: 파이너, 아이스너, 애플

(4) 포스트 모더니스트
- ① 다양성 강조(수요자), 교육과정은 상황에 맞는 것을 사용하는 것(PBL)
- ② 문제점: 기초교육 × ⇨ standards 운동(해결책)

(5) 파이데이아
- 교양교육 강조(실업교육 비판), 기초 기본교육의 중요성 (인간성 교육)

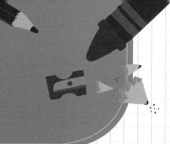

Theme 2
교육과정의 층위와 수준

1. 교육과정 층위

(1) 공식적·의도된 교육과정 (표면적교육과정)
① 학교에서 공식적으로 가르치는 교수·학습자료
② 국가수준의 교육과정 문서, 시·도교육청의 교과과정 지침
③ 주로 지적 경험

(2) 잠재적 교육과정 ✦✦✦
① 의도되지 않았거나 계획되지 않은 의외의 결과
② 학생들이 은연중에 가지게 되는 경험의 총체(문화풍토에 영향 받음)
③ 주로 정의적 경험 예 태도, 가치관 등
④ 바람직한 것 + 비(非)비바람직한 것
⑤ 장기적·반복적 학습 ⇨ 항구성

◎ 기출 KEEP
• 수업에서 소극적으로 행동하는 문제를 잠재적 교육과정 관점에서 진단하시오.
14 중등

• 잠재적 교육과정의 개념을 쓰고 예를 제시하시오.
19 중등

(3) 영 교육과정 ✦✦
① 학교에서 소홀히 하거나 공식적으로 가르쳐지지 않는 교과나 지식
② 공식적 교육과정의 필연적 산물
③ 소극적: 기회학습
   적극적: 의도적으로 배제시켜 지워버린 교육과정
④ 주로 지적 경험

◎ 기출 KEEP
영 교육과정이 교육내용 선정에 주는 시사점 1가지를 제시하시오.
20 중등

2. 교육과정 수준

(1) 국가수준의 교육과정 ── 교육에 대한 국가의 의도를 담은 문서 내용, 일반적인 것

(2) 지역수준의 교육과정
- ① 지역적 특성을 반영하여 결정되는 교육과정
  예 알래스카 혹한기 대비
- ② 제6차 교육과정부터 지방분권화 진행

(3) 학교수준의 교육과정 ✿
- ① 학교의 실태와 학생·학부모의 요구 고려(학교의 특수 문제 해결)
- ② 학교, 상황에 따라 다양하게 운영(탄력적 운영)
- ③ 교사가 핵심적인 역할
- ④ 국가·지역수준의 교육과정에 의거해서 진행
- ⑤ 교육과정 중심의 학교 교육 구축

(4) 교사수준의 교육과정 ✿✿
- ① '교사'는 교육과정에 살을 붙이고 피를 돌게 하는 사람
- ② 교사가 교육과정의 성패를 좌우하는 결정적 위치에 있음
- ③ 교사는 교육과정이다 ; 교사의 수준에 따라 교육의 질이 달라짐
- ④ 교사배제 교육과정이 되면 안 됨

Theme 3
교육과정의 구성

1. 교육과정 구성 요소✸

(1) 교육목표
- ① 정의: 교육을 통해 달성하고자 하는 행동상의 변화
- ② 목표설정 기준
  - ㉠ 구체적이고 명확한 용어로 진술(명세적·행동적)
  - ㉡ 설정된 교육목표들에는 철학적 일관성 유지 필요
  - ㉢ 실현 가능한 것
  - ㉣ 내용×행동
- ③ 블룸의 교육목표 분류
  - ㉠ 인지적 영역: 위계적, 복잡성 원칙 ⇨ 지식, 이해, 적용, 분석, 종합, 평가
  - ㉡ 정의적 영역: 위계적, 내면화 원리 ⇨ 감수, 반응, 가치화, 조직화, 인격화
  - ㉢ 심리·운동적 영역

(2) 학습경험 선정✸✸ **(교육내용)**
- ① 정의: 교육목표 달성에 필요한 학습 경험의 선택과 조직의 과정
- ② 원칙
  - ㉠ 기회의 원칙
  - ㉡ 기본개념 중시의 원칙
  - ㉢ 만족의 원칙
  - ㉣ 학습 가능성의 원칙: 발달수준과 환경 고려
  - ㉤ 동경험 다목표의 원칙
  - ㉥ 동목표 다경험의 원칙

> ◎ **기출 KEEP**
>
> 기회의 원칙과 만족의 원칙에 대해 설명하시오. [19 중등]

(3) 교육내용 조직✸✸ **(교수·학습과정)**
- ① 정의: 실제 학생들이 갖게 되는 학습 및 행동과정
- ② 원리
  - ㉠ 계속성의 원리(종적): 계속 반복함으로써 강화되는 효과
  - ㉡ 계열성의 원리(종적): 점차적으로 깊이와 넓이를 더해 가도록 조직
  - ㉢ 통합성의 원리(횡적/종적): 여러 영역의 내용 연결 및 통합
  - ㉣ 균형의 원리: 교양 + 직업교육
  - ㉤ 다양성의 원리: 흥미·능력 고려
  - ㉥ 건전성의 원리: 민주시민 양성
- ③ 범위: 특정 시기에 배울 내용의 폭과 깊이 설정
- ※ 수직적 연계성: 논리적인 계열성 확보(학습자 수준 고려)

> ◎ **기출 KEEP**
>
> • 내용조직원리를 설명하시오. [17 중등]
>
> • 교육과정 조직원리를 제시하고 설명하시오. [19 중등]
>
> • 수직적 연계성이 학습자 측면에서 갖는 의의와 범위 및 계열성 측면에서의 교육과정 재구성 방법을 제시하시오. [22 중등]

(4) 평가
- 교육목표의 성취도를 검증하는 과정

Theme 4
교육과정의 평가

1. 개요
- **(1) 의미** ── 교육과정 프로그램에 대한 결과와 제반 사건을 체계적으로 검토
- **(2) 특징**
  - ① 전체 학생이나 학교에 공통되는 교육내용, 방법에 관한 선택이나 결정
  - ② 모든 교사가 반드시 평가에 직접 참여 ×
  - ③ 주로 총괄평가 활용

2. 반응평가모형 (스테이크)
- ① 평가과정 동안 여러 관련 인사와 논의하여 그들의 반응 (요구, 제안)에 따라 정보를 수집하고 기술하는 것
- ② 프로그램의 활동과 정보에 대한 청중의 요구에 따르는 평가모형

3. CIPP모형✦ (스터플빔)
- **(1) 개념**
  - ① 의사결정의 대안들을 판단하는 데 유용한 정보를 기술하고 획득·제공하는 과정
  - ② 의사결정의 과정, 상황, 유형, 절차, 원리 등을 면밀히 연구함으로써 평가
- **(2) 유형**
  - ① C(맥락) : 계획 단계
  - ② I(투입) : 구조화 단계
  - ③ P(과정) : 실행 단계
  - ④ P(결과) : 산출 단계
- **(3) 타일러와 비교** ── 타일러는 목표 도달 여부, 스터플빔은 전 과정 평가

4. 7차 교육과정 평가와 질 관리
- **(1) 목적** ── 책무성 차원에서 교육과정의 실효성(질 개선)을 높이고자 함
- **(2) 종류**
  - ① 학교 학력평가는 학업 성취도를 평가하기 위함
  - ② 학교 및 교육기관의 교육과정 편성·운영의 편제
  - ③ 시간(단위)배당, 편성·운영지침의 적절성과 실효성 평가
- **(3) 교육과정 질 관리를 위한 국가의 노력**
  - ① 교과별로 절대평가 기준을 개발
  - ② 국가수준의 평가문항은행을 구축
  - ③ 다양한 평가방법, 절차, 도구 등을 개발하여 학교에 제공

Theme 5
교육과정의 개발(모형)·실행

1. 타일러
- 합리적 모형

(1) 개념
① 진보주의자(학습자중심, 전통주의자)
② 행동주의적 관점 목표(S) ⇨ 나머지 과정(R)
③ 연역적 접근(목표에 따라서 이루어짐), 목표설정의 중요성 강조
   (효율성 중시)

(2) 개발절차
교육목표 설정 ⇨ 학습경험의 선정 ⇨ 학습경험의 조직
⇨ 학습경험의 평가

(3) 학습경험 선정 원천
① 기회의 원칙
② 만족의 원칙
③ 학습 가능성의 원칙
④ 일목표 다경험의 원칙
⑤ 일경험 다성과의 원칙

(4) 학습경험 조직 기준
① 계속성
② 계열성
③ 통합성

(5) 평가 기준
행동적 용어, 구체적 진술, 책무성 강조

(6) 장점
① 어떤 교과에서나 활용·적용 가능
② 논리적이고 합리적인 절차 제시(목표 중시)
③ 책무성 중시(교사)

(7) 단점
① 목표를 내용보다 우위에 둠: 개념적-경험주의 탄생
② 내용을 목표달성을 위한 수단으로 경시, 내용의 이데올로기성
   배제(재개념주의)
③ 잠재적 교육과정이나 내면적 인지구조의 변화 파악 어려움
④ 부수적 목표를 간과함
⑤ 정의적 교과 ×

2. 타바
- 확장된 모형

(1) 개념
① 교육과정이 교사에 의해 개발(타일러보다 학습자 입장 고려)
② 처방적(절차), 귀납적(시험적 교수 – 학습 단원개발에서 교과
   형성으로), 학습내용과 학습경험 분리(학습자 강조), 계속적인
   요구진단(역동적)

(2) 개발모형
요구진단 ⇨ 목표 설정 ⇨ 내용의 선정과 조직 ⇨
학습경험의 선정과 조직 ⇨ 평가

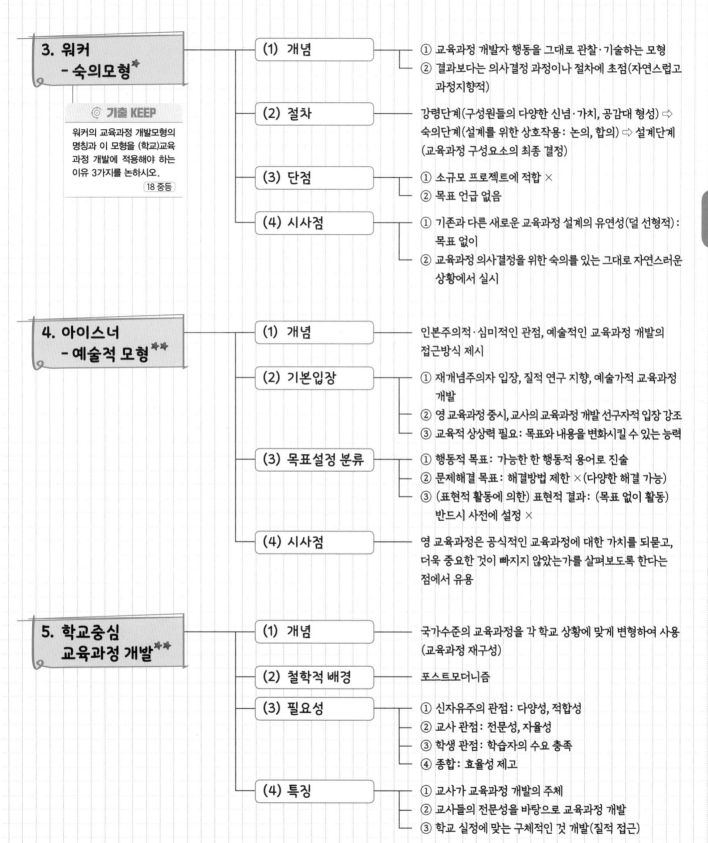

3. 워커
– 숙의모형*

(1) 개념
① 교육과정 개발자 행동을 그대로 관찰·기술하는 모형
② 결과보다는 의사결정 과정이나 절차에 초점(자연스럽고 과정지향적)

(2) 절차
강령단계(구성원들의 다양한 신념·가치, 공감대 형성) ⇨ 숙의단계(설계를 위한 상호작용: 논의, 합의) ⇨ 설계단계 (교육과정 구성요소의 최종 결정)

(3) 단점
① 소규모 프로젝트에 적합 ×
② 목표 언급 없음

(4) 시사점
① 기존과 다른 새로운 교육과정 설계의 유연성(덜 선형적): 목표 없이
② 교육과정 의사결정을 위한 숙의를 있는 그대로 자연스러운 상황에서 실시

4. 아이스너
– 예술적 모형**

(1) 개념
인본주의적·심미적인 관점, 예술적인 교육과정 개발의 접근방식 제시

(2) 기본입장
① 재개념주의자 입장, 질적 연구 지향, 예술가적 교육과정 개발
② 영 교육과정 중시, 교사의 교육과정 개발 선구자적 입장 강조
③ 교육적 상상력 필요: 목표와 내용을 변화시킬 수 있는 능력

(3) 목표설정 분류
① 행동적 목표: 가능한 한 행동적 용어로 진술
② 문제해결 목표: 해결방법 제한 ×(다양한 해결 가능)
③ (표현적 활동에 의한) 표현적 결과: (목표 없이 활동) 반드시 사전에 설정 ×

(4) 시사점
영 교육과정은 공식적인 교육과정에 대한 가치를 되묻고, 더욱 중요한 것이 빠지지 않았는가를 살펴보도록 한다는 점에서 유용

5. 학교중심
교육과정 개발**

(1) 개념
국가수준의 교육과정을 각 학교 상황에 맞게 변형하여 사용 (교육과정 재구성)

(2) 철학적 배경
포스트모더니즘

(3) 필요성
① 신자유주의 관점: 다양성, 적합성
② 교사 관점: 전문성, 자율성
③ 학생 관점: 학습자의 수요 충족
④ 종합: 효율성 제고

(4) 특징
① 교사가 교육과정 개발의 주체
② 교사들의 전문성을 바탕으로 교육과정 개발
③ 학교 실정에 맞는 구체적인 것 개발(질적 접근)

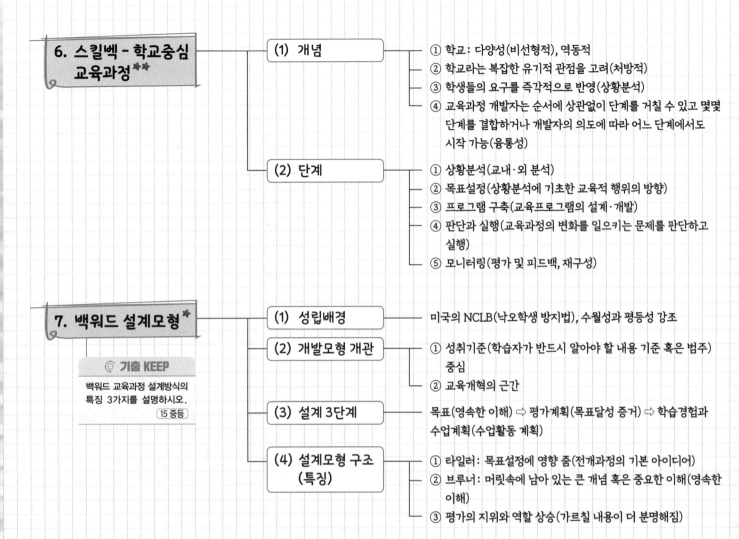

6. 스킬벡 – 학교중심 교육과정 ★★

(1) 개념
- ① 학교: 다양성(비선형적), 역동적
- ② 학교라는 복잡한 유기적 관점을 고려(처방적)
- ③ 학생들의 요구를 즉각적으로 반영(상황분석)
- ④ 교육과정 개발자는 순서에 상관없이 단계를 거칠 수 있고 몇몇 단계를 결합하거나 개발자의 의도에 따라 어느 단계에서도 시작 가능(융통성)

(2) 단계
- ① 상황분석(교내·외 분석)
- ② 목표설정(상황분석에 기초한 교육적 행위의 방향)
- ③ 프로그램 구축(교육프로그램의 설계·개발)
- ④ 판단과 실행(교육과정의 변화를 일으키는 문제를 판단하고 실행)
- ⑤ 모니터링(평가 및 피드백, 재구성)

7. 백워드 설계모형 ★

◎ 기출 KEEP
백워드 교육과정 설계방식의 특징 3가지를 설명하시오.
15 중등

(1) 성립배경
- 미국의 NCLB(낙오학생 방지법), 수월성과 평등성 강조

(2) 개발모형 개관
- ① 성취기준(학습자가 반드시 알아야 할 내용 기준 혹은 범주) 중심
- ② 교육개혁의 근간

(3) 설계 3단계
- 목표(영속한 이해) ⇨ 평가계획(목표달성 증거) ⇨ 학습경험과 수업계획(수업활동 계획)

(4) 설계모형 구조 (특징)
- ① 타일러: 목표설정에 영향 줌(전개과정의 기본 아이디어)
- ② 브루너: 머릿속에 남아 있는 큰 개념 혹은 중요한 이해(영속한 이해)
- ③ 평가의 지위와 역할 상승(가르칠 내용이 더 분명해짐)

8. 교육과정 압축★

◎ 기출 KEEP

범위 측면에서의 교육과정 재구성 방법을 제시하시오.
22 중등

(1) 개념 ── 기초기능을 숙달하면서도 적절한 심화·속진 학습활동을 경험할 수 있도록 교육과정을 재구성(핵심화)하거나 효율화하는 과정, 시간낭비 방지(불필요한 학습 반복×), 자신의 능력에 비례한 학습

(2) 목표 ── 도전적인 학습환경 마련, 심화와 속진경험을 위한 시간을 벌려는 것

(3) 방법 ── 지도목표와 결과 정의하기 ⇨ 학생 파악하기(압축 정도 파악) ⇨ 속진과 심화 선택안 제공

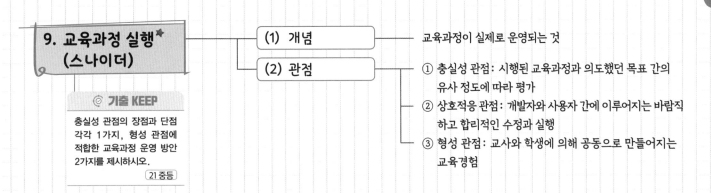

9. 교육과정 실행★ (스나이더)

◎ 기출 KEEP

충실성 관점의 장점과 단점 각각 1가지, 형성 관점에 적합한 교육과정 운영 방안 2가지를 제시하시오.
21 중등

(1) 개념 ── 교육과정이 실제로 운영되는 것

(2) 관점 ──
① 충실성 관점: 시행된 교육과정과 의도했던 목표 간의 유사 정도에 따라 평가
② 상호적응 관점: 개발자와 사용자 간에 이루어지는 바람직하고 합리적인 수정과 실행
③ 형성 관점: 교사와 학생에 의해 공동으로 만들어지는 교육경험

Theme 6
교육과정의 유형

1. 교과중심 교육과정

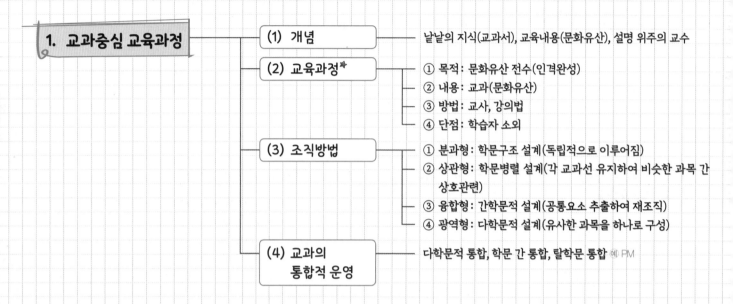

(1) 개념 ── 낱낱의 지식(교과서), 교육내용(문화유산), 설명 위주의 교수

(2) 교육과정
- ① 목적: 문화유산 전수(인격완성)
- ② 내용: 교과(문화유산)
- ③ 방법: 교사, 강의법
- ④ 단점: 학습자 소외

(3) 조직방법
- ① 분과형: 학문구조 설계(독립적으로 이루어짐)
- ② 상관형: 학문병렬 설계(각 교과선 유지하여 비슷한 과목 간 상호관련)
- ③ 융합형: 간학문적 설계(공통요소 추출하여 재조직)
- ④ 광역형: 다학문적 설계(유사한 과목을 하나로 구성)

(4) 교과의 통합적 운영 ── 다학문적 통합, 학문 간 통합, 탈학문 통합 예 PM

2. 경험중심 교육과정

🔎 기출 KEEP

경험형 교육과정 유형의 장점 및 문제점을 각각 2가지씩 제시하고 논하시오. 16 중등

(1) 개념 ── 학교의 지도하에 학생들이 가지게 되는 모든 경험, 아동중심의 교육

(2) 교육과정
- ① 철학적 배경: 진보주의
- ② 목적: 문제해결력 신장
- ③ 내용: 학습자 흥미·욕구
- ④ 방법: 경험(활동)
- ⑤ 단점: 지식 ×(효율성 ×)

(3) 특징 ── 교과보다는 생활, 지식보다는 활동, 분과보다는 통합, 교사보다는 학습자 중심, 전인발달(잠재적 교육과정 중시)

(4) 조직방법
- ① 활동중심 교육과정: 학생 욕구 중심
- ② 생활영역 교육과정: 생활 자체
- ③ 생성(현성) 교육과정: 학생의 직접적인 욕구 기반, 현장 학습 관련, 교육과정의 사전계획을 배척
- ④ 광역 교육과정: 흥미·경험·생활 중심
- ⑤ 중핵 교육과정: 교과의 선을 없애고 사회문제와 아동의 흥미 중심 예 PM

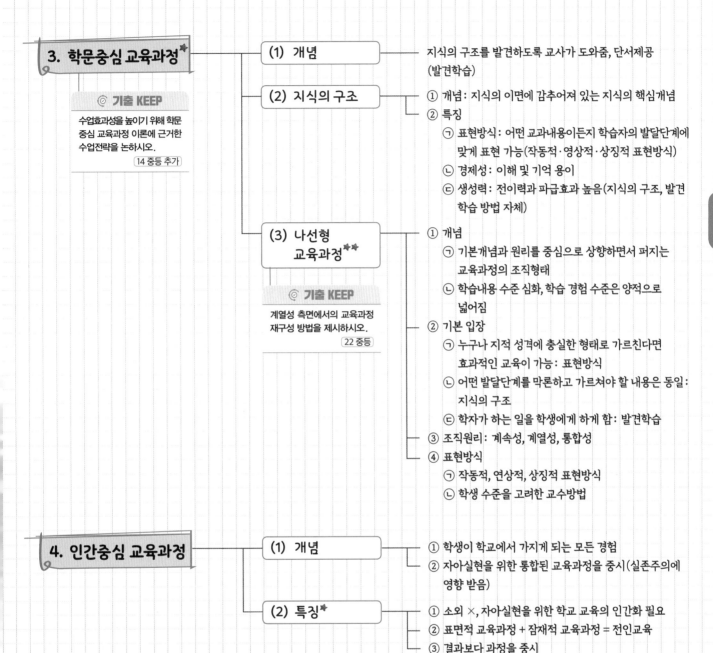

3. 학문중심 교육과정*

(1) 개념 ─── 지식의 구조를 발견하도록 교사가 도와줌, 단서제공
(발견학습)

◎ **기출 KEEP**

수업효과성을 높이기 위해 학문
중심 교육과정 이론에 근거한
수업전략을 논하시오.

14 중등 추가

(2) 지식의 구조 ─── ① 개념: 지식의 이면에 감추어져 있는 지식의 핵심개념
② 특징
　㉠ 표현방식: 어떤 교과내용이든지 학습자의 발달단계에
　　　맞게 표현 가능(작동적·영상적·상징적 표현방식)
　㉡ 경제성: 이해 및 기억 용이
　㉢ 생성력: 전이력과 파급효과 높음(지식의 구조, 발견
　　　학습 방법 자체)

**(3) 나선형
교육과정**★★ ─── ① 개념
　㉠ 기본개념과 원리를 중심으로 상향하면서 퍼지는
　　　교육과정의 조직형태
　㉡ 학습내용 수준 심화, 학습 경험 수준은 양적으로
　　　넓어짐

◎ **기출 KEEP**

계열성 측면에서의 교육과정
재구성 방법을 제시하시오.

22 중등

② 기본 입장
　㉠ 누구나 지적 성격에 충실한 형태로 가르친다면
　　　효과적인 교육이 가능: 표현방식
　㉡ 어떤 발달단계를 막론하고 가르쳐야 할 내용은 동일:
　　　지식의 구조
　㉢ 학자가 하는 일을 학생에게 하게 함: 발견학습
③ 조직원리: 계속성, 계열성, 통합성
④ 표현방식
　㉠ 작동적, 연상적, 상징적 표현방식
　㉡ 학생 수준을 고려한 교수방법

4. 인간중심 교육과정

(1) 개념 ─── ① 학생이 학교에서 가지게 되는 모든 경험
② 자아실현을 위한 통합된 교육과정을 중시(실존주의에
　　영향 받음)

(2) 특징* ─── ① 소외 ×, 자아실현을 위한 학교 교육의 인간화 필요
② 표면적 교육과정 + 잠재적 교육과정 = 전인교육
③ 결과보다 과정을 중시

5. 구성주의 교육과정

◎ 기출 KEEP

비고츠키 지식론의 명칭을 쓰고, 이 지식론에서 보는 지식의 성격 1가지, 교사와 학생의 역할 각각 1가지씩 제시하시오.

20 중등

(1) 기본관점 — 학습자가 의미 있는 경험에 의거하여 해석하고 그 지식을 내부로 표상하는 과정

(2) 강조점(시사) — 학생이 생활과 당면한 문제에 부딪히는 질문을 존중(현실의 문제해결력), 학생들과 상호작용, 협력 동반자적 역할을 강조

(3) 평가
① 과정과 결과 함께 중시 예 수행평가
② 다양한 평가방법 사용 예 포트폴리오, 관찰법 등

6. 중핵 교육과정

◎ 기출 KEEP

교육내용 조직방식의 명칭과 이 조직방식이 토의식 수업에서 가지는 장점과 단점 각각 1가지씩 제시하시오.

20 중등

(1) 개념 — 경험주의 교육과정을 중심으로 하여 교과중심 교육과정의 장점을 수용(프로젝트법)

(2) 특성
① 중핵 과정과 주변 과정이 동심원적으로 구성
② 통합 학습을 형성하고자 함

2015 개정 교육과정

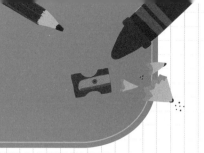

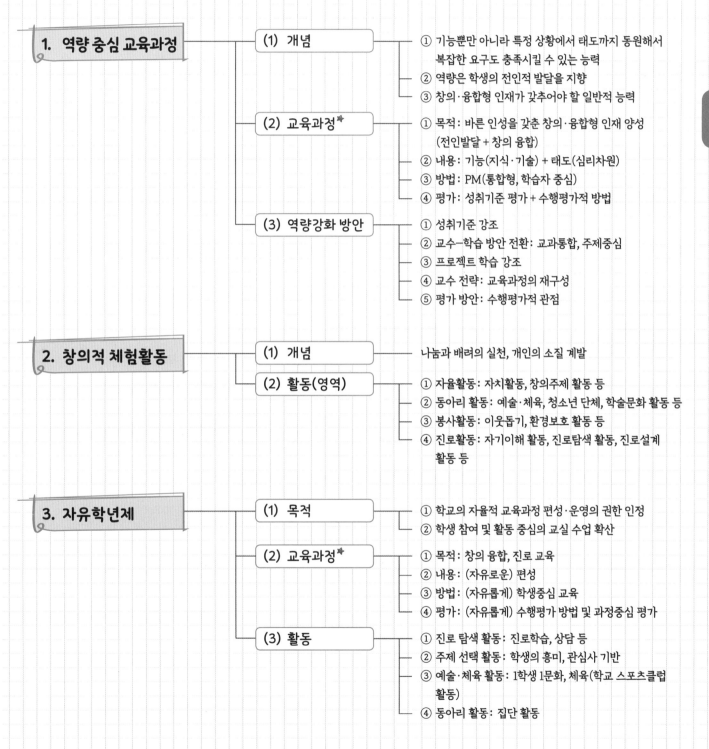

1. 역량 중심 교육과정

(1) 개념
- ① 기능뿐만 아니라 특정 상황에서 태도까지 동원해서 복잡한 요구도 충족시킬 수 있는 능력
- ② 역량은 학생의 전인적 발달을 지향
- ③ 창의·융합형 인재가 갖추어야 할 일반적 능력

(2) 교육과정
- ① 목적: 바른 인성을 갖춘 창의·융합형 인재 양성 (전인발달 + 창의 융합)
- ② 내용: 기능(지식·기술) + 태도(심리차원)
- ③ 방법: PM(통합형, 학습자 중심)
- ④ 평가: 성취기준 평가 + 수행평가적 방법

(3) 역량강화 방안
- ① 성취기준 강조
- ② 교수-학습 방안 전환: 교과통합, 주제중심
- ③ 프로젝트 학습 강조
- ④ 교수 전략: 교육과정의 재구성
- ⑤ 평가 방안: 수행평가적 관점

2. 창의적 체험활동

(1) 개념
- 나눔과 배려의 실천, 개인의 소질 계발

(2) 활동(영역)
- ① 자율활동: 자치활동, 창의주제 활동 등
- ② 동아리 활동: 예술·체육, 청소년 단체, 학술문화 활동 등
- ③ 봉사활동: 이웃돕기, 환경보호 활동 등
- ④ 진로활동: 자기이해 활동, 진로탐색 활동, 진로설계 활동 등

3. 자유학년제

(1) 목적
- ① 학교의 자율적 교육과정 편성·운영의 권한 인정
- ② 학생 참여 및 활동 중심의 교실 수업 확산

(2) 교육과정
- ① 목적: 창의 융합, 진로 교육
- ② 내용: (자유로운) 편성
- ③ 방법: (자유롭게) 학생중심 교육
- ④ 평가: (자유롭게) 수행평가 방법 및 과정중심 평가

(3) 활동
- ① 진로 탐색 활동: 진로학습, 상담 등
- ② 주제 선택 활동: 학생의 흥미, 관심사 기반
- ③ 예술·체육 활동: 1학생 1문화, 체육(학교 스포츠클럽 활동)
- ④ 동아리 활동: 집단 활동

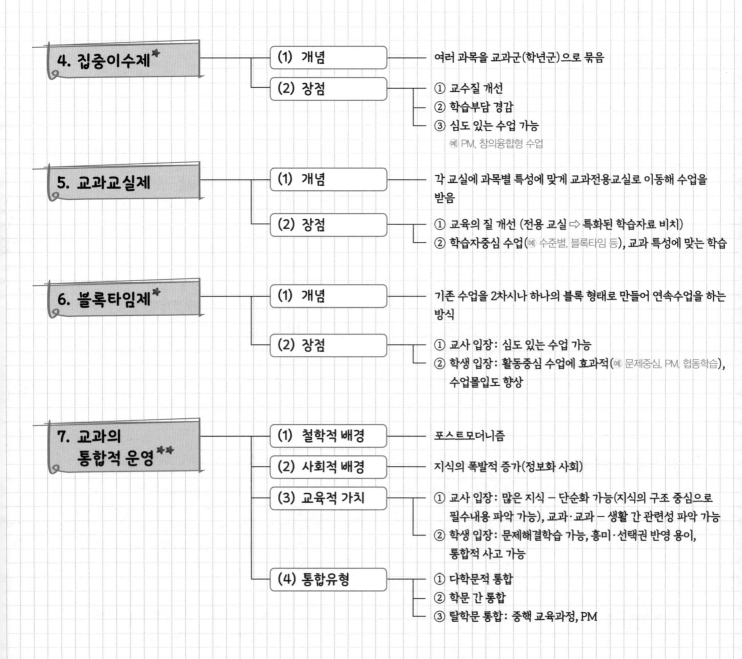

4. 집중이수제[*]

- **(1) 개념** — 여러 과목을 교과군(학년군)으로 묶음
- **(2) 장점**
  - ① 교수질 개선
  - ② 학습부담 경감
  - ③ 심도 있는 수업 가능
    예 PM, 창의융합형 수업

5. 교과교실제

- **(1) 개념** — 각 교실에 과목별 특성에 맞게 교과전용교실로 이동해 수업을 받음
- **(2) 장점**
  - ① 교육의 질 개선 (전용 교실 ⇨ 특화된 학습자료 비치)
  - ② 학습자중심 수업(예 수준별, 블록타임 등), 교과 특성에 맞는 학습

6. 블록타임제[*]

- **(1) 개념** — 기존 수업을 2차시나 하나의 블록 형태로 만들어 연속수업을 하는 방식
- **(2) 장점**
  - ① 교사 입장: 심도 있는 수업 가능
  - ② 학생 입장: 활동중심 수업에 효과적(예 문제중심, PM, 협동학습), 수업몰입도 향상

7. 교과의 통합적 운영^{**}

- **(1) 철학적 배경** — 포스트모더니즘
- **(2) 사회적 배경** — 지식의 폭발적 증가(정보화 사회)
- **(3) 교육적 가치**
  - ① 교사 입장: 많은 지식 – 단순화 가능(지식의 구조 중심으로 필수내용 파악 가능), 교과·교과 – 생활 간 관련성 파악 가능
  - ② 학생 입장: 문제해결학습 가능, 흥미·선택권 반영 용이, 통합적 사고 가능
- **(4) 통합유형**
  - ① 다학문적 통합
  - ② 학문 간 통합
  - ③ 탈학문 통합: 중핵 교육과정, PM

PART 9
교육평가

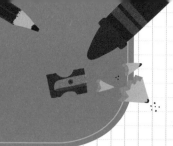

Theme 1
타당도와 신뢰도

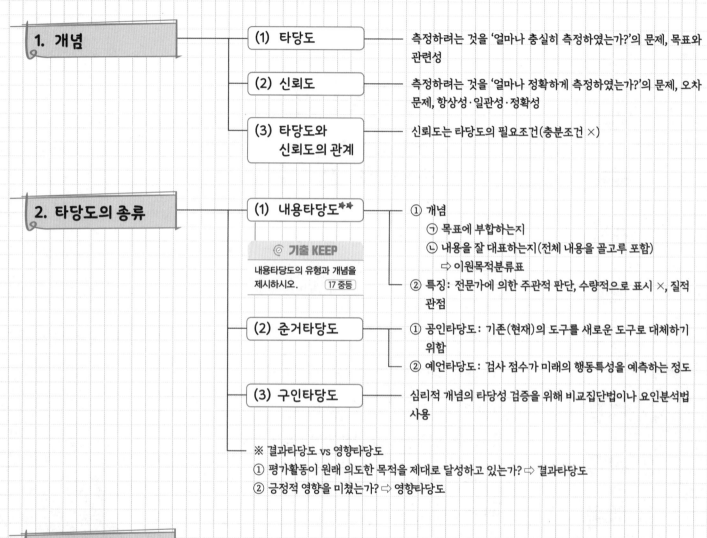

1. 개념

- **(1) 타당도** —— 측정하려는 것을 '얼마나 충실히 측정하였는가?'의 문제, 목표와 관련성

- **(2) 신뢰도** —— 측정하려는 것을 '얼마나 정확하게 측정하였는가?'의 문제, 오차 문제, 항상성·일관성·정확성

- **(3) 타당도와 신뢰도의 관계** —— 신뢰도는 타당도의 필요조건(충분조건 ×)

2. 타당도의 종류

- **(1) 내용타당도**✸✸
  - ① 개념
    - ㉠ 목표에 부합하는지
    - ㉡ 내용을 잘 대표하는지(전체 내용을 골고루 포함)
      - ⇨ 이원목적분류표
  - ② 특징: 전문가에 의한 주관적 판단, 수량적으로 표시 ×, 질적 관점

  > **◎ 기출 KEEP**
  >
  > 내용타당도의 유형과 개념을 제시하시오. [17 중등]

- **(2) 준거타당도**
  - ① 공인타당도: 기존(현재)의 도구를 새로운 도구로 대체하기 위함
  - ② 예언타당도: 검사 점수가 미래의 행동특성을 예측하는 정도

- **(3) 구인타당도** —— 심리적 개념의 타당성 검증을 위해 비교집단법이나 요인분석법 사용

- ※ 결과타당도 vs 영향타당도
  - ① 평가활동이 원래 의도한 목적을 제대로 달성하고 있는가? ⇨ 결과타당도
  - ② 긍정적 영향을 미쳤는가? ⇨ 영향타당도

3. 타당도를 높이는 방법✸✸
  - ① 교육목적과 수업목표에 비추어 알맞게 설정되어야 함
  - ② 표집된 검사가 교과내용이나 학습과제를 모두 포괄하고 있어야 함
  - ③ 문항의 곤란도가 피험자 수준에 적절해야 함
  - ④ 문항의 표집이 문항의 전집을 잘 대표해야 함
  - ⑤ 검사내용이 피험자들의 사회문화적 배경이나 주변 상황에 적합해야 함

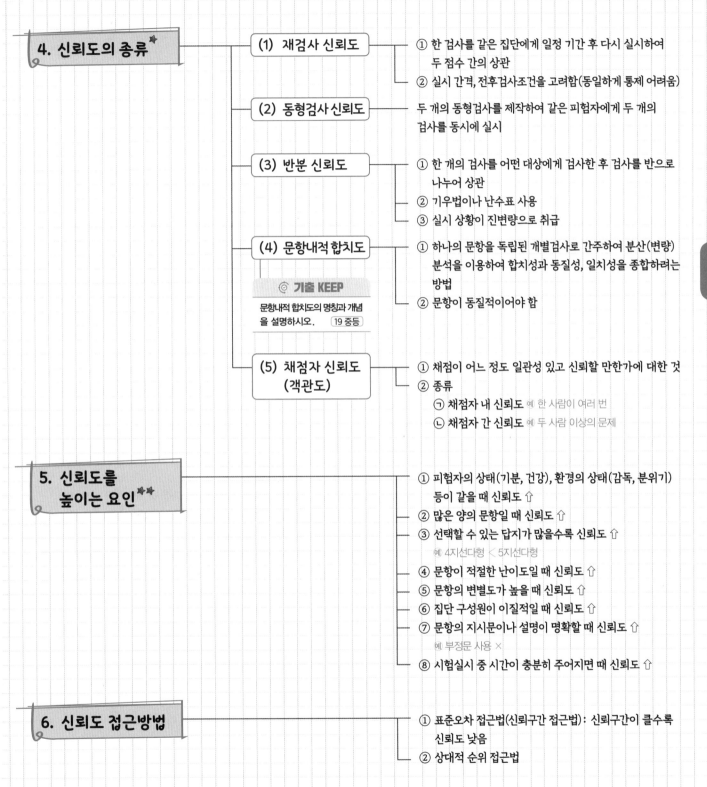

4. 신뢰도의 종류 ✦

(1) 재검사 신뢰도
① 한 검사를 같은 집단에게 일정 기간 후 다시 실시하여 두 점수 간의 상관
② 실시 간격, 전후검사조건을 고려함(동일하게 통제 어려움)

(2) 동형검사 신뢰도
두 개의 동형검사를 제작하여 같은 피험자에게 두 개의 검사를 동시에 실시

(3) 반분 신뢰도
① 한 개의 검사를 어떤 대상에게 검사한 후 검사를 반으로 나누어 상관
② 기우법이나 난수표 사용
③ 실시 상황이 진변량으로 취급

(4) 문항내적 합치도
① 하나의 문항을 독립된 개별검사로 간주하여 분산(변량) 분석을 이용하여 합치성과 동질성, 일치성을 종합하려는 방법
② 문항이 동질적이어야 함

◎ **기출 KEEP**
문항내적 합치도의 명칭과 개념을 설명하시오. [19 중등]

(5) 채점자 신뢰도 (객관도)
① 채점이 어느 정도 일관성 있고 신뢰할 만한가에 대한 것
② 종류
  ㉠ 채점자 내 신뢰도 예 한 사람이 여러 번
  ㉡ 채점자 간 신뢰도 예 두 사람 이상의 문제

5. 신뢰도를 높이는 요인 ✦✦
① 피험자의 상태(기분, 건강), 환경의 상태(감독, 분위기) 등이 같을 때 신뢰도 ⇧
② 많은 양의 문항일 때 신뢰도 ⇧
③ 선택할 수 있는 답지가 많을수록 신뢰도 ⇧
  예 4지선다형 < 5지선다형
④ 문항이 적절한 난이도일 때 신뢰도 ⇧
⑤ 문항의 변별도가 높을 때 신뢰도 ⇧
⑥ 집단 구성원이 이질적일 때 신뢰도 ⇧
⑦ 문항의 지시문이나 설명이 명확할 때 신뢰도 ⇧
  예 부정문 사용 ✕
⑧ 시험실시 중 시간이 충분히 주어지면 때 신뢰도 ⇧

6. 신뢰도 접근방법
① 표준오차 접근법(신뢰구간 접근법): 신뢰구간이 클수록 신뢰도 낮음
② 상대적 순위 접근법

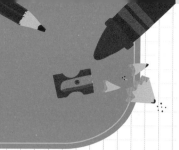

Theme 2
객관도와 실용도

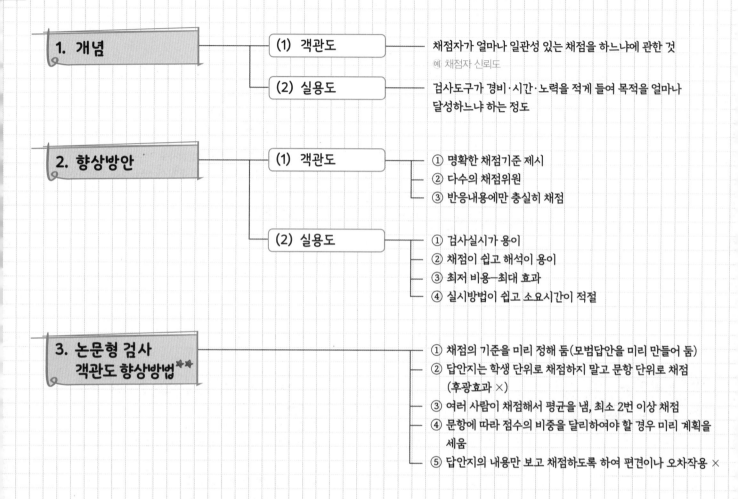

1. 개념

(1) 객관도 — 채점자가 얼마나 일관성 있는 채점을 하느냐에 관한 것
예 채점자 신뢰도

(2) 실용도 — 검사도구가 경비·시간·노력을 적게 들여 목적을 얼마나 달성하느냐 하는 정도

2. 향상방안

(1) 객관도
① 명확한 채점기준 제시
② 다수의 채점위원
③ 반응내용에만 충실히 채점

(2) 실용도
① 검사실시가 용이
② 채점이 쉽고 해석이 용이
③ 최저 비용—최대 효과
④ 실시방법이 쉽고 소요시간이 적절

3. 논문형 검사 객관도 향상방법★★
① 채점의 기준을 미리 정해 둠(모범답안을 미리 만들어 둠)
② 답안지는 학생 단위로 채점하지 말고 문항 단위로 채점 (후광효과 ×)
③ 여러 사람이 채점해서 평균을 냄, 최소 2번 이상 채점
④ 문항에 따라 점수의 비중을 달리하여야 할 경우 미리 계획을 세움
⑤ 답안지의 내용만 보고 채점하도록 하여 편견이나 오차작용 ×

Theme 3
교육평가의 모형

1. 타일러 목표 중심적 접근★

(1) 개념
① 미리 설정하여 놓은 목표를 평가의 기준으로 삼아 목표가 실현되는 정도 판단
② 교육목표는 구체적으로 설정되고, 행동적 용어로 진술되어야 함

(2) 단계
학습목표 설정 ⇨ 학습경험 선정 ⇨ 학습경험 조직 ⇨ 학습성과 평가

(3) 장점
명확한 평가기준 제시, 교육 과정과 평가의 논리적 일관성 유지, 책무성

(4) 한계점
① 행동용어로 진술하기 어려운 정의적 교과 평가 어려움 (정의적 교과)
② 설정되지 않은 교육의 부수적인 결과(잠재적 교육과정) 평가가 이루어지지 않음
③ 과정보다 상대적으로 결과 중시

2. 스터플빔 의사결정모형

(1) 개념
① 평가의 가장 중요한 목적은 입증하는 것이 아니라 개선하는 것
② 평가는 의사결정에 도움을 줄 수 있는 정보를 수집·제공하는 과정

(2) 단계
상황평가(계획단계) ⇨ 투입평가(구조화 단계) ⇨ 과정평가(실행단계) ⇨ 산출평가(결과단계)

(3) 장점
① 모든 과정 평가
② 올바른 의사결정을 내리는 입장이기 때문에 학교 현장에서 활용 가능한 모형

3. 스크리븐 탈목표모형

(1) 개념 — 목표를 인식하지 않은 상태에서 프로그램의 효과를 포괄적 검토

(2) 특징
- ① 의도되지 않은 부수적 결과의 가치까지 평가해야 한다고 주장
- ② 평가의 최종 결과 확인(총괄평가)과 프로그램 개선(형성평가)에 관심

(3) 의의
- ① 목표에 대한 정보가 전혀 없는 상황에서도 평가 수행 가능
- ② 프로그램의 부수효과를 탐색하는 데도 관심

4. 스테이크 안면모형

(1) 개념 — 교육 프로그램의 실상을 평가, 프로그램의 장점을 기술·판단

(2) 수집될 정보
- ① 정보 구분
  - ㉠ 선행조건: 사전경험, 적성, 흥미, 의향
  - ㉡ 실행과정: 교사−학생, 학생−학생, 저자−독자 등의 접촉과정
  - ㉢ 결과: 학생의 능력, 성취도, 태도
- ② 수집할 자료
  - ㉠ 합치성: 의도된 것과 기준 합치
  - ㉡ 유관성: 선행조건−실행과정−결과 간의 관련성

(3) 과정

의도한 선행조건	⋯ 합치성 ⋯	관찰된 선행조건
↕유관성		↕유관성
의도한 실행과정	⋯ 합치성 ⋯	관찰된 실행과정
↕유관성		↕유관성
의도한 결과	⋯ 합치성 ⋯	관찰된 결과

5. 아이스너 예술적 비평모형

(1) 개념✱✱
- ① 교육적 감식안: 학생들의 성취 형태들 사이의 미묘한 차이를 감지할 수 있는 능력
- ② 교육 비평: 자신이 느끼는 미묘한 질적 차이를 일반인도 알 수 있도록 언어로 표현하는 것

(2) 목적 — 통계적 분석을 지양하고 질적 평가를 중시 ⇨ 평가자의 지각적 민감성, 경험, 통찰, 전문적인 판단을 토대로 하는 평가활동 강조
  예 소믈리에 와인 감정

(3) 특징
- ① 행동주의 심리학에 입각한 목표 중심 평가나 의사결정 모형 비판
- ② 평가자는 교육현상을 보고 교육활동의 질 판단 ⇨ 교육적 감식안
- ③ 미묘한 질적 차이를 표현 ⇨ 교육적 비평력
- ④ 평가결과의 타당성과 합리성 확보를 위해 평가자의 전문성 중시
- ⑤ 의사결정에 주관성이 개입될 여지 있음

Theme 4
절대평가와 상대평가: 교육관

1. 절대평가 ✱

(1) 개념
① 목표참조평가, 준거참조평가, 발달적 교육관
② 학습자의 현재 성취수준이나 행동목표의 도달 정도를 알아보기 위한 평가방법

(2) 특징
① 타당도 강조: 목표 설정
② 부적편포 기대
③ 발달적 교육관: 노력에 의해 개인차 zero 가능
④ 불필요한 경쟁 제거
⑤ 성취감과 성공감 획득
⑥ 실패 원인: 교사

(3) 장점
① 성취도 판단
② 건전한 학습 분위기
③ 교육의 책임성 강조
④ 진단적 기능
⑤ 진정한 교수·학습이론에 부합(개선, 목표달성 확인)

(4) 단점
① 개인차 변별·외적 동기유발 ×
② 수업목표 합의 ×(타당도 문제 발생)
③ 통계처리 어려움

2. 상대평가 ✱

(1) 개념
① 규준참조평가, 선발적 교육관
② 집단의 규준에 비추어 상대적인 위치를 밝혀보는 평가방법

(2) 특징
① 신뢰도 강조: 선발
② 정상분포 기대
③ 개인차 극대화 ⇨ 선발적 기능 강조
④ 실패 원인: 학생

(3) 장점
① 개인차 변별 가능
② 외적동기 유발(경쟁심 이용)
③ 통계적 처리 용이

(4) 단점
① 진정한 학습이론 ×(목표달성 여부 파악 ×)
② 교육의 질에 둔감
③ 배타적 인간관 형성(경쟁 강조)
④ 잠재적 교육과정(부정적 자아개념)

3. 비교

구분	절대평가	상대평가
평가목적	목표달성도(절대비교)	개인차 변별(상대비교)
이론적 근거	부적편포	정상분포
교육관	발달적 교육관	선발적 교육관
완전학습 여부	완전학습	불완전학습
평가지향	목표지향	규준지향
평가기준	학업성취도	한 집단의 평균점
평가도구	타당도(내용, 교과, 목표)	신뢰도, 객관도
장점	• 성취도 판단 ⇨ 자격인정에 유리 • 건전한 학습분위기 조성 • 교육의 책임성 강조 • 학습결과, 교수목표 달성도 파악 용이	• 선발상황에 유리 • 학습동기 유발(경쟁심 이용) • 통계적 처리가 용이
단점	• 개인차 변별, 외적 동기유발 적합 × • 수업목표의 합의가 어려움 • 통계처리가 어려움	• 진정한 학습이론에 맞지 않음 • 교육의 질에 둔감 • 배타적 인간관 형성(경쟁, 분류)
성적 표시방법	성취율(%) ⇨ 일정한 성취수준 중시	Z, T, stanine, H, DIQ점수
적용	면허, 자격시험, 기초학력평가	입학시험, 선발시험
적용모형	학업성취도 모형	심리검사 모형
실패책임	교사	학생
개인차	극소화	극대화(선발 시 오차 극복)

참조준거에 의한 평가

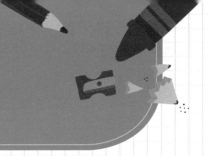

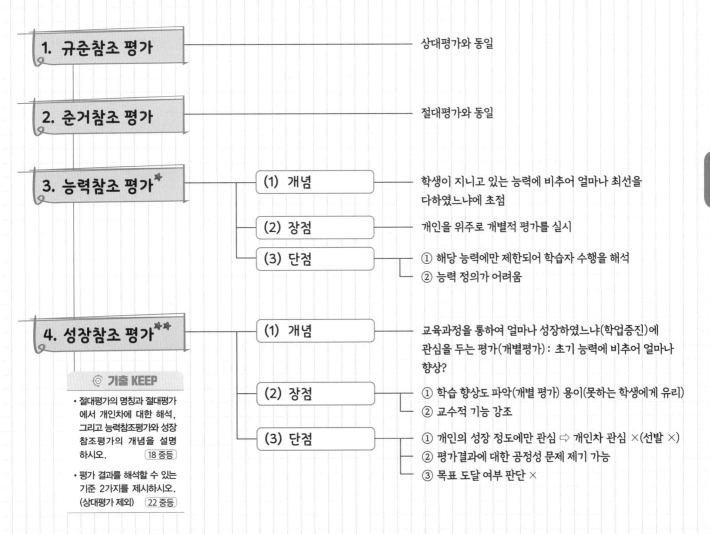

1. 규준참조 평가 ─────── 상대평가와 동일

2. 준거참조 평가 ─────── 절대평가와 동일

3. 능력참조 평가✱
- **(1) 개념** ─── 학생이 지니고 있는 능력에 비추어 얼마나 최선을 다하였느냐에 초점
- **(2) 장점** ─── 개인을 위주로 개별적 평가를 실시
- **(3) 단점** ─── ① 해당 능력에만 제한되어 학습자 수행을 해석
  - ② 능력 정의가 어려움

4. 성장참조 평가✱✱
- **(1) 개념** ─── 교육과정을 통하여 얼마나 성장하였느냐(학업증진)에 관심을 두는 평가(개별평가) : 초기 능력에 비추어 얼마나 향상?
- **(2) 장점** ─── ① 학습 향상도 파악(개별 평가) 용이(못하는 학생에게 유리)
  - ② 교수적 기능 강조
- **(3) 단점** ─── ① 개인의 성장 정도에만 관심 ⇨ 개인차 관심 ×(선발 ×)
  - ② 평가결과에 대한 공정성 문제 제기 가능
  - ③ 목표 도달 여부 판단 ×

◎ **기출 KEEP**
- 절대평가의 명칭과 절대평가에서 개인차에 대한 해석, 그리고 능력참조평가와 성장참조평가의 개념을 설명하시오. 〔18 중등〕
- 평가 결과를 해석할 수 있는 기준 2가지를 제시하시오. (상대평가 제외) 〔22 중등〕

Theme 6
양적 평가와 질적 평가: 평가 방법

1. 양적 평가

- **(1) 개념** — 경험적·실증적 탐구의 전통을 따르며 평가대상을 수량화함
- **(2) 특징** — ① 보편적이고 일반적인 내용을 평가의 내용으로 여김
  ② 일반적인 것에 대한 반응 중시, 객관성과 엄밀성을 중심으로 평가
- **(3) 장점** — 명료하고 분명한 평가(통제된 조건 속에서 평가)
- **(4) 단점** — 전체적인 조화에서 나타나는 경향성 파악 ×

2. 질적 평가

- **(1) 개념** — ① 교육 프로그램이나 교육활동에 관련된 질적 자료를 수집·분석하여 대상에 대해 이해하고 그 가치를 판단하는 과정
  ② 현상학의 전통에 따름
- **(2) 특징** — ① 전체적 관점에서 현상 이해
  ② 자연적 상황에서 탐구(타당도 ⇧)
- **(3) 장점** — 전체적이고 종합적인 평가
- **(4) 단점** — ① 객관도와 신뢰도 ⇩
  ② 시행상의 어려움

3. 비교

구분	양적 평가	질적 평가
전통	실증적 탐구(실험연구)	현상적·해석적 탐구
목적	일반적 경향 파악	이해
평가전략	수량화하여 통계적 진술	사실적으로 해석 및 평가
평가도구	신뢰도 강조(정확한 측정)	타당도 강조(조작된 모습 ×)
강조점	객관성, 일반성	(행위자) 주관성, 특수성
접근방법	객관성 유지를 위해 원거리(탈맥락적)	평가대상의 이해를 위해 근거리(맥락)
연구논리	연역적(가설에서부터 자료수집, 분석)	귀납적(자료를 모아 가설설정, 검증)
분석	구성요소(요인) 분석	전체 분석(맥락 속에서 이해)
관심	결과 중심	결과와 과정(가설 재진술) 중심

Theme 7
진단평가, 형성평가, 총괄평가: 평가시기

1. 진단평가

기출 KEEP

총평의 관점에서 학생을 진단할 수 있는 실행방안을 2가지 제시하시오. [22 중등]

(1) 개념 ── 학생의 사전학습 정도와 선수학습 수준을 진단

(2) 기능
① 학생 이해(시발단계 확인) ⇨ 결핍 보충 및 적절한 교수전략 제공
② 정치기능(우·열반 배치)

2. 형성평가

기출 KEEP

· 형성평가 활용 측면에서 학습동기를 유발시키는 방안 2가지를 논하시오. [14 중등]

· 형성평가의 기능과 효과적인 시행전략 2가지를 제시하시오. [16 중등]

(1) 개념
① 학생에게 송환효과
② 교과개선, 수업방법을 개선하기 위한 평가
③ 학습증진의 극대화(㉠ 교수개선, ㉡ 학습개선)가 최대 목적

(2) 특징
① 피드백 효과(우수자 강화, 미달자 개선)
② 빈번하게 형성평가 진행하는 것이 좋음 ⇨ 실패의 정확한 정보 제공
③ 형성평가지는 교사 제작검사(목표부합)
④ 목표참조평가 활용(절대평가)
⑤ 퀴즈, 끄덕임, 미소 등 다양한 방법 사용
⑥ 수업 초기에 자주 사용

3. 총괄평가

(1) 개념
① 학습을 통해서 의도하는 교육목표를 얼마나 성취하였는지 종합적으로 관심
② 내용타당도 고려; 이원분류표 사용(표본문항 사용)

(2) 역할
① 성취 정도에 대한 짐수 판정 — 자격 여부 인정, 다음 학습 성공예언
② 다음 학기 시작 때 학생들의 수준 파악(교수전략 선택), 진단평가 기능 가능
③ 학습 진보 정도 파악
④ 교수방법 개선

4. 비교

구분	진단평가	형성평가	총괄평가
실시목적	선수학습능력 결핍 여부 확인 (⇨ 보충)	교수·학습지도 개선	성적 결정(등수)
기능	• 정치활동 • 시발행동과 기능진단 • 수업 불가능의 원인 진단 • 개인차에 따른 선택적 교수전략 확인	• 학습지도 방법의 개선 • 학습방법의 개선 • 학습활동의 조정 • 학습활동의 강화(피드백) • 목표 재확인	• 성적의 결정 • 다음 학습 성공예언 • 교수방법의 개선 • 집단 간 학습효과
시간	학습시초, 교수 도중	교수 도중	학습단위, 학기 끝
강조점	• 지적·정의적·심리적·운동적 행동 • 신체적·환경적·심리적 요인	지적 행동	• 일반적으로 지적 행동 • 교과에 따라 심리운동적·정의적 행동
검사도구의 형태	교사제작 평가도구 (선수학습 정도 확인)	교사제작 평가도구	기말시험 및 총괄평가
교육목표의 표집방법	각 선행행동의 구체적 표본	모든 관련 있는 과제의 구체적 표본	• 비중을 둔 교과목 표본 • 이원목적분류표 사용
문항출제	선수기능 및 능력 진단	모든 문항	표본문항
문항 난이도	선행기능 및 능력의 진단 (대부분 쉬운 문항, 65% 이상의 난이도)	미리 구체화할 수 없음	평균 난이도가 35~70%
채점	준거지향 > 규준지향(배치)	준거(목표지향)	규준지향 > 준거지향
점수의 보고	하위기능별 개인 프로 파일	과제에 대한 급락 (pass or fail)	목표에 비추어 본 총점 또는 하위점수

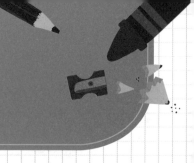

Theme 8
수행평가

1. 수행평가

(1) 의미
① 학생 스스로가 자신의 지식이나 기능을 나타낼 수 있도록 산출물을 만들거나 행동으로 나타내거나, 답을 구성하도록 요구하는 평가(실생활 적용, 피드백 자료 제공)
② 적용력과 같은 고차적 정신도 평가 가능

(2) 필요성✻
① 개성 존중과 창의성 조장
② 실제로 적용하는 적용력 강조
③ 개인의 다양한 특성 평가
④ 지속적이고 종합적인 평가

(3) 특징✻✻✻
① 형성평가 논리와 비슷, 주관적이고 전문적 판단에 의해 평가
② 결과뿐만 아니라 과정도 동시 중시, 전체적·지속적 평가
③ 교육목표의 달성 여부를 실제와 유사한 상황에서 파악 (PBL 관점)
④ 변화와 발달을 종합적으로 평가
⑤ 전인적 평가
⑥ 타당도 제고(신뢰도에 문제 발생 가능성 있음)

(4) 루브릭
학습자가 과제를 수행하면서 보이는 반응을 평가자가 관찰하거나 그 수준에 대한 판단을 내릴 때 사용하는 수행기준
⇨ 객관도 높이기 위한 방법

(5) 목적
교수·학습 개선, 실생활 적용

(6) 과제
문제 해결의 수행 예 현실의 문제 해결

(7) 방법
다양한 방법 사용 예 포트폴리오가 대표석

(8) 평가영역
인지·정의·심동적 영역 모두 포함
⇨ 고차적 인지기능이나 전인적 평가

2. 방법

(1) 서술형·논술형 평가
- ① 학생들이 직접 서술하는 형태, 단순암기 ×, 문제해결 과정 파악
- ② 창의력, 문제해결력, 비판력, 조직력, 정보수집력, 분석력 평가

(2) 구술시험
- ① 교육내용이나 주제에 대해서 자신의 의견이나 생각을 발표
- ② 학생의 이해력, 표현력, 판단력, 의사소통능력 직접 평가

(3) 토론법
- ① 서로 다른 의견을 제시할 수 있는 주제로 집단 찬반토론
- ② 사전준비 충실성, 토론내용 논리성, 반대의견 존중 태도
- ③ 토론 진행 방법을 총체적으로 평가

(4) 연구보고서
- 여러 가지 연구주제 중 학생의 능력이나 흥미에 적합한 주제를 선택해 자료를 수집하고 분석·종합하여 연구보고서 작성

(5) 실기시험
- ① 실제상황에서 수행능력을 평가하는 것
- ② 영역별로 성취기준표를 만들어 그 기준에 따라 평가

(6) 실험·실습법
- ① 자연과학 분야에서 많이 활용
- ② 기자재의 조작능력, 계획수립 및 과제 수행능력, 문제 해결과정, 실험·실습에 임하는 태도 평가

(7) 면접법
- ① 교사와 학생이 서로 대화를 통해 얻고자 하는 자료나 정보를 수집하여 평가
- ② 지필시험이나 서류만으로 알 수 없는 조사항목에 대한 언어적 진술내용뿐만 아니라 감정, 태도, 표정 등 알 수 있음

(8) 관찰법
- ① 학생을 이해하고 평가하기 위한 가장 보편적 방법
- ② 관찰법이 수행평가의 수단으로 쓰이기 위해서는 타당하고, 신뢰할 수 있고, 객관적인 관찰이 이루어져야 함

(9) 자기평가보고서 (자전적 글쓰기)
- ① 특정 주제나 영역을 선정 후 자기평가 보고서 작성
- ② 자신의 학습동기, 성실성, 만족도, 성취도, 다른 학습자들과의 관계를 스스로 반성

> ◎ **기출 KEEP**
> 자기평가 방식의 교육적 효과 2가지와 실행 방안 2가지를 제시하시오. `21 중등`

(10) 포트폴리오
- ① 학습자의 노력, 성장, 진보, 성과를 보여주기 위한 자료 묶음
- ② 학생 개개인의 변화와 발달과정을 종합적으로 평가

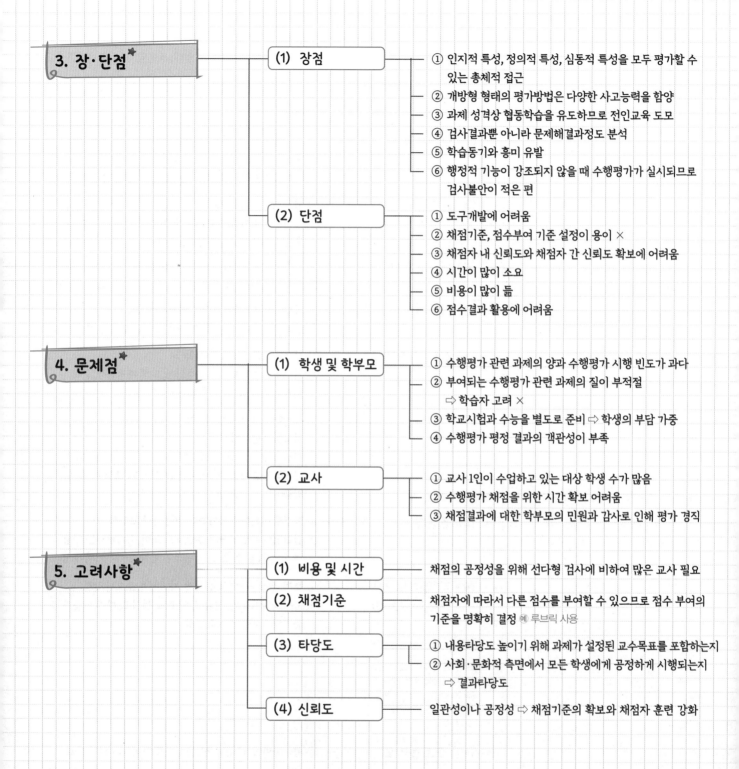

3. 장·단점★

(1) 장점
- ① 인지적 특성, 정의적 특성, 심동적 특성을 모두 평가할 수 있는 총체적 접근
- ② 개방형 형태의 평가방법은 다양한 사고능력을 함양
- ③ 과제 성격상 협동학습을 유도하므로 전인교육 도모
- ④ 검사결과뿐 아니라 문제해결과정도 분석
- ⑤ 학습동기와 흥미 유발
- ⑥ 행정적 기능이 강조되지 않을 때 수행평가가 실시되므로 검사불안이 적은 편

(2) 단점
- ① 도구개발에 어려움
- ② 채점기준, 점수부여 기준 설정이 용이 ×
- ③ 채점자 내 신뢰도와 채점자 간 신뢰도 확보에 어려움
- ④ 시간이 많이 소요
- ⑤ 비용이 많이 듦
- ⑥ 점수결과 활용에 어려움

4. 문제점★

(1) 학생 및 학부모
- ① 수행평가 관련 과제의 양과 수행평가 시행 빈도가 과다
- ② 부여되는 수행평가 관련 과제의 질이 부적절
  ⇨ 학습자 고려 ×
- ③ 학교시험과 수능을 별도로 준비 ⇨ 학생의 부담 가중
- ④ 수행평가 평정 결과의 객관성이 부족

(2) 교사
- ① 교사 1인이 수업하고 있는 대상 학생 수가 많음
- ② 수행평가 채점을 위한 시간 확보 어려움
- ③ 채점결과에 대한 학부모의 민원과 감사로 인해 평가 경직

5. 고려사항★

(1) 비용 및 시간
- 채점의 공정성을 위해 선다형 검사에 비하여 많은 교사 필요

(2) 채점기준
- 채점자에 따라서 다른 점수를 부여할 수 있으므로 점수 부여의 기준을 명확히 결정 예 루브릭 사용

(3) 타당도
- ① 내용타당도 높이기 위해 과제가 설정된 교수목표를 포함하는지
- ② 사회·문화적 측면에서 모든 학생에게 공정하게 시행되는지
  ⇨ 결과타당도

(4) 신뢰도
- 일관성이나 공정성 ⇨ 채점기준의 확보와 채점자 훈련 강화

6. 역동적 평가

(1) 개념
— 비고츠키 근접발달영역 영향, 결과보다는 과정에 초점, 개개인의 특성 강조

(2) 특징✱
- ① 발달 중인 능력을 측정
- ② 교수·학습과정에서 교사와 학생의 상호작용으로 향상될 수 있는 학습 잠재력까지 평가
- ③ 힌트 제공의 양과 질로 평가

(3) 역동적 평가와 정적 평가 비교

구분	역동적 평가	정적 평가
평가 목적	향상도 평가	교육목표 달성도 평가
평가내용	학습과정도 중시	학습결과 중시
평가방법	• 응답의 과정이나 이유도 중시 • 지속적·종합적 평가	• 정답한 반응 수 중시 • 일회적·부분적 평가
평가 상황	• 다양하고 융통성 있는 상황 • 맥락적 상황	• 획일적, 표준화된 상황 • 탈맥락적 상황
평가시기	출발점 및 도착점을 포함한 교수·학습활동의 전 과정	특정 시점(주로 도착점)
결과 활용	지도, 조언, 개선	선발, 분류, 배치
교수·학습활동	교수·학습과 평가활동 통합	교수·학습과 평가활동 분리

7. 과정중심 평가 ✱✱

(1) 목적
- ① 아는 과정 평가: 학생의 학습을 돕는 것(개선)
- ② 피드백을 통한 학습지향적 평가
- ③ 학생의 변화와 성장에 대한 자료 수집
- ④ 수업의 질 개선(T-L 개선)

(2) 특징
- ① 피드백을 제공하는 평가방식
- ② 평가를 위한 평가보다는 수업을 위한 평가 (과정 평가 - 피드백)
- ③ 문제해결과정을 중시하는 평가로의 전환
- ④ 대표적인 과정중심 평가: 수행평가 방식

8. 성취기준 평가 ✱✱

(1) 개념
— 루브릭에 의해 평가

(2) 특징
- ① 개인 평가
- ② 절대·상대평가 보완: 어느 수준에서 통과했는지, 1등 했는지 정보 제공

교육평가

PART 9

ET 권으나 교육학논술 콕콕 키워드 마인드맵

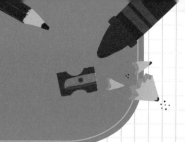

Theme 9
문항분석과 표준화 검사

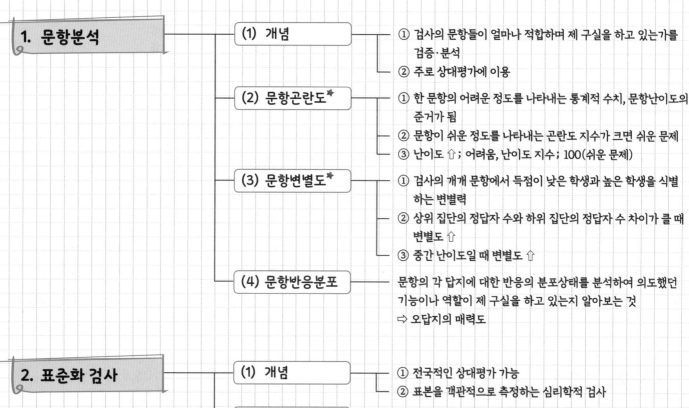

1. 문항분석

(1) 개념
- ① 검사의 문항들이 얼마나 적합하며 제 구실을 하고 있는가를 검증·분석
- ② 주로 상대평가에 이용

(2) 문항곤란도[※]
- ① 한 문항의 어려운 정도를 나타내는 통계적 수치, 문항난이도의 준거가 됨
- ② 문항이 쉬운 정도를 나타내는 곤란도 지수가 크면 쉬운 문제
- ③ 난이도 ⇧ ; 어려움, 난이도 지수 ; 100(쉬운 문제)

(3) 문항변별도[※]
- ① 검사의 개개 문항에서 득점이 낮은 학생과 높은 학생을 식별하는 변별력
- ② 상위 집단의 정답자 수와 하위 집단의 정답자 수 차이가 클 때 변별도 ⇧
- ③ 중간 난이도일 때 변별도 ⇧

(4) 문항반응분포
- 문항의 각 답지에 대한 반응의 분포상태를 분석하여 의도했던 기능이나 역할이 제 구실을 하고 있는지 알아보는 것
- ⇨ 오답지의 매력도

2. 표준화 검사

(1) 개념
- ① 전국적인 상대평가 가능
- ② 표본을 객관적으로 측정하는 심리학적 검사

(2) 조건
- ① 지시문, 채점, 해석 등의 표준화된 절차
- ② 상대적 해석을 위한 규준(유층표집 사용, 현재 것)
- ③ 신뢰도, 타당도, 실용도 높아야 함

(3) 특징[※]
- ① 해석과 채점과정이 표준화
- ② 검사시간·상황 표준화
- ③ 일반적으로 검사 사용설명서 보유
- ④ 상업적·전문적·체계적, 제작규모와 절차가 대규모

(4) 유형
- 지능검사, 적성검사, 성격검사, 학력검사

PART 10
교육통계

교육통계의 이해

1. 모집단과 표본

(1) 모집단
연구자가 연구하고 싶은 집단의 모든 구성원(전체, 집단)

(2) 표본
관찰을 위해 추출된 모집단의 일부(모든 구성원 조사 ⇨ 경제적 ×, 연구 불가능)

(3) 표집
모집단에서 표본을 뽑는 과정(오차발생 주의; 대표적 표집 필요)

2. 변인

(1) 의미
① X가 변할 때마다 Y 또한 예측할 수 있도록 일정하게 변화하는 값
② 실험의 관심이 되는 값이나 실험에 영향을 주는 요인

(2) 종류
① 질적/양적 변인
  ㉠ 질적 변인: 서열화하거나 양적으로 값을 매길 수 없는 변인
  ㉡ 양적 변인: 변인을 속성이나 정도의 차이에 따라 수량화할 수 있는 변인
② 독립/종속변인
  ㉠ 독립변인: 연구자가 조작하거나 통제하는 변인
    (= 실험변인, 처치변인)
  ㉡ 종속변인: 처치의 효과를 평가하기 위해 관찰된 변인

3. 측정치 종류

(1) 명명척도
어떤 변인의 구성원들을 분류하는 역할만 수행하는 척도
예 운동선수 등번호

(2) 서열척도
명명척도의 기능뿐 아니라 순위나 서열, 즉 상대적 위치까지 나타냄 예 석차

(3) 동간척도
명명척도와 서열척도의 기능을 가지며 일정한 측정단위가 있어 어느 정도 크고 작은지를 나타낼 수 있는 동간성을 갖는 척도
예 시험점수

(4) 비율척도
명명척도, 서열척도, 동간척도의 기능을 모두 가지며 절대 영점을 지녀 가감승제가 가능 예 무게, 시간, 길이

Theme 2
집중경향치

1. 개념 및 종류 ── **(1) 개념** ── 어떤 분포에서 많은 사례 수가 분포되는 현상을 수치화

       (2) 종류 ──
- ① 최빈치: 한 분포에서 가장 최대의 빈도를 갖는 점수나 유목
- ② 중앙치: 측정치를 순서대로 배열해 놓았을 때 정확히 절반으로 나눈 값
- ③ 평균치: 한 집단점수의 총계를 사례 수로 나눈 값(무게 중심)

2. 분포 모양 ──

(1) 정적편포 ──
- ① 분포의 극단이 오른쪽
- ② 평균 − 최빈치 > 0
- ③ 문제 어려울 때
- ④ 열등한 집단

(2) 부적편포 ──
- ① 분포의 극단이 왼쪽
- ② 평균 − 최빈치 < 0
- ③ 문제 쉬울 때
- ④ 우수한 집단

(3) 정상분포 ── 평균 = 최빈치 = 중앙치(좌우대칭 분포)

Theme 3
변산도

1. 개념 ——————————— 자료의 흩어진 정도, 측정치의 이질성이나 동질성 파악,
개인차 정도 파악 가능

2. 용도✶✶ ——————————— ① 측정도구가 측정하고자 하는 것을 일관성(신뢰롭게) 있게
측정하는지
② 집단 내·집단 간 차이(이질성 vs 동질성) 파악 가능

3. 종류

(1) 범위 ——————————— 한 분포에서 가장 큰 점수에서 가장 작은 점수를 뺀 것

(2) 사분편차 ——————————— 중앙의 50%를 차지하는 측정치의 범위를 반으로 나누는 방법

(3) 평균편차 ——————————— 한 집단의 산술평균으로부터 모든 점수까지 거리의 평균

(4) 표준편차 ——————————— 편차점수를 자승하여 합하고 사례 수로 나누어 그 제곱근을 구한
것(편차들의 평균)

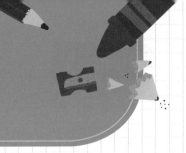

Theme 4
원점수와 표준점수

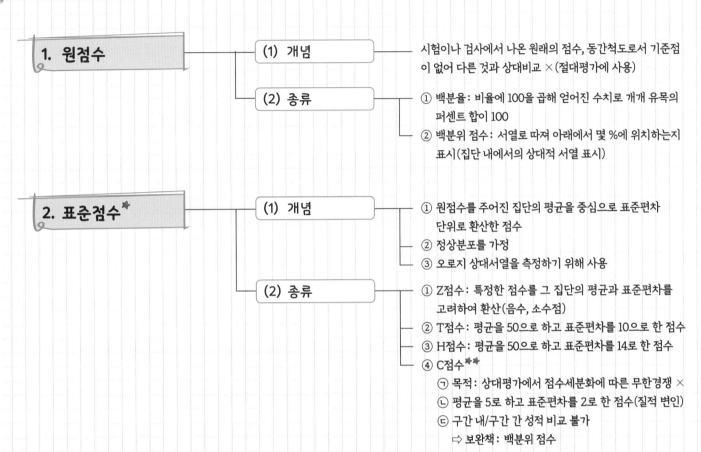

1. 원점수

　(1) 개념 — 시험이나 검사에서 나온 원래의 점수, 동간척도로서 기준점이 없어 다른 것과 상대비교 ×(절대평가에 사용)

　(2) 종류 — ① 백분율: 비율에 100을 곱해 얻어진 수치로 개개 유목의 퍼센트 합이 100
　　　　　　　② 백분위 점수: 서열로 따져 아래에서 몇 %에 위치하는지 표시(집단 내에서의 상대적 서열 표시)

2. 표준점수✴

　(1) 개념 — ① 원점수를 주어진 집단의 평균을 중심으로 표준편차 단위로 환산한 점수
　　　　　　　② 정상분포를 가정
　　　　　　　③ 오로지 상대서열을 측정하기 위해 사용

　(2) 종류 — ① Z점수: 특정한 점수를 그 집단의 평균과 표준편차를 고려하여 환산(음수, 소수점)
　　　　　　　② T점수: 평균을 50으로 하고 표준편차를 10으로 한 점수
　　　　　　　③ H점수: 평균을 50으로 하고 표준편차를 14로 한 점수
　　　　　　　④ C점수✴✴
　　　　　　　　　㉠ 목적: 상대평가에서 점수세분화에 따른 무한경쟁 ×
　　　　　　　　　㉡ 평균을 5로 하고 표준편차를 2로 한 점수(질적 변인)
　　　　　　　　　㉢ 구간 내/구간 간 성적 비교 불가
　　　　　　　　　　⇨ 보완책: 백분위 점수

교육통계

PART 10

ET 김인식 교육학 논술 콕콕 키워드 마인드맵

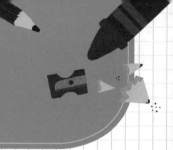

Theme 5
정상분포곡선과 상관도

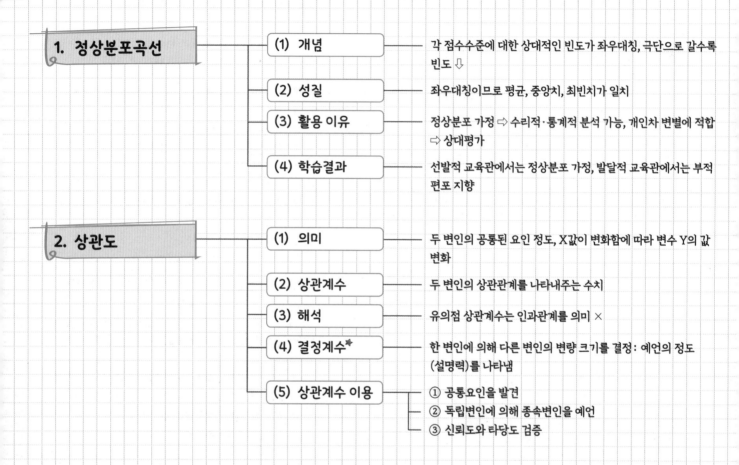

1. 정상분포곡선

- **(1) 개념** — 각 점수수준에 대한 상대적인 빈도가 좌우대칭, 극단으로 갈수록 빈도 ⇩
- **(2) 성질** — 좌우대칭이므로 평균, 중앙치, 최빈치가 일치
- **(3) 활용 이유** — 정상분포 가정 ⇨ 수리적·통계적 분석 가능, 개인차 변별에 적합 ⇨ 상대평가
- **(4) 학습결과** — 선발적 교육관에서는 정상분포 가정, 발달적 교육관에서는 부적 편포 지향

2. 상관도

- **(1) 의미** — 두 변인의 공통된 요인 정도, X값이 변화함에 따라 변수 Y의 값 변화
- **(2) 상관계수** — 두 변인의 상관관계를 나타내주는 수치
- **(3) 해석** — 유의점 상관계수는 인과관계를 의미 ×
- **(4) 결정계수*** — 한 변인에 의해 다른 변인의 변량 크기를 결정: 예언의 정도 (설명력)를 나타냄
- **(5) 상관계수 이용**
  - ① 공통요인을 발견
  - ② 독립변인에 의해 종속변인을 예언
  - ③ 신뢰도와 타당도 검증

통계방법

교육통계

PART 10

ET 권은식 교육학 논술 콕콕 키워드 마인드맵

1. t-test

    (1) 개념
- ① 두 집단 간의 평균의 차를 검증하는 방법
- ② 독립변인의 수는 1개, 비교집단은 2개

    (2) 종류
- 독립표본 t-검증, 대응(종속)표본 t-검증

2. 변량분석

    (1) 개념
- 두 개 이상 집단의 평균의 차를 검증하는 방법

    (2) 종류*
- ① 일원변량분석: 독립변인이 하나일 때 사용
  - 예 가정배경에 따른 학업성적
- ② 이원변량분석: 독립변인이 두 개일 때, 독립변인 간 상호작용 효과검증
  - 예 가정배경과 성별에 따른 학업 성취도 분석
- ③ 공변량분석
  - ㉠ 두 집단에 통제되지 않은 변인을 공통변인으로 놓고 분석
  - ㉡ 실험연구에서 통제되지 않았거나, 통제하지 못한 변인이 종속변인에 미치는 효과를 통계학적인 방법으로 조정하는 것

3. 회로분석 (경로분석)
- 연구자에 의해 타당하다고 추정되는 인과순서에 따라 어떤 변인들이 다른 변인에 직·간접적으로 영향을 미치는 크기를 추정하기 위한 기법

4. 요인분석
- ① 변인 간의 상호관련성을 유형화하고 판단하는 것
- ② 상관이 있는 것끼리 묶어 놓으면 하나의 요인이 됨
- ③ 구인타당도는 요인분석에 의해 도출

PART 11
교육연구

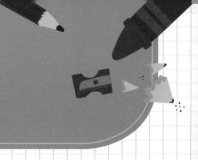

1. 가설검증

(1) 개념 ── 표본자료를 이용하여 모집단에 대한 가설의 신뢰도를 평가하는 추리과정

(2) 가설 검증 과정
- ① 가설 설정: 일반검증(높거나 낮거나), 양방검증(방향 명시 ×)
  - ㉠ 영가설: 둘 또는 그 이상의 모수치 간에 관계가 없음
  - ㉡ 대립가설: 일반적으로 연구자가 표집조사를 통하여 긍정되기를 기대하는 예상이나 주장하려는 내용
- ② 결정에 필요한 준거 설정*: 의의도 수준으로 영가설을 기각하는 준거($p<.05$)
- ③ 표본자료 수집: 가설에 필요한 준거를 세운 후 자료를 수집
- ④ 영가설 평가
  - ㉠ H_0 기각: 표본자료가 영가설이 예측하는 것과 다를 경우
  - ㉡ H_A 채택: 자료가 처치효과에 대한 증거 제시(효과 있다, 차이 있다)
- ⑤ 결과의 해석

(3) 영가설 기각 이유 ── 논리적으로 보편적 가설이 참임을 증명하는 것보다 거짓임을 증명하는 것이 더 쉬움

Theme 2
표집

1. 표본조사

- **(1) 전집** ─ 연구자가 관심을 갖고 있는 대상 전체로, 모집단이라고도 함
- **(2) 표본** ─ 전집의 일부로 연구자가 정의한 전집에 포함된 사례의 일부
- **(3) 표집** ─ 표본을 뽑는 과정
- **(4) 표집오차※** ─ 대표성이 관건(오차 때문에 해석에 유의)

2. 확률적 표집방법

- **(1) 단순무선표집※**
  - ① 개념: 특별한 선정 기준을 마련하지 않고 아무렇게나 뽑는 방법 예 제비 뽑기
  - ② 조건: 확률이 동일, 이전의 선택이 후에 영향 ×(표집의 독립성) ⇨ 난수표 활용
- **(2) 유층표집※**
  - ① 개념: 전집이 가지고 있는 연구목적에 부합되는 중요한 특성을 바탕으로 하위집단으로 구분 후 무선표집
  - ② 장점: 단순무선표집보다 표집오차가 작음
- **(3) 군집표집** ─ 전집을 구성하고 있는 개별요소가 한데 묶인 집단을 단위로 하여 표집

3. 비확률표집

- **(1) 의도적 표집** ─ 연구자의 주관적 판단에 의해 전집을 잘 대표할 것이라고 믿는 사례들을 의도적으로 표집
- **(2) 할당표집** ─ 전집의 특성을 표집할 수 있도록 몇 개 하위집단 구성 후 표집
- **(3) 우연적 표집** ─ 특별한 표집계획 없이 조사자가 임의로 손쉽게 구할 수 있는 대상표집 예 길거리 캐스팅

교육연구

PART 11 ET 김인식 교육학 논술 콕콕 키워드 마인드맵

Theme 3
연구

1. 질적 연구 ★
① 대표적인 질적 연구 방법: 문화기술적 연구
② 신뢰도: 연구자 두 사람 간의 일치도(채점자 내 신뢰도도 가능)
③ 타당도: 얼마나 자연스러운 상황인지
④ 특징: 자연스러운 상황, 어떤 의미 갖는지 설명, 인간의 정신 이해, 심층적 연구, 총체적 접근, 귀납적 접근, 행위자 입장

2. 양적 연구

(1) 발달연구
① 개요
  ㉠ 개념: 시간의 경과에 따른 유기체의 변화에 관심
  ㉡ 목적: 성장과 발달에 작용하는 어떤 요인들 간의 관계 탐구
② 유형
  ㉠ 종단적 연구: 동일한 연구대상을 오랜 기간 동안 계속 추적, 개인차 파악
  ㉡ 횡단적 연구: 동시적으로 여러 연령층의 대상자로 일반적 경향 파악

(2) 상관연구
① 자연적 상황에서 변인들의 통제나 조작이 어려울 때
② 실험 연구를 할 수 없을 때

(3) 델파이 조사
① 전문가들의 의견을 종합하여 전문가들의 합의 도출
② 처음엔 주관적으로 선택하다가 점차 객관적으로 선택

(4) 메타분석
① 각종 연구결과와 자료들을 종합적으로 정리해 재평가·분석
② 일반적 결론을 찾으려 함

(5) 실험연구
① 인과관계를 규명하고자 하는 방법
② 변인 통제, 통제 집단 사용

3. 실험연구

(1) 개념
- ① 개념: 인과관계를 규명하기 위해 변인을 조작·통제하는 연구
- ② 성패: 조작과 통제를 얼마나 완벽하게 하느냐
- ③ 특징: 가외 변인 통제
  ⇨ 실험처치 변인을 제외한 모든 변인 통제

(2) 실험연구 타당성*
- ① 내적 타당도: 실험연구가 얼마나 신뢰로운가
  - ㉠ 역사: 사전·사후 검사 사이의 특수한 사건
  - ㉡ 성숙: 시간의 흐름에 따라 나타나는 피험자의 내적 변화
  - ㉢ 검사: 사전검사가 사후검사에 영향을 줌
  - ㉣ 도구사용: 측정도구의 변화, 관찰자나 채점자의 변화
  - ㉤ 통계적 회귀: 평균으로 회귀하려는 경향(극단적인 표집일 때)
  - ㉥ 피험자 선발: 실험집단과 비교집단 간에 동질성 결여
  - ㉦ 피험자 탈락: 실험과정에서 중도 탈락
  - ㉧ 피험자의 선발과 성숙 간의 상호작용: 성숙요인과 피험자 선발 요인(지원자 연구)
- ② 외적 타당도: 실험결과의 일반화 가능성

(3) 준실험설계
- ① 설계1: 단일집단 사후 검사 설계
- ② 설계2: 단일집단 전후 검사 설계
- ③ 설계3: 이질집단 사후 검사 설계
- ④ 설계4: 시간계열의 실험설계
- ⑤ 설계5: 이질통제집단 전후 검사 설계**
  $$O_1 \times O_2$$
  $$O_3 \quad O_4$$
  - ㉠ 전제조건: $O_1 \fallingdotseq O_3$(이질집단이지만, 종속변인은 동질적이라고 가정)
    ※ $O_1 \neq O_3$이면, 사전검사 점수 통제 위해 사전검사 점수를 공변량 분석
  - ㉡ $O_2 > O_4$(실험처치효과가 있다), t-검증 사용
    $O_2 - O_1$ = 실험효과 크기
  - ㉢ 문제되는 내적타당도 요소: 피험자 선발, 선발과 성숙 간의 상호작용, 통계적 회귀(△)

(4) 준실험설계 보완책
- ① 통제집단 이용
  - ㉠ 무선화 방법 이용: 무선표집, 무선배치
  - ㉡ 짝짓기 기법 이용: 유사하다고 생각되는 것을 짝지음
- ② 공변량 분석 이용

(5) 진실험설계
- 실험집단과 통제집단을 갖추고 있으며, 피험자들을 각 집단에 무선배치(거의 모든 내적 타당도의 문제를 해결할 수 있는 모형)

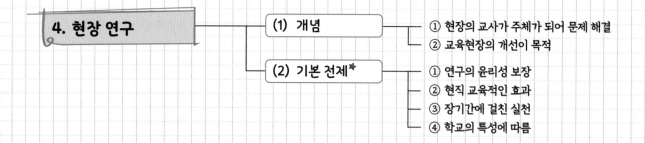

4. 현장 연구

(1) 개념
　　① 현장의 교사가 주체가 되어 문제 해결
　　② 교육현장의 개선이 목적

(2) 기본 전제*
　　① 연구의 윤리성 보장
　　② 현직 교육적인 효과
　　③ 장기간에 걸친 실천
　　④ 학교의 특성에 따름

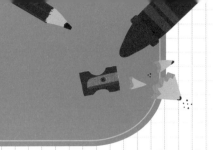

Theme 4
자료수집

1. 관찰법

- **(1) 개념** — 행동을 관찰하여 증거 수집
- **(2) 관찰단위**
  - ① 세밀한 관찰 단위: 신뢰성 높고, 타당성 낮음
  - ② 전반적인 것 관찰: 신뢰성 낮고, 타당성 높음
- **(3) 유의사항**
  - ① 관찰자: 주관개입 가능성(결과에 신뢰성 문제 제기 가능)
  - ② 관찰 내용: 무엇을 관찰할 것인가에 대한 결정 필요 (타당도 문제 제기 가능)
- **(4) 장점**＊
  - ① 모든 대상 가능
  - ② 피험자의 정확한 표현 없어도 자료 수집 가능
- **(5) 단점**＊
  - ① 정서 관찰 불가능
  - ② 주관성 개입

2. 질문지법

- **(1) 개념**
  - ① 피험자의 물음에 대해 대답을 기술
  - ② 가장 빈번히 사용, 조사 대상 다수일 때 사용
- **(2) 구분** — 자유반응형, 선택형, 체크리스트형, 평정척도형, 등위형, 유목분류형
- **(3) 평정 착오**＊
  - ① 개념: 채점자나 평정자가 범할 수 있는 오차
  - ② 종류
    - ㉠ 후광 효과: 하나가 긍정적이어서 다른 것도 긍정으로 평정
    - ㉡ 중앙집중 오차: 가급적 중간 점수를 주는 경향
    - ㉢ 논리적 오차: 평정자의 반응과 관계없이 "논리적으로 그럴 것이다."라고 생각해서 평정
    - ㉣ 표준 오차: 표준을 어디에 두느냐에 따라 발생
    - ㉤ 대비 착오: 자신에게 없는 것이 더 크게 보임
    - ㉥ 인상의 오류: 첫 느낌
    - ㉦ 관대의 오류 ↔ 인색의 오류

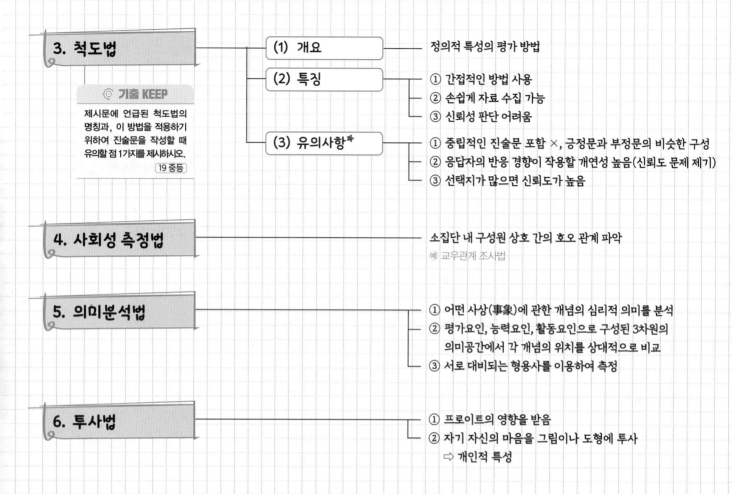

3. 척도법

(1) 개요 ─ 정의적 특성의 평가 방법

(2) 특징
- ① 간접적인 방법 사용
- ② 손쉽게 자료 수집 가능
- ③ 신뢰성 판단 어려움

기출 KEEP

제시문에 언급된 척도법의 명칭과, 이 방법을 적용하기 위하여 진술문을 작성할 때 유의할 점 1가지를 제시하시오.

[19 중등]

(3) 유의사항*
- ① 중립적인 진술문 포함 ×, 긍정문과 부정문의 비슷한 구성
- ② 응답자의 반응 경향이 작용할 개연성 높음(신뢰도 문제 제기)
- ③ 선택지가 많으면 신뢰도가 높음

4. 사회성 측정법

소집단 내 구성원 상호 간의 호오 관계 파악

예 교우관계 조사법

5. 의미분석법

- ① 어떤 사상(事象)에 관한 개념의 심리적 의미를 분석
- ② 평가요인, 능력요인, 활동요인으로 구성된 3차원의 의미공간에서 각 개념의 위치를 상대적으로 비교
- ③ 서로 대비되는 형용사를 이용하여 측정

6. 투사법

- ① 프로이트의 영향을 받음
- ② 자기 자신의 마음을 그림이나 도형에 투사
  ⇨ 개인적 특성

교원임용 교육 1위,
해커스임용 teacher.Hackers.com

PART 12
교육방법

Theme 1
교육방법의 개관

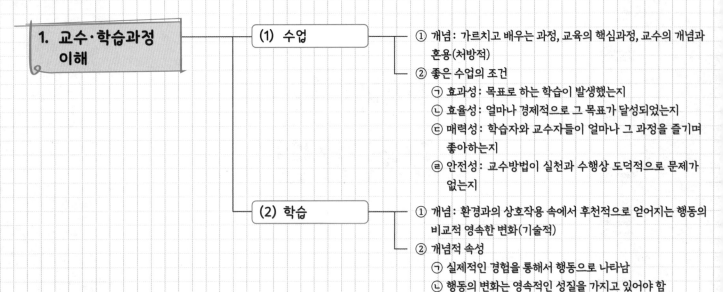

1. 교수·학습과정 이해

(1) 수업

① 개념: 가르치고 배우는 과정, 교육의 핵심과정, 교수의 개념과 혼용(처방적)

② 좋은 수업의 조건
 ㉠ 효과성: 목표로 하는 학습이 발생했는지
 ㉡ 효율성: 얼마나 경제적으로 그 목표가 달성되었는지
 ㉢ 매력성: 학습자와 교수자들이 얼마나 그 과정을 즐기며 좋아하는지
 ㉣ 안전성: 교수방법이 실천과 수행상 도덕적으로 문제가 없는지

(2) 학습

① 개념: 환경과의 상호작용 속에서 후천적으로 얻어지는 행동의 비교적 영속한 변화(기술적)

② 개념적 속성
 ㉠ 실제적인 경험을 통해서 행동으로 나타남
 ㉡ 행동의 변화는 영속적인 성질을 가지고 있어야 함 (일시적 ×)
 ㉢ 바람직한 행동의 변화를 위한 활동(목표지향)
 ㉣ 특정한 행동이 일어난 후 강화가 수반될 때 효과적
 ㉤ 과거 경험으로 해결할 수 없는 상황에 직면했을 때 적극적 문제해결과정 ⇧

2. 교수·학습원리

구분	전통적인 교수·학습	현대적인 교수·학습
철학적 배경	본질주의, 객관주의	구성주의
교육목표	• 명시지 획득 • 능력의 상대적 서열화	• 명시지를 통하여 암묵적 지식 획득(활용) • 창의적 지식 창출 및 활용
교육내용	교과중심, 전통적 지식, 결과지향	실제적 지식, 자기주도적, 통합교과적(현실문제)
교육방법	• 교사중심 • 강의법 • 획일화된 집단수업 • 오프라인	• 학습자 중심 • 다양한 교수절차 • 자기주도적 학습(개별화 수업) + 협동학습 • 오프라인, 온라인
평가	• 기본적 지식기반 평가 • 선다형, 단답형 평가 • 상대평가	• 필수적 지식기반 평가 • 다양한 평가(수행평가, 논술형) • 절대평가
교사의 역할	진리 전달자	학습보조자, 학습촉진자, 코치(안내자)
교수법	강의법	PBL

3. 수업설계

(1) 개념

수업목표를 학습자들에게 효율적(효과적·매력적)으로 성취시키기 위하여 수업의 여러 과정을 체계적으로 계획

(2) 필요성✤

① 수업자 자신의 자질, 능력, 선호하는 수업방법 등이 고려
② 효과적인 수업을 위해서는 현실적인 여건 고려(현실에 맞는 수업 ; 처방적)
③ 수업목표나 내용, 그리고 학습자에 적합한 수업방법을 선택

(3) 원리

① 타당성
② 융통성
③ 과학성
④ 일관성
⑤ 포괄성

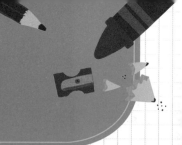

Theme 2
체제적 수업설계

1. ADDIE 모형 ✦

일반적 교수체제설계에서 분석 및 설계 과정의 주요 활동 각각 2가지를 제시하시오.

15 중등 추가

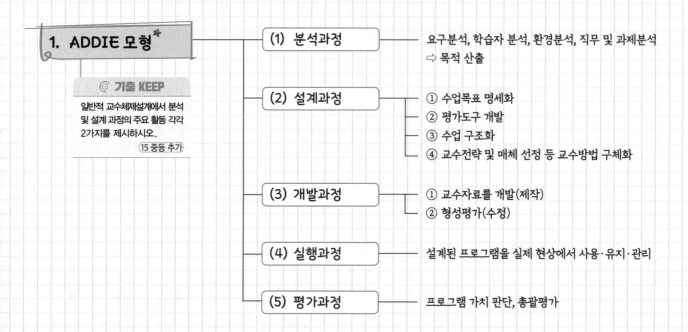

(1) 분석과정 ── 요구분석, 학습자 분석, 환경분석, 직무 및 과제분석
⇨ 목적 산출

(2) 설계과정 ──
① 수업목표 명세화
② 평가도구 개발
③ 수업 구조화
④ 교수전략 및 매체 선정 등 교수방법 구체화

(3) 개발과정 ──
① 교수자료를 개발(제작)
② 형성평가(수정)

(4) 실행과정 ── 설계된 프로그램을 실제 현상에서 사용·유지·관리

(5) 평가과정 ── 프로그램 가치 판단, 총괄평가

2. 딕 & 케리 모형 ✿✿

ⓒ **기출 KEEP**

교실수업을 위해 개발해야 할
교수전략 2가지를 제시하시오.
22 중등

(1) 교수목적 설정 ── 요구분석을 통한 최종 목적을 설정하는 단계, 기대되는 학습결과

(2) 교수분석 ── 학습해야 할 하위기능 분석(계열화)

(3) 학습자 및 맥락 분석 ── ① 학습자의 현재 수준 파악, 학습자 특성·학습상황 분석
② 학습자가 학습한 것을 활용하게 될 맥락 분석

(4) 수행목표 기술 ── 학습 후 학생이 무엇을 할 수 있는지를 구체적으로 진술

(5) 평가도구 개발 ── 목표를 성취했는가를 알아볼 수 있는 검사문항 개발

(6) 수업전략 개발 ── 목표성취를 위한 전략 설정

(7) 수업자료 개발 ── 학습목표와 내용, 학습자 특성을 고려하여 선정 및 개발

(8) 형성평가 실시 ── ① 개발된 프로그램의 결과를 검토하고 수정·보완
② 일대일 평가·소집단 평가·현장평가 실시

(9) 교수 프로그램 수정 ── 통합적으로 검토 후 수정

(10) 총괄평가 ── 외부 평가자에 의해 프로그램 효과 검증(혹은 계속 사용 여부 검증), 절대적 혹은 상대적 가치 평가

교육방법

PART 12

ET 김인식 교육학 논술 콕콕 키워드 마인드맵

구성주의적 수업설계

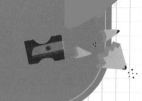

1. 개요

    (1) 개념 ── 구체적 현실에 맞게 환경설계, 학습자 스스로 해결할 수 있는 환경 설계

    (2) 특징
- ① 환경은 단순화된 상황이 아니라 풍부한 상황
  - ⇨ 맥락적, 실제적
- ② 학습자가 스스로 목표 설정부터 평가까지 (평가핵심 ; 사고과정)

    (3) 시사점✽
- ① 학습자 중심의 학습환경 강조
- ② 실제적 과제(현실 문제)와 맥락 강조
- ③ 문제해결 중심학습
- ④ 교사 역할의 변화
- ⑤ 협동학습의 강조
- ⑥ 평가의 개념 및 원리의 변화

2. 조나센 학습환경 설계✽

> **◎ 기출 KEEP**
> 구성주의 학습활동을 위한 학습지원 도구·자원과 교수활동 2가지를 제시하시오.
> [17 중등]

    (1) 개념 ── 지식을 능동적·자발적으로 구성할 수 있도록 조성된 학습환경

    (2) 의미 ── 학습자 중심의 학습환경, 학습자가 학습활동에 자발적·주도적으로 참여

    (3) 학습환경 설계 시 고려사항 (요소)
- ① 문제/프로젝트를 가지고
- ② 관련 사례를 통해 이해하고
- ③ 정보지원을 통해 비계를 설정하고 (문제해결을 위한 정보 제공)
- ④ 인지도구를 통해 문제 해석을 돕고 (인지활동 지원)
- ⑤ 대화/협력을 통해 협력하고 (학습공동체)
- ⑥ 사회/맥락적 지원을 통해 환경을 조성

    (4) 교수활동 ── 모델링(-탐색) ⇨ 코칭 (-명료화) ⇨ 비계설정 (-성찰)

Theme 4
라이겔루스의 교수설계 전략(거시적 입장)

1. **교수설계 전략**[★]

    (1) 개념 ── 교수설계이론의 처방성과 체계성 확립

    (2) 설계전략
    (체계성)
    - ① 교수조건: 교과내용의 특성, 교수목적, 학습자 특성, 제약점 등 고려
    - ② 교수방법: 조직전략(미시적 or 거시적), 전달전략, 관리전략
    - ③ 교수결과: 수업의 효과성, 효율성, 매력성

2. **서술적·처방적 이론**

구분	서술적 이론(학습)	처방적 이론(수업)
모형	교수조건 + 교수방법 = 교수결과	교수조건 + 교수결과 = 교수방법
가치추구	가치중립	가치지향 (규범적 = 당위적)
연구의도	교수결과 기술	교수목적 성취
중점변인	교수결과	교수방법
결과기대	의도 or 의도✕	의도한 결과

Theme 5
수업설계과정(미시적 입장)

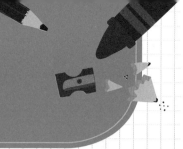

1. 수업목표 설정★

(1) 유의점
- ① 수업목표는 구체적(명확하게 진술)
  - ⇨ 학습자들의 성취욕구 자극
- ② 가능한 한 가시적·행동적인 용어로 진술
- ③ 수업목표 진술은 학습결과로 나타날 행동특성이라는 것에 유념

(2) 명세적 목표의 장점
- ① 교사: 가르칠 내용 명확화
- ② 학생: 스스로 계획을 세워 학습 가능, 학습효과 ⇧
- ③ 구체적·세분화된 수업목표는 수업평가의 타당도와 신뢰도 ⇧

(3) 진술방법
- ① 타일러
  - ㉠ 내용×행동
  - ㉡ 총괄평가에 활용
  - ㉢ 명세적 목표(행동적 목표)
- ② 메이거
  - ㉠ 조건×수락기준×도착점 행위
  - ㉡ 형성평가에 사용
- ③ 그론룬드: 이원적 진술방식
  - ⇨ 일반적 수업목표 + 명세적 수업목표

2. 학습과제 분석

(1) 개념
- 학습할 요소와 항목이 어떤 계층에 따라 배열되는가
(계열성 + 범위 규정)

(2) 필요성★
- ① 단원에서 가르칠 학습요소 명확
- ② 학습요소의 상호관련성 확인, 학습의 순서(계열성) 명확
- ③ 학습요소 누락이나 중복 방지
- ④ 형성·총괄·진단평가 실시의 기준 파악
- ⑤ 필요한 선수학습능력 파악
- ⑥ 수직적 연계성 파악

(3) 유형
- ① 학습위계 분석법(지적 영역, 운동 영역): 상위목표에서 하위 목표로 분석
- ② 학습단계 분석법(정의적 영역, 지적 영역)
- ③ 시간·기능별 분석법(작업과정이나 기능 영역)
- ④ 군집분석법(언어정보)
- ⑤ 통합분석법(위계분석 + 군집분석 = 태도, 경향성)

3. 출발점 행동 진단

학습자의 준비도 확인, 학습자 개개인의 현재 상태 진단
(= 진단평가)

4. 수업단계

① 도입단계: 동기유발, 학습목표 제시, 선수학습 확인
② 전개단계: 다양한 수업방법
③ 정리단계: 요약과 종합, 형성평가, 일반화, 보충제시 및
　　다음 차시 예고

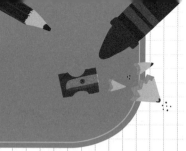

Theme 6
교수·학습이론

1. 캐롤
– 학교학습모형

(1) 개요
① 완전학습 = 학습에 사용한 시간(지학)/학습에 필요한 시간 (이질적)
② 학습에 필요한 시간은 가능한 줄이고, 학습에 실제로 소요하는 시간을 늘림으로써 학습의 정도를 극대화 (= 완전학습)

(2) 학습모형변인
① 학생변인: 적성, 수업이해력, 지구력(몰두시간)
② 교사변인: 학습기회, 수업의 질

(3) 특징
① 시간 개념 사용
② 완전학습 가능성(필요한 시간만큼 투입)
③ 개인차 인정(절대평가)
④ 수업 효율성 제고 가능

(4) 의의＊
① 학습에 필요한 시간에 관련된 적성 수준을 높이고,
② 수업이해력을 극대화하고,
③ 질 좋은 수업을 한다면 학습에 필요한 시간을 최소화 가능 (절대평가 지지)

2. 블룸
– 완전학습 모형

(1) 개념
학습의 95%의 학생들이 주어진 학습과제의 90% 이상 완전히 학습해내는 학습

(2) 관련 변인
① 인지적 출발점 행동: 학습과제를 학습하는 데 필요한 지식, 기술능력 예 선행학습
② 정의적 출발점 행동: 학습과정에 참여하려고 동기화된 정도 예 자아개념, 열의
③ 수업의 질: 제공될 수업이 학습자에게 미치는 적절성 정도 예 단서, 참여, 강화, 피드백

(3) 의의
① 학습기회를 충분히 주면 대부분의 학생이 높은 성적(부적 분포)
② 정의적 성장을 강조(완전학습에서 오는 성취감인 자아개념, 동기유발)

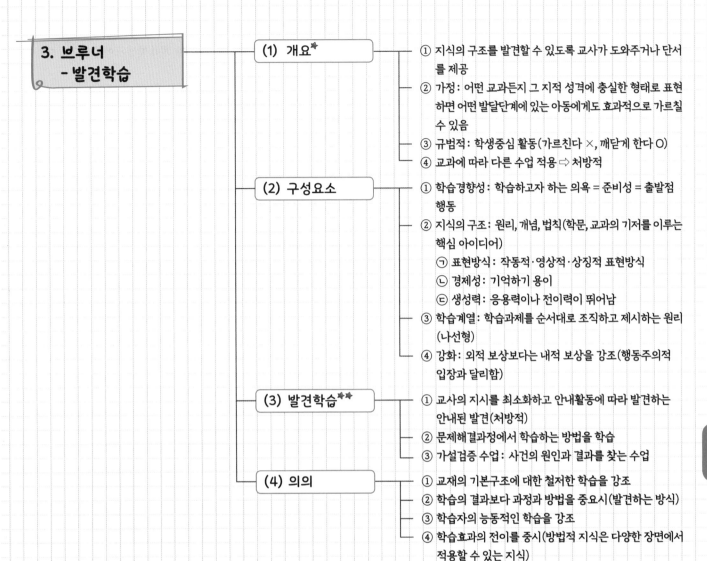

3. 브루너 – 발견학습

(1) 개요✽
- ① 지식의 구조를 발견할 수 있도록 교사가 도와주거나 단서를 제공
- ② 가정: 어떤 교과든지 그 지적 성격에 충실한 형태로 표현하면 어떤 발달단계에 있는 아동에게도 효과적으로 가르칠 수 있음
- ③ 규범적: 학생중심 활동(가르친다 ✕, 깨닫게 한다 ○)
- ④ 교과에 따라 다른 수업 적용 ⇨ 처방적

(2) 구성요소
- ① 학습경향성: 학습하고자 하는 의욕 = 준비성 = 출발점 행동
- ② 지식의 구조: 원리, 개념, 법칙(학문, 교과의 기저를 이루는 핵심 아이디어)
  - ㉠ 표현방식: 작동적·영상적·상징적 표현방식
  - ㉡ 경제성: 기억하기 용이
  - ㉢ 생성력: 응용력이나 전이력이 뛰어남
- ③ 학습계열: 학습과제를 순서대로 조직하고 제시하는 원리 (나선형)
- ④ 강화: 외적 보상보다는 내적 보상을 강조(행동주의적 입장과 달리함)

(3) 발견학습✽✽
- ① 교사의 지시를 최소화하고 안내활동에 따라 발견하는 안내된 발견(처방적)
- ② 문제해결과정에서 학습하는 방법을 학습
- ③ 가설검증 수업: 사건의 원인과 결과를 찾는 수업

(4) 의의
- ① 교재의 기본구조에 대한 철저한 학습을 강조
- ② 학습의 결과보다 과정과 방법을 중요시(발견하는 방식)
- ③ 학습자의 능동적인 학습을 강조
- ④ 학습효과의 전이를 중시(방법적 지식은 다양한 장면에서 적용할 수 있는 지식)

4. 오수벨 - 유의미학습 ✱

(1) 개요

① 학습내용을 언어적 매개에 의해 학생이 이미 알고 있는 내용과 관련시켜 수용(수용학습)

② 강의법, 유의미학습을 할 수 있도록 가르침(교사중심)

③ 학생의 발달단계(관련 정착의미)에 적절하게 학습자료 제시

④ 학습자 인지구조에 알맞게 동화·포섭되도록 과제 제시(선행조직자 활용 수업)

(2) 과정

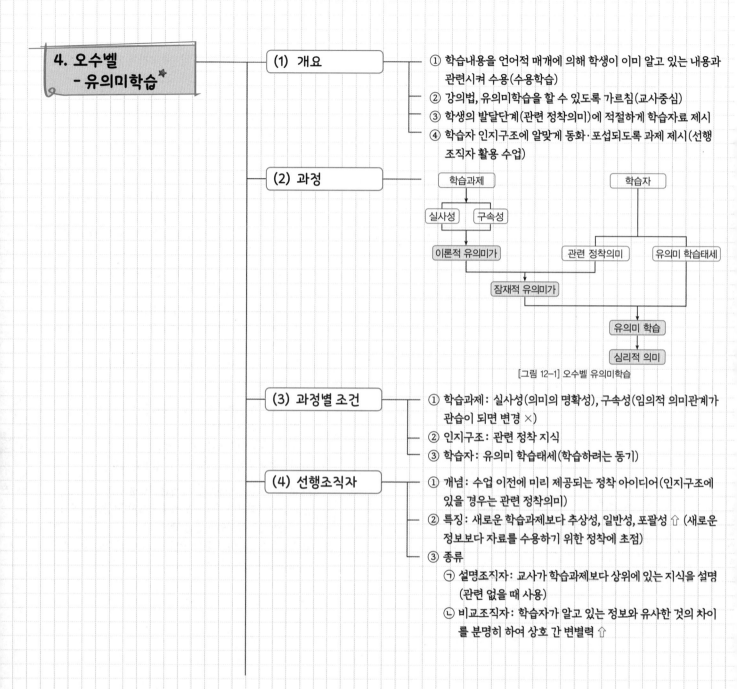

[그림 12-1] 오수벨 유의미학습

(3) 과정별 조건

① 학습과제: 실사성(의미의 명확성), 구속성(임의적 의미관계가 관습이 되면 변경 ×)

② 인지구조: 관련 정착 지식

③ 학습자: 유의미 학습태세(학습하려는 동기)

(4) 선행조직자

① 개념: 수업 이전에 미리 제공되는 정착 아이디어(인지구조에 있을 경우는 관련 정착의미)

② 특징: 새로운 학습과제보다 추상성, 일반성, 포괄성 ⇧ (새로운 정보보다 자료를 수용하기 위한 정착에 초점)

③ 종류

㉠ 설명조직자: 교사가 학습과제보다 상위에 있는 지식을 설명(관련 없을 때 사용)

㉡ 비교조직자: 학습자가 알고 있는 정보와 유사한 것의 차이를 분명히 하여 상호 간 변별력 ⇧

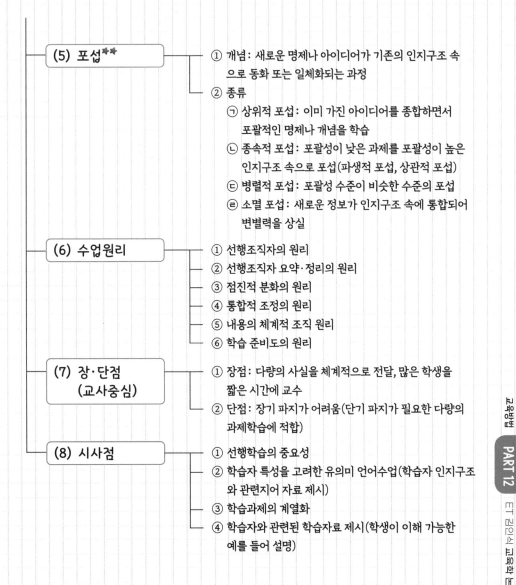

(5) 포섭✤✤

① 개념 : 새로운 명제나 아이디어가 기존의 인지구조 속으로 동화 또는 일체화되는 과정

② 종류

    ㉠ 상위적 포섭 : 이미 가진 아이디어를 종합하면서 포괄적인 명제나 개념을 학습

    ㉡ 종속적 포섭 : 포괄성이 낮은 과제를 포괄성이 높은 인지구조 속으로 포섭(파생적 포섭, 상관적 포섭)

    ㉢ 병렬적 포섭 : 포괄성 수준이 비슷한 수준의 포섭

    ㉣ 소멸 포섭 : 새로운 정보가 인지구조 속에 통합되어 변별력을 상실

(6) 수업원리

① 선행조직자의 원리

② 선행조직자 요약·정리의 원리

③ 점진적 분화의 원리

④ 통합적 조정의 원리

⑤ 내용의 체계적 조직 원리

⑥ 학습 준비도의 원리

(7) 장·단점 (교사중심)

① 장점 : 다량의 사실을 체계적으로 전달, 많은 학생을 짧은 시간에 교수

② 단점 : 장기 파지가 어려움(단기 파지가 필요한 다량의 과제학습에 적합)

(8) 시사점

① 선행학습의 중요성

② 학습자 특성을 고려한 유의미 언어수업(학습자 인지구조와 관련지어 자료 제시)

③ 학습과제의 계열화

④ 학습자와 관련된 학습자료 제시(학생이 이해 가능한 예를 들어 설명)

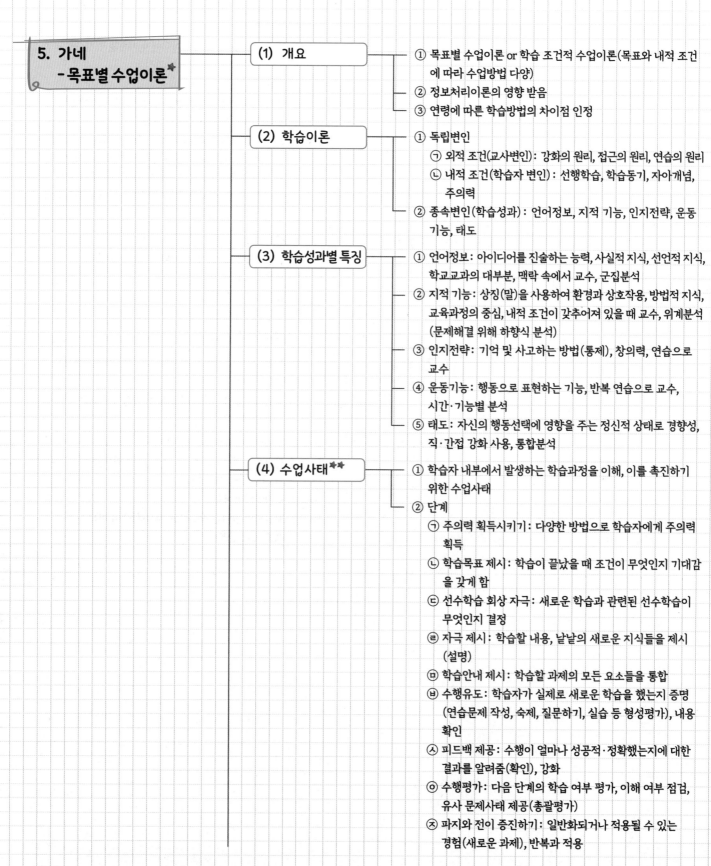

5. 가네 – 목표별 수업이론 ✦

(1) 개요
① 목표별 수업이론 or 학습 조건적 수업이론(목표와 내적 조건에 따라 수업방법 다양)
② 정보처리이론의 영향 받음
③ 연령에 따른 학습방법의 차이점 인정

(2) 학습이론
① 독립변인
  ㉠ 외적 조건(교사변인): 강화의 원리, 접근의 원리, 연습의 원리
  ㉡ 내적 조건(학습자 변인): 선행학습, 학습동기, 자아개념, 주의력
② 종속변인(학습성과): 언어정보, 지적 기능, 인지전략, 운동기능, 태도

(3) 학습성과별 특징
① 언어정보: 아이디어를 진술하는 능력, 사실적 지식, 선언적 지식, 학교교과의 대부분, 맥락 속에서 교수, 군집분석
② 지적 기능: 상징(말)을 사용하여 환경과 상호작용, 방법적 지식, 교육과정의 중심, 내적 조건이 갖추어져 있을 때 교수, 위계분석 (문제해결 위해 하향식 분석)
③ 인지전략: 기억 및 사고하는 방법(통제), 창의력, 연습으로 교수
④ 운동기능: 행동으로 표현하는 기능, 반복 연습으로 교수, 시간·기능별 분석
⑤ 태도: 자신의 행동선택에 영향을 주는 정신적 상태로 경향성, 직·간접 강화 사용, 통합분석

(4) 수업사태 ✦✦
① 학습자 내부에서 발생하는 학습과정을 이해, 이를 촉진하기 위한 수업사태
② 단계
  ㉠ 주의력 획득시키기: 다양한 방법으로 학습자에게 주의력 획득
  ㉡ 학습목표 제시: 학습이 끝났을 때 조건이 무엇인지 기대감을 갖게 함
  ㉢ 선수학습 회상 자극: 새로운 학습과 관련된 선수학습이 무엇인지 결정
  ㉣ 자극 제시: 학습할 내용, 낱낱의 새로운 지식들을 제시 (설명)
  ㉤ 학습안내 제시: 학습할 과제의 모든 요소들을 통합
  ㉥ 수행유도: 학습자가 실제로 새로운 학습을 했는지 증명 (연습문제 작성, 숙제, 질문하기, 실습 등 형성평가), 내용확인
  ㉦ 피드백 제공: 수행이 얼마나 성공적·정확했는지에 대한 결과를 알려줌(확인), 강화
  ㉧ 수행평가: 다음 단계의 학습 여부 평가, 이해 여부 점검, 유사 문제사태 제공(총괄평가)
  ㉨ 파지와 전이 증진하기: 일반화되거나 적용될 수 있는 경험(새로운 과제), 반복과 적용

	(5) 의의		① 학습자들의 인지수준에 따라 학습자에 따른 학습방법의 차이 인정
			② 처방적인 관점
			③ 9가지 수업사태의 순서 변경·생략 가능
			④ 학교 현장에서 일반적으로 사용할 수 있는 단계 제시
			⑤ 목표별 수업방법을 다르게 제시

6. 켈러 – ARCS 이론 ❉❉

(1) 개요		① 교수·학습상황에서 동기유발하고 유지하기 위한 구체적이고 처방적 전략(내적 동기유발 전략)
		② 미시적 이론

(2) 내용		① 주의력(A) : 학습자극을 적절히 변화 ⇨ 호기심·관심을 유발(지각적 주의환기, 탐구적 주의환기, 다양성 전략)
		② 관련성(R) : 학습자의 흥미와 부합하면서도 학습자에게 의미와 가치 인식(적절성 전략; 친밀성, 목표지향성, 학습자의 동기나 특성에 부합)
		③ 자신감(C) : 성공에 대한 자신감과 긍정적 기대(능력, 학습의 필요요건 제시, 성공의 기회 제시, 개인적 통제감)
		④ 만족감(S) : 자신의 기대와 결과가 일치(피드백, 공정성, 일반화)

7. 메릴 - 내용요소 전시이론

(1) 개요[*]

① 미시적 설계이론(=1시간), 교수설계 변인들 중 교수방법 변인의 범주 다룸
② 낱낱으로 떨어진 하나의 아이디어를 교수하는 방법을 처방
③ 학습자를 교육공학과정의 요소로 포함, 평가요소와 피드백의 개념 도입
④ 목표, 학습활동, 평가 중 학습활동 부분을 부각시킨 처방적 이론
⑤ 인지영역 설계

(2) 수행×내용 행렬

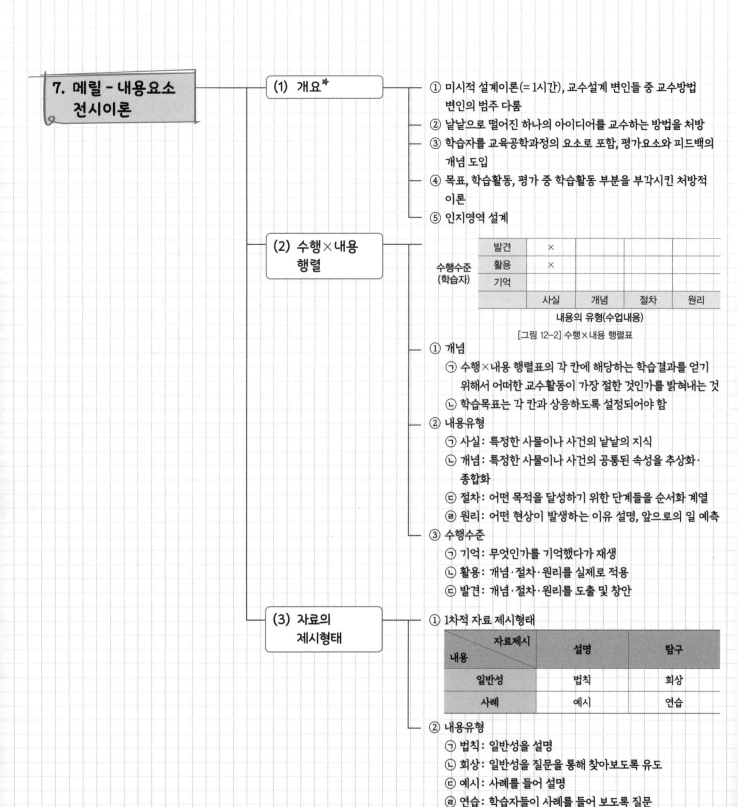

수행수준 (학습자)	발견	×			
	활용	×			
	기억				
		사실	개념	절차	원리

내용의 유형(수업내용)

[그림 12-2] 수행×내용 행렬표

① 개념
  ㉠ 수행×내용 행렬표의 각 칸에 해당하는 학습결과를 얻기 위해서 어떠한 교수활동이 가장 절한 것인가를 밝혀내는 것
  ㉡ 학습목표는 각 칸과 상응하도록 설정되어야 함
② 내용유형
  ㉠ 사실: 특정한 사물이나 사건의 낱낱의 지식
  ㉡ 개념: 특정한 사물이나 사건의 공통된 속성을 추상화·종합화
  ㉢ 절차: 어떤 목적을 달성하기 위한 단계들을 순서화 계열
  ㉣ 원리: 어떤 현상이 발생하는 이유 설명, 앞으로의 일 예측
③ 수행수준
  ㉠ 기억: 무엇인가를 기억했다가 재생
  ㉡ 활용: 개념·절차·원리를 실제로 적용
  ㉢ 발견: 개념·절차·원리를 도출 및 창안

(3) 자료의 제시형태

① 1차적 자료 제시형태

자료제시 내용	설명	탐구
일반성	법칙	회상
사례	예시	연습

② 내용유형
  ㉠ 법칙: 일반성을 설명
  ㉡ 회상: 일반성을 질문을 통해 찾아보도록 유도
  ㉢ 예시: 사례를 들어 설명
  ㉣ 연습: 학습자들이 사례를 들어 보도록 질문

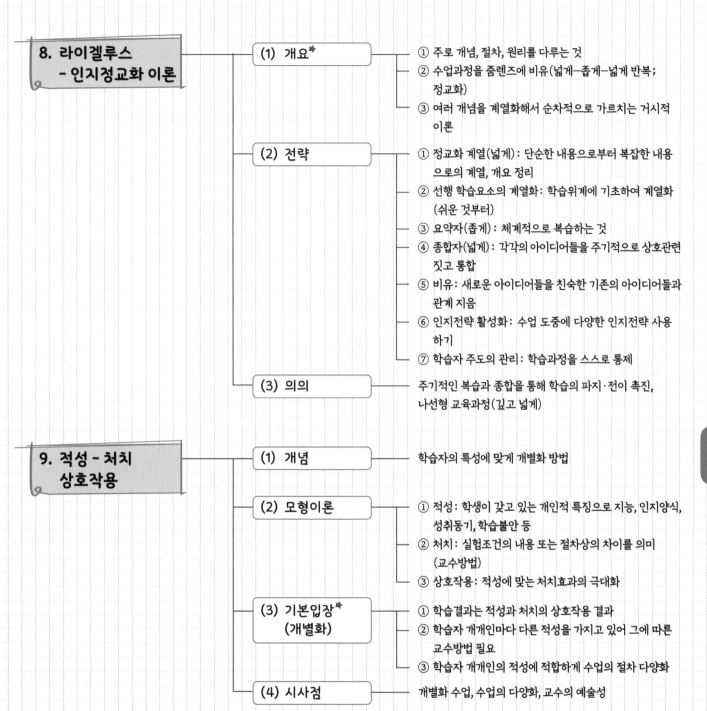

8. 라이겔루스 – 인지정교화 이론

(1) 개요＊
- ① 주로 개념, 절차, 원리를 다루는 것
- ② 수업과정을 줌렌즈에 비유(넓게-좁게-넓게 반복; 정교화)
- ③ 여러 개념을 계열화해서 순차적으로 가르치는 거시적 이론

(2) 전략
- ① 정교화 계열(넓게) : 단순한 내용으로부터 복잡한 내용으로의 계열, 개요 정리
- ② 선행 학습요소의 계열화 : 학습위계에 기초하여 계열화 (쉬운 것부터)
- ③ 요약자(좁게) : 체계적으로 복습하는 것
- ④ 종합자(넓게) : 각각의 아이디어들을 주기적으로 상호관련 짓고 통합
- ⑤ 비유 : 새로운 아이디어들을 친숙한 기존의 아이디어들과 관계 지음
- ⑥ 인지전략 활성화 : 수업 도중에 다양한 인지전략 사용하기
- ⑦ 학습자 주도의 관리 : 학습과정을 스스로 통제

(3) 의의
- 주기적인 복습과 종합을 통해 학습의 파지·전이 촉진, 나선형 교육과정(깊고 넓게)

9. 적성 – 처치 상호작용

(1) 개념
- 학습자의 특성에 맞게 개별화 방법

(2) 모형이론
- ① 적성 : 학생이 갖고 있는 개인적 특징으로 지능, 인지양식, 성취동기, 학습불안 등
- ② 처치 : 실험조건의 내용 또는 절차상의 차이를 의미 (교수방법)
- ③ 상호작용 : 적성에 맞는 처치효과의 극대화

(3) 기본입장＊ (개별화)
- ① 학습결과는 적성과 처치의 상호작용 결과
- ② 학습자 개개인마다 다른 적성을 가지고 있어 그에 따른 교수방법 필요
- ③ 학습자 개개인의 적성에 적합하게 수업의 절차 다양화

(4) 시사점
- 개별화 수업, 수업의 다양화, 교수의 예술성

10. 개별화 수업

(1) 무학년제
- ① 학년에 관계없이 능력별로 반편성, 우리나라 인정
- ② 교육효과의 극대화

(2) 프로그램 학습
- ① 스키너의 조형의 원리 ⇨ 변별학습, 차별강화, 개인차 인정
- ② 학습부진아, 지진아에 초점
- ③ CD-ROM, CAI와 WBI(웹기반수업 = 인터넷)로 발전

11. 팀티칭

(1) 개념
- 2명 이상의 교사들이 함께 수업함으로써 교육 효과를 높이는 방법

(2) 특성
- ① 교사들의 전문성을 살릴 수 있음
- ② 좀 더 효과적인 교수–학습 과정 가능

12. 내용교수지식 (PCK)

(1) 의미
- 특정 내용을 특정 학생들의 이해를 촉진할 수 있도록 가르치는 방법의 교사 지식

(2) 구성요소
- ① 교과내용에 대한 지식
- ② 학습자 이해에 대한 지식
- ③ 교수방법에 대한 지식

(3) 특징
- 경험적·실천적 지식, 교사의 개인적 지식, 점진적으로 발달하는 지식

구성주의 교수·학습모형

1. 개요

(1) 개념
① 학습자의 사전지식 및 협동학습 인정
② ZPD(근접발달영역)에 근거

(2) 원리
① 학습자의 적극적 참여를 통한 의미구성의 촉진
② 맥락에 의거한 지식의 구성
③ 학습자의 사전지식 활용
④ 인지적 조력
⑤ 실제적 과제의 활용 : 비구조화된 문제
⑥ 학습자 공동체의 구축 : 개별학습(자기주도) + 협동학습

(3) 교사·학습자관✽
① 교사 : 조력자, 안내자(교사의 역할이 약화되거나 무시되는 것 아님)
② 학생 : 적극적 지식 구성하는 과정에 참여(적극적 사고자)

2. 인지발달이론✽

(1) 인지적 도제이론
① 개요
   ㉠ 중세 직업교육 개념 차용
   ㉡ 전문가와 초심자 간의 관계 속에서 실제적 과제를 해결해 가는 과정에서 새로운 지식을 구성함
   ㉢ 인지능력, 고차적인 인지적 기술을 습득
② 교사역할 : 시범, 탐구 조장, 격려, 모델링
③ 학습방법 : 시연 ⇨ 코칭 ⇨ 교수적 도움(도움 중지) ⇨ 명료화 ⇨ 반성 ⇨ 탐색

(2) 인지적 유연성 이론
① 개념
   ㉠ 다양한 상황에서 다양한 생각을 하도록 가르치는 것
   ㉡ 급변하는 상황적 요구에 대처하는 지적 능력 강조
   ㉢ 상황에 맞게 기억 내 지식을 재구성하는 능력 증진이 목적
② 원리
   ㉠ 주제중심의 학습
   ㉡ 학생에게 적합한 정도의 복잡성을 지닌 과제로 작게 세분화
   ㉢ 구체적인 사례에 근거한 수업(modeling)
③ 의의 : 지식을 다양하게 표현할 수 있는 환경 마련(다른 관점이 있는 과제 제시)

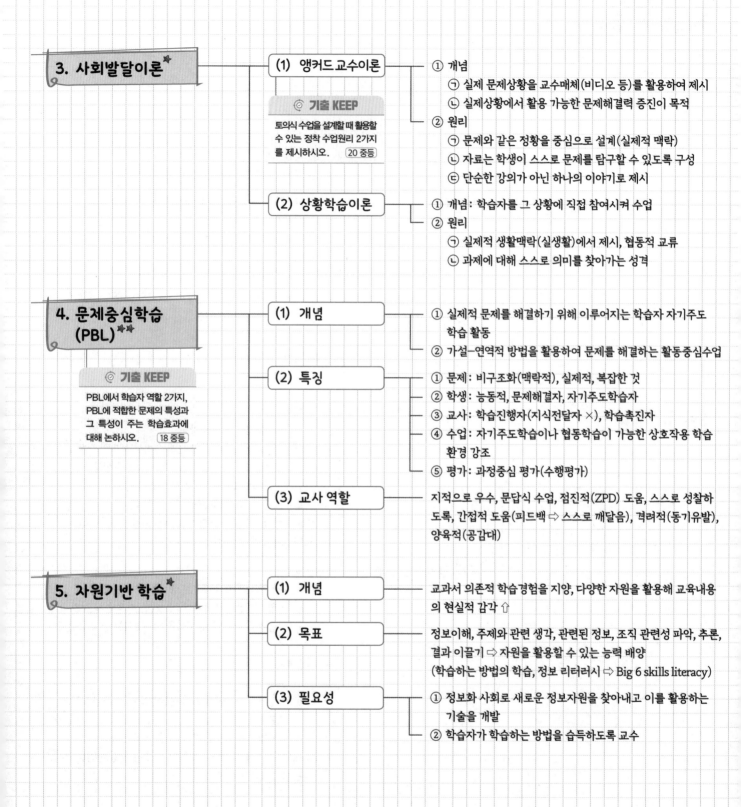

3. 사회발달이론

(1) 앵커드 교수이론

◎ 기출 KEEP

토의식 수업을 설계할 때 활용할 수 있는 정착 수업원리 2가지를 제시하시오. [20 중등]

① 개념
  ㉠ 실제 문제상황을 교수매체(비디오 등)를 활용하여 제시
  ㉡ 실제상황에서 활용 가능한 문제해결력 증진이 목적
② 원리
  ㉠ 문제와 같은 정황을 중심으로 설계(실제적 맥락)
  ㉡ 자료는 학생이 스스로 문제를 탐구할 수 있도록 구성
  ㉢ 단순한 강의가 아닌 하나의 이야기로 제시

(2) 상황학습이론

① 개념: 학습자를 그 상황에 직접 참여시켜 수업
② 원리
  ㉠ 실제적 생활맥락(실생활)에서 제시, 협동적 교류
  ㉡ 과제에 대해 스스로 의미를 찾아가는 성격

4. 문제중심학습 (PBL)

◎ 기출 KEEP

PBL에서 학습자 역할 2가지, PBL에 적합한 문제의 특성과 그 특성이 주는 학습효과에 대해 논하시오. [18 중등]

(1) 개념

① 실제적 문제를 해결하기 위해 이루어지는 학습자 자기주도 학습 활동
② 가설–연역적 방법을 활용하여 문제를 해결하는 활동중심수업

(2) 특징

① 문제: 비구조화(맥락적), 실제적, 복잡한 것
② 학생: 능동적, 문제해결자, 자기주도학습자
③ 교사: 학습진행자(지식전달자 ×), 학습촉진자
④ 수업: 자기주도학습이나 협동학습이 가능한 상호작용 학습 환경 강조
⑤ 평가: 과정중심 평가(수행평가)

(3) 교사 역할

지적으로 우수, 문답식 수업, 점진적(ZPD) 도움, 스스로 성찰하도록, 간접적 도움(피드백 ⇨ 스스로 깨달음), 격려적(동기유발), 양육적(공감대)

5. 자원기반 학습

(1) 개념

교과서 의존적 학습경험을 지양, 다양한 자원을 활용해 교육내용의 현실적 감각 ⇧

(2) 목표

정보이해, 주제와 관련 생각, 관련된 정보, 조직 관련성 파악, 추론, 결과 이끌기 ⇨ 자원을 활용할 수 있는 능력 배양
(학습하는 방법의 학습, 정보 리터러시 ⇨ Big 6 skills literacy)

(3) 필요성

① 정보화 사회로 새로운 정보자원을 찾아내고 이를 활용하는 기술을 개발
② 학습자가 학습하는 방법을 습득하도록 교수

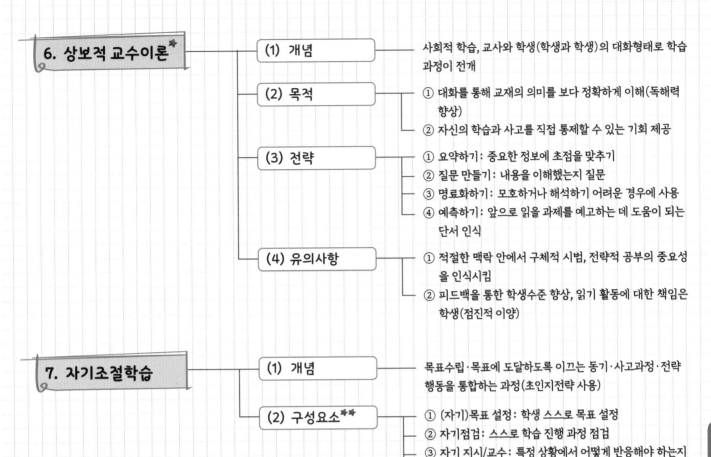

6. 상보적 교수이론

(1) 개념 — 사회적 학습, 교사와 학생(학생과 학생)의 대화형태로 학습과정이 전개

(2) 목적
① 대화를 통해 교재의 의미를 보다 정확하게 이해(독해력 향상)
② 자신의 학습과 사고를 직접 통제할 수 있는 기회 제공

(3) 전략
① 요약하기: 중요한 정보에 초점을 맞추기
② 질문 만들기: 내용을 이해했는지 질문
③ 명료화하기: 모호하거나 해석하기 어려운 경우에 사용
④ 예측하기: 앞으로 읽을 과제를 예고하는 데 도움이 되는 단서 인식

(4) 유의사항
① 적절한 맥락 안에서 구체적 시범, 전략적 공부의 중요성을 인식시킴
② 피드백을 통한 학생수준 향상, 읽기 활동에 대한 책임은 학생(점진적 이양)

7. 자기조절학습

(1) 개념 — 목표수립·목표에 도달하도록 이끄는 동기·사고과정·전략 행동을 통합하는 과정(초인지전략 사용)

(2) 구성요소
① (자기)목표 설정: 학생 스스로 목표 설정
② 자기점검: 스스로 학습 진행 과정 점검
③ 자기 지시/교수: 특정 상황에서 어떻게 반응해야 하는지 생각
④ 자기평가: 자신의 행동을 판단(자신이 작성한 답 질 평가)
⑤ 자기강화/벌: 목표 달성 시 스스로 강화

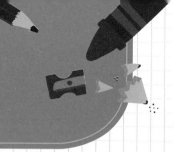

Theme 8
수업방법

1. 강의법

- **(1) 목적** ── 지식의 전수(헤르바르트가 체계화함)

- **(2) 필요**
  - ① 교과서나 참고서에 없는 새로운 사실 전달
  - ② 이해하기 어려운 내용 설명 : 이해 시킴이 목적
  - ③ 단기 파지가 우선인 과제(교사 중심)
  - ④ 전반적인 정보 및 방법 제시

- **(3) 문제점** ── 능동적 참여 ×, 장기파지 × ⇨ 해결책 : 문답법

2. 문답법

- **(1) 개념** ── 문답을 통해 스스로 결론을 지을 수 있도록 돕는 것, 귀납적 교수법

- **(2) 장점** ── 학생 참여도 ⇧, 구조화 정도가 적절할 때 학업성취에 최적의 효과

- **(3) 목적** ── 확산적 사고, 다양한 사고(고차적 사고)

- **(4) 방법(조건)** ── 개방적 질문, 평가적 질문, 질문의 명료성

3. 토의학습

(1) 개념
- ① 집단의 지도성을 서로 분담하는 집단구성원들이 사실, 개념 및 의견을 구두 교환
- ② 학생의 참여와 역할이 강조되는 수업형태
- ③ 모든 교과와 모든 연령 학습자에게도 가능하나 고학년으로 갈수록 유리

(2) 목적
- 태도 변화, 고차적 사고

(3) 특징
- ① 서로 다른 의견을 가질 때 활용
- ② 집단 구성원 수가 적을수록 참여도 높음
- ③ 불안수준 높은 학생에 대한 세심한 배려 필요

(4) 유형✱
- ① 원탁토의: 대등한 관계
- ② 배심토의: 패널토의, 논리적으로 상대방을 설득하기 위함
- ③ 공개토의: 공개연설 후 청중이 질의하고 발표자가 응답, 직접 토의에 참여하면서 학습
- ④ 단상토의: 소주제에 대해 각자의 전문적인 견해를 제시하는 방식
- ⑤ 대담토의: 청중 대표와 전문가 집단에 의해 이루어짐, 대등한 수로 구성
- ⑥ 세미나: 전문적인 연수나 훈련, 참가자 전원 참여
- ⑦ 버즈토의: 6×6토의, 참여자 모두 자유로운 발언 가능, 적극적 참여(학습효과 ⇧), 한 시간 내 언제나 사용가능

(5) 유의사항✱
- ① 토의 전: 토의의 필요성과 토의예법 지도, 사회자나 연설자 지도
- ② 토의 주제: 모든 학생들에게 의미가 있고 흥미로운 것
- ③ 토의 후
  - ㉠ 교사가 토의의 결론을 내리지 않고 학습자가 결론 냄
  - ㉡ 토의 전반에 대한 논평(잘된 점, 개선할 점)
  - ㉢ 가치판단

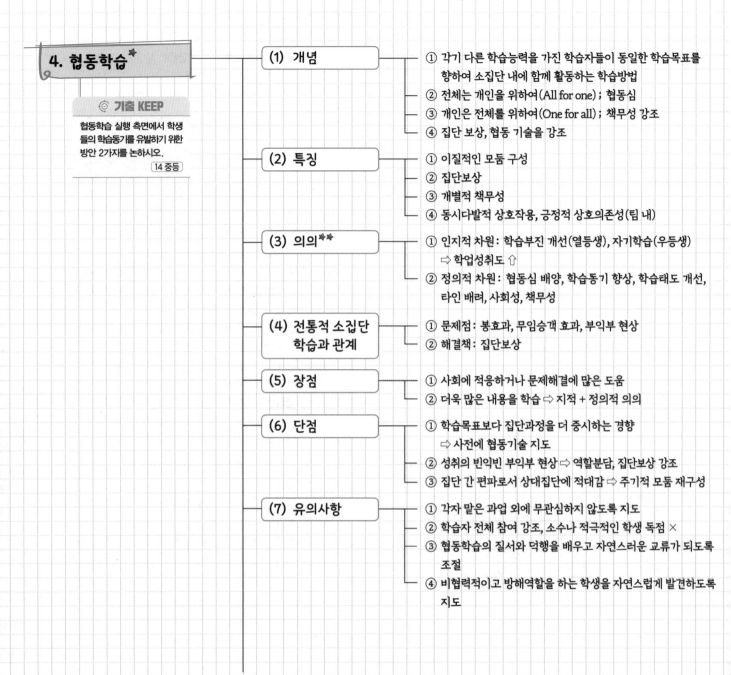

4. 협동학습

◎ 기출 KEEP

협동학습 실행 측면에서 학생
들의 학습동기를 유발하기 위한
방안 2가지를 논하시오.

14 중등

(1) 개념
- ① 각기 다른 학습능력을 가진 학습자들이 동일한 학습목표를 향하여 소집단 내에 함께 활동하는 학습방법
- ② 전체는 개인을 위하여(All for one) ; 협동심
- ③ 개인은 전체를 위하여(One for all) ; 책무성 강조
- ④ 집단 보상, 협동 기술을 강조

(2) 특징
- ① 이질적인 모둠 구성
- ② 집단보상
- ③ 개별적 책무성
- ④ 동시다발적 상호작용, 긍정적 상호의존성(팀 내)

(3) 의의
- ① 인지적 차원: 학습부진 개선(열등생), 자기학습(우등생)
  ⇨ 학업성취도 ↑
- ② 정의적 차원: 협동심 배양, 학습동기 향상, 학습태도 개선, 타인 배려, 사회성, 책무성

(4) 전통적 소집단 학습과 관계
- ① 문제점: 봉효과, 무임승객 효과, 부익부 현상
- ② 해결책: 집단보상

(5) 장점
- ① 사회에 적응하거나 문제해결에 많은 도움
- ② 더욱 많은 내용을 학습 ⇨ 지적 + 정의적 의의

(6) 단점
- ① 학습목표보다 집단과정을 더 중시하는 경향
  ⇨ 사전에 협동기술 지도
- ② 성취의 빈익빈 부익부 현상 ⇨ 역할분담, 집단보상 강조
- ③ 집단 간 편파로서 상대집단에 적대감 ⇨ 주기적 모둠 재구성

(7) 유의사항
- ① 각자 맡은 과업 외에 무관심하지 않도록 지도
- ② 학습자 전체 참여 강조, 소수나 적극적인 학생 독점 ×
- ③ 협동학습의 질서와 덕행을 배우고 자연스러운 교류가 되도록 조절
- ④ 비협력적이고 방해역할을 하는 학생을 자연스럽게 발견하도록 지도

(8) 유형

① 직소모형(Ⅱ) : 집단구성(구성원 = 소주제 수) ⇨ 개인별 전문과제 부과 ⇨ 전문가 집단에서 협동학습 ⇨ 원소속 집단에서 협동학습 ⇨ 개별평가 ⇨ 개인점수 (향상점수)·집단점수 산출 ⇨ 개별 보상 및 집단 보상

② 성취과제 분담(STAD)
  ㉠ 교사 설명 ⇨ 모둠학습 ⇨ 평가 ⇨ 모둠점수 게시와 보상(향상점수만큼 팀 점수에 기여)
  ㉡ 이해가 목적

③ 팀 경쟁학습(TGT) : 각 팀 간의 경쟁을 유도, 자신과 비슷한 능력의 경쟁자와 게임, 보상은 집단 내 협동 대 집단 외 경쟁의 원칙(집단점수, 개인점수 ×)

④ 팀 보조개별(TAI) : 프로그램화된 학습자료 이용하여 개별학습 ⇨ 짝지어 상호 교환 채점(협동) ⇨ 80% 이상 점수획득 시 최종적인 개별시험 ⇨ (협동)팀 보상

⑤ 집단조사(GI, co-op co-op) : 모둠별로 각기 다른 학습 주제 탐구 후 그 결과를 학급 전체가 공유하는 방식
  예 대학교 발표수업

⑥ 함께 학습하기(LT)
  ㉠ 개별적으로 시험을 보지만 성적은 자기 팀의 평균 점수 획득
  ㉡ 집단의 평균이 일정한 수준 이상이 될 경우에는 집단별 추가 점수 부여 ⇨ 무임승객효과, 봉효과 문제 발생

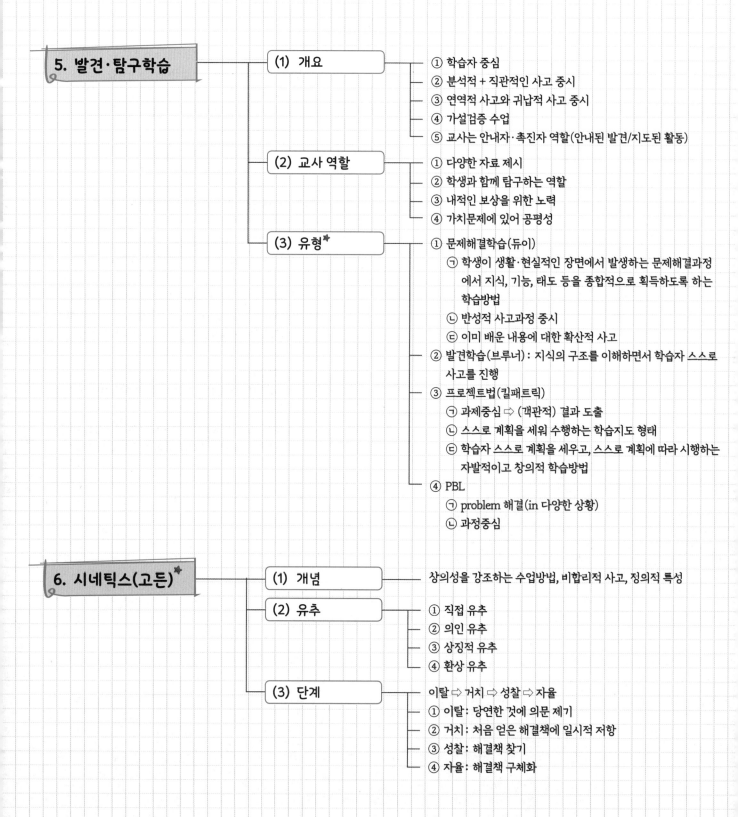

5. 발견·탐구학습

(1) 개요
- ① 학습자 중심
- ② 분석적 + 직관적인 사고 중시
- ③ 연역적 사고와 귀납적 사고 중시
- ④ 가설검증 수업
- ⑤ 교사는 안내자·촉진자 역할(안내된 발견/지도된 활동)

(2) 교사 역할
- ① 다양한 자료 제시
- ② 학생과 함께 탐구하는 역할
- ③ 내적인 보상을 위한 노력
- ④ 가치문제에 있어 공평성

(3) 유형*
- ① 문제해결학습(듀이)
  - ㉠ 학생이 생활·현실적인 장면에서 발생하는 문제해결과정에서 지식, 기능, 태도 등을 종합적으로 획득하도록 하는 학습방법
  - ㉡ 반성적 사고과정 중시
  - ㉢ 이미 배운 내용에 대한 확산적 사고
- ② 발견학습(브루너): 지식의 구조를 이해하면서 학습자 스스로 사고를 진행
- ③ 프로젝트법(킬패트릭)
  - ㉠ 과제중심 ⇨ (객관적) 결과 도출
  - ㉡ 스스로 계획을 세워 수행하는 학습지도 형태
  - ㉢ 학습자 스스로 계획을 세우고, 스스로 계획에 따라 시행하는 자발적이고 창의적 학습방법
- ④ PBL
  - ㉠ problem 해결(in 다양한 상황)
  - ㉡ 과정중심

6. 시네틱스(고든)*

(1) 개념 — 창의성을 강조하는 수업방법, 비합리적 사고, 정의적 특성

(2) 유추
- ① 직접 유추
- ② 의인 유추
- ③ 상징적 유추
- ④ 환상 유추

(3) 단계 — 이탈 ⇨ 거치 ⇨ 성찰 ⇨ 자율
- ① 이탈: 당연한 것에 의문 제기
- ② 거치: 처음 얻은 해결책에 일시적 저항
- ③ 성찰: 해결책 찾기
- ④ 자율: 해결책 구체화

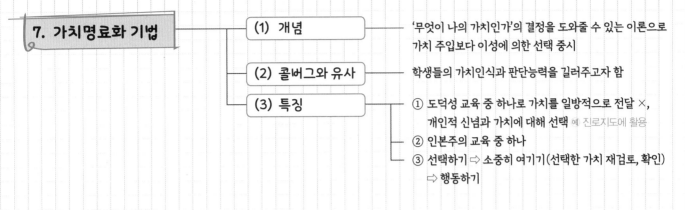

7. 가치명료화 기법

    (1) 개념 — '무엇이 나의 가치인가'의 결정을 도와줄 수 있는 이론으로 가치 주입보다 이성에 의한 선택 중시

    (2) 콜버그와 유사 — 학생들의 가치인식과 판단능력을 길러주고자 함

    (3) 특징
        ① 도덕성 교육 중 하나로 가치를 일방적으로 전달 ×, 개인적 신념과 가치에 대해 선택 예 진로지도에 활용
        ② 인본주의 교육 중 하나
        ③ 선택하기 ⇨ 소중히 여기기(선택한 가치 재검토, 확인)
            ⇨ 행동하기

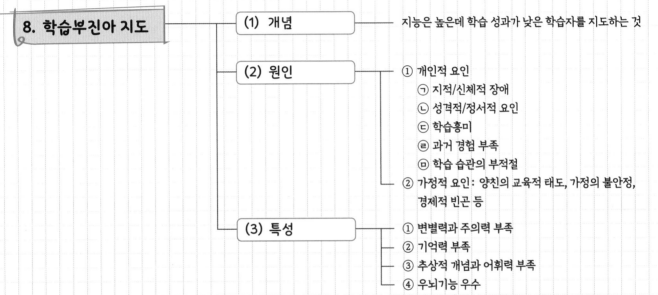

8. 학습부진아 지도

    (1) 개념 — 지능은 높은데 학습 성과가 낮은 학습자를 지도하는 것

    (2) 원인
        ① 개인적 요인
            ㉠ 지적/신체적 장애
            ㉡ 성격적/정서적 요인
            ㉢ 학습흥미
            ㉣ 과거 경험 부족
            ㉤ 학습 습관의 부적절
        ② 가정적 요인: 양친의 교육적 태도, 가정의 불안정, 경제적 빈곤 등

    (3) 특성
        ① 변별력과 주의력 부족
        ② 기억력 부족
        ③ 추상적 개념과 어휘력 부족
        ④ 우뇌기능 우수

Theme 9
학습양식

1. 전체적·분석적
- ① 장의존자형/장독립자형
- ② 평준자형/첨예자형
- ③ 수렴자형/발산자형
- ④ 총체자형/계열자형

2. 언어적·표상적
- ① 시각자형/언어자형
- ② 시각자형/촉각자형

3. 시사점
- ① 학습자 차이 인정하고 학습양식을 고려하여 교수양식을 다양화(ATI), 다양성 인정
- ② 다인수 학급에서 다양한 수업 필요
- ③ 학생들로 하여금 자신들이 효과적으로 학습하는 방식을 이해하도록 조력, 학습양식이 때론 낙인으로 작용할 수 있으므로 주의

수업 실제

1. 발문

개방적·확산적 사고
※ 형성평가: 수렴적 사고

2. 피드백

즉각적·교정적 피드백

PART 13
교육공학

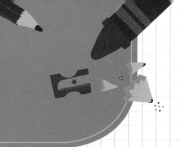

Theme 1
교육공학의 기초

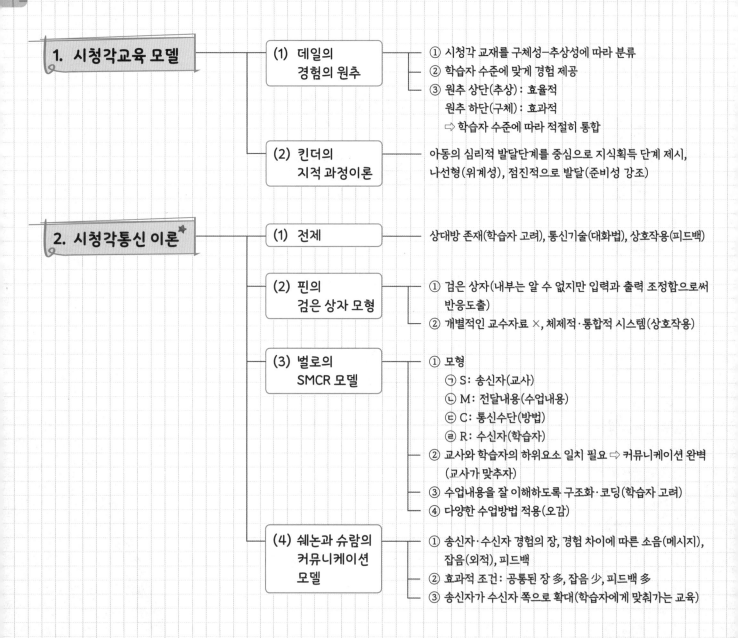

1. 시청각교육 모델

(1) 데일의 경험의 원추
- ① 시청각 교재를 구체성–추상성에 따라 분류
- ② 학습자 수준에 맞게 경험 제공
- ③ 원추 상단(추상): 효율적
  원추 하단(구체): 효과적
  ⇨ 학습자 수준에 따라 적절히 통합

(2) 킨더의 지적 과정이론
- 아동의 심리적 발달단계를 중심으로 지식획득 단계 제시, 나선형(위계성), 점진적으로 발달(준비성 강조)

2. 시청각통신 이론★

(1) 전제
- 상대방 존재(학습자 고려), 통신기술(대화법), 상호작용(피드백)

(2) 핀의 검은 상자 모형
- ① 검은 상자(내부는 알 수 없지만 입력과 출력 조정함으로써 반응도출)
- ② 개별적인 교수자료 ×, 체제적·통합적 시스템(상호작용)

(3) 벌로의 SMCR 모델
- ① 모형
  - ㉠ S: 송신자(교사)
  - ㉡ M: 전달내용(수업내용)
  - ㉢ C: 통신수단(방법)
  - ㉣ R: 수신자(학습자)
- ② 교사와 학습자의 하위요소 일치 필요 ⇨ 커뮤니케이션 완벽 (교사가 맞추자)
- ③ 수업내용을 잘 이해하도록 구조화·코딩(학습자 고려)
- ④ 다양한 수업방법 적용(오감)

(4) 쉐논과 슈람의 커뮤니케이션 모델
- ① 송신자·수신자 경험의 장, 경험 차이에 따른 소음(메시지), 잡음(외적), 피드백
- ② 효과적 조건: 공통된 장 多, 잡음 少, 피드백 多
- ③ 송신자가 수신자 쪽으로 확대(학습자에게 맞춰가는 교육)

3. 교수매체

(1) 개념
- ① 교사와 학습자 사이의 의사소통을 가능하게 하는 수단 (상호작용)
- ② 항상 좋은 교수매체는 × ⇨ 상황에 맞는 수업이 가장 올바름

(2) ASSURE 모델⁂⁂
- ① 교수매체의 체제적 활용을 위한 선택절차(실행개념 미약)
- ② 절차
  - ㉠ 학습자 분석 : 학습자의 일반특성, 출발점 행동, 학습 양식 분석, 필요 시 보충수업
  - ㉡ 목표제시 : 달성목표 제시
  - ㉢ 수업도구와 자료의 선정 : 목표에 맞는 자료 선정, 수정, 제작
  - ㉣ 수업도구와 자료의 활용
    - ⓐ 교사가 시범적 사용(연습), 수정, 학습자들에게 미리 매체 소개(참여유도), 사후학습 계획
    - ⓑ 5P 원칙
      - 매체자료를 점검(Preview materials)
      - 매체자료를 준비(Prepare the materials)
      - 환경 준비(Prepare the environment)
      - 학습자 준비(Prepare the learners)
      - 학습경험 제공(Provide the learning experience)
  - ㉤ 학습자의 참여 이끌기(준비) : 토의, 퀴즈, 연습문제 준비
  - ㉥ 평가와 수정 : 내적(매체, 수업 과정, 방법) + 외적 (학습자 성취도) 평가

4. 교수매체 연구의 패러다임 변화⁂

(1) 매체비교연구
- ① 행동주의(S ⇨ R) 패러다임에 근거, 사용 > 미사용, A매체 > B매체
- ② 신기성 효과 발생, 수업방법의 변화 효과

(2) 매체속성연구
인지주의 패러다임에 근거, 매체속성과 학습자 인지과정의 상호작용

(3) 매체선호연구
매체활용에 대한 태도, 학습자가 선호하는 매체 사용이 효과적(정의적 특성 변인과 관계)

(4) 매체비용효과 연구
매체활용의 경제성, 비용—효과분석

5. 플로우 이론

(1) 개념
- ① 특정한 과제수행 자체가 주는 흥미와 즐거움으로 인해 과제에 몰두
- ② 최적의 경험 상태
- ③ 성취감에 따른 자아존중감 촉진 ⇨ 삶의 의미와 통합

(2) 3채널 모델
- ① 기술 = 도전 ⇨ 몰입(난이도 조절)
- ② 기술 > 도전 ⇨ 지루함
- ③ 기술 < 도전 ⇨ 불안

Theme 2
교수매체

1. OHP와 TP ── **(1) 특성** ── ① 밝은 곳과 가까운 거리에서도 선명(암막 ×)
  ② 학생 대면 가능(주의집중 ⇧)
  ③ 사용방법 및 자료관리 간편
  ④ 투시물 자료 내용 지적 가능
  ⑤ TP 자료 가로로 제작
  ⑥ TP 자료 반영구적 사용 가능(판서시간 절약)

(2) 사용기법 ── 합성분해법 : 여러 장의 TP를 겹쳐가며 사용

(3) 키스톤 현상 ── 스크린에 제시되는 영상의 양끝이나 좌우가 왜곡되어 찌그러지는 현상

2. 컴퓨터 프로젝트 ── ① 빔 프로젝터, 파워포인트 프레젠테이션
  ② 특성 : 멀티미디어 자료 제시 가능, 반복해서 영구적으로 사용 가능

Theme 3
컴퓨터 활용수업

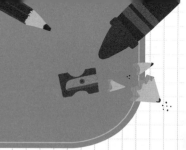

1. 컴퓨터 보조수업 (CAI)*

- **(1) 개요** ── 교육전문가가 개발(교사 ×, 교사는 활동만), 다양한 안내(선형적), 개별화 수업

- **(2) 특징**
  - ① 개별화 수업
  - ② 역동적 상호작용(컴퓨터-학습자) 촉진
  - ③ 풍부한 학습경험 제공
  - ④ 즉각적인 피드백
  - ⑤ 한번 개발된 프로그램 반복 사용 가능 ⇨ 대규모 수업 유리

- **(3) 코스웨어 유형**
  - ① 개인교수형: 프로그램과 학습자의 일대일 상호작용(가네 수업에 사용)
  - ② 반복연습형: 이미 학습한 것을 연습(심화·보충)
  - ③ 모의실험(시뮬레이션)형: 실제 상황과 유사한 상황, 위험부담 ⇩, 비용 ⇩
  - ④ 게임형: 다양한 학습에 적절, 학생의 동기유발(몰입도 ⇧), 스토리텔링(우연적 학습)

2. 컴퓨터 관리수업 (CMI) ── 수업을 컴퓨터가 관리 예 출결관리, 성적관리

3. 컴퓨터 매개수업 (CMC)** ── 컴퓨터를 정보통신망과 연결하여 정보 공유, 의사교환, 협동학습
예 E-mail, 김인식 교육학 블로그

> **◎ 기출 KEEP**
> 온라인 수업에서 학생의 고립감 해소를 위해 활용할 수 있는 구체적인 교수-학습 활동 2가지와 그에 적합한 테크놀로지를 함께 제시하시오.
> 22 중등

4. 컴퓨터 활용평가 (CBT)* - 컴퓨터 개별적응검사(CAT)
- ① 개별평가: 피검사자의 능력수준에 부합하는 적정 곤란도의 문항 제시
- ② 측정의 정확성 및 효율성 ⇧
- ③ 단기간에 적은 수의 문항으로 측정 가능

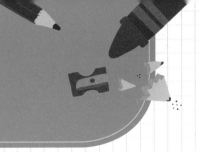

Theme 4
컴퓨터와 교육

1. 멀티미디어✱

@ 기출 KEEP

위키를 활용할 때 발생할 수 있는 문제점 2가지를 논하시오.
[20 중등]

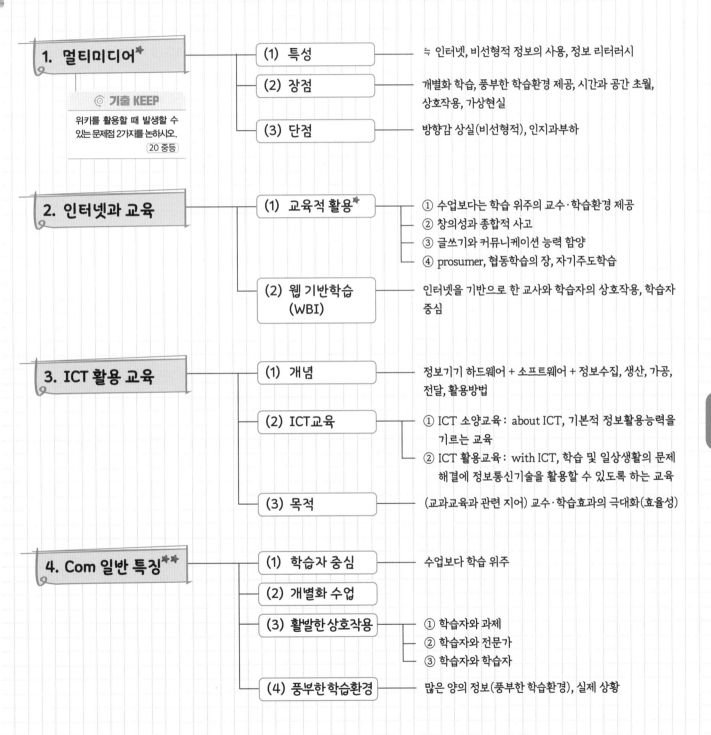

- **(1) 특성** ─ ≒ 인터넷, 비선형적 정보의 사용, 정보 리터러시
- **(2) 장점** ─ 개별화 학습, 풍부한 학습환경 제공, 시간과 공간 초월, 상호작용, 가상현실
- **(3) 단점** ─ 방향감 상실(비선형적), 인지과부하

2. 인터넷과 교육

- **(1) 교육적 활용✱**
  - ① 수업보다는 학습 위주의 교수·학습환경 제공
  - ② 창의성과 종합적 사고
  - ③ 글쓰기와 커뮤니케이션 능력 함양
  - ④ prosumer, 협동학습의 장, 자기주도학습
- **(2) 웹 기반학습 (WBI)** ─ 인터넷을 기반으로 한 교사와 학습자의 상호작용, 학습자 중심

3. ICT 활용 교육

- **(1) 개념** ─ 정보기기 하드웨어 + 소프트웨어 + 정보수집, 생산, 가공, 전달, 활용방법
- **(2) ICT교육**
  - ① ICT 소양교육 : about ICT, 기본적 정보활용능력을 기르는 교육
  - ② ICT 활용교육 : with ICT, 학습 및 일상생활의 문제해결에 정보통신기술을 활용할 수 있도록 하는 교육
- **(3) 목적** ─ (교과교육과 관련 지어) 교수·학습효과의 극대화(효율성)

4. Com 일반 특징✱✱

- **(1) 학습자 중심** ─ 수업보다 학습 위주
- **(2) 개별화 수업**
- **(3) 활발한 상호작용**
  - ① 학습자와 과제
  - ② 학습자와 전문가
  - ③ 학습자와 학습자
- **(4) 풍부한 학습환경** ─ 많은 양의 정보(풍부한 학습환경), 실제 상황

교육공학

PART 13 ET 김인식 교육학 논술 콕콕 키워드 마인드맵

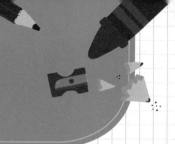

Theme 5
원격교육 및 가상교육

1. 원격교육(e-러닝)

◎ 기출 KEEP

온라인 수업을 위한 학생 특성과 학습 환경의 구체적인 예 각각 1가지와, 온라인 수업에서 토론 게시판을 활용하여 학생을 지원할 수 있는 구체적인 방안(상황분석) 2가지를 제시하시오. [21 중등]

(1) 개념 ── 직접 대면 ×, 방송교재, 오디오 등을 매개로 하여 교수·학습

(2) 유형
① 보조학습형: 주로 오프라인 + 온라인 추가·보충
② 사이버형: 온라인, e-러닝의 대표적인 예
③ 블렌디드형: 오프라인 + 온라인 대등하게 혼합

(3) 블렌디드형 장점
① 시공간의 제약으로부터 벗어난 자유로운 학교수업
② 자기주도적 학습 가능
③ 학습자와 교사 간의 상호작용 증진
④ 효율성·효과성 증대

2. 플립드 러닝

(1) 개념 ── 교실수업 전 학생들이 스스로 공부할 수 있는 강의영상을 온라인으로 제공하고, 교실수업에서는 학생들이 스스로 해결하지 못한 문제 및 심화내용을 수행
예 집: 자기주도학습, 학교: 협동학습 + PBL

(2) 특징
① 다양한 학습 방식 허용(토론, 과제풀이 등)
② 능동적인 학습자로 변모
③ 고차적인 문제해결을 위한 시간 확보(PM)
④ 수업 질 향상

(3) 장점
① 학습시간의 증대
② 학생들의 심화학습 기회 확대, 협동학습
③ 실력 차이가 나는 학생들도 동일한 수준에서 학습활동 가능

3. u-러닝
── 모든 곳에 존재하는(유비쿼터스) 네트워크를 활용한 학습
예 모바일, PMP

PART 14
교육행정

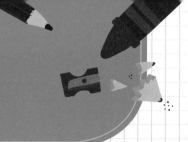

Theme 1
교육행정의 기초

1. 개념 ─────────────── 교수·학습에 대한 지원활동, 봉사활동

2. 정의
① 교육에 관한 행정(국가공권설)
   ㉠ 교육 < 행정
   ㉡ 중앙집권적·관료통제적
② 교육을 위한 행정(조건정비설, 기능설)
   ㉠ 교육 > 행정
   ㉡ 수단적·봉사적·보조적
③ 교육의 행정(경영설)
   ㉠ 교육 + 행정
   ㉡ 목표관리 중심의 조정행정 예 단위학교 책임경영제

3. 원리
① 민주성의 원리
② 합법성의 원리
③ 기회균등의 원리
④ 자주성의 원리
⑤ 효율성의 원리
⑥ 안전성의 원리
⑦ 전문성 보장의 원리: 교육에 대한 전문적인 식견을 갖춘 전문가가 담당

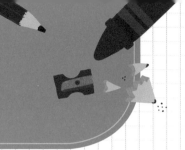

교육행정의 이론

1. 과학적 관리론 (테일러)*

- ① 능률지상주의, 효율적인 조직체계와 절차, 합리적인 관리기술의 개발, 낭비를 최대한 제거
- ② 경제적 보수 중시, 인간적 요소 경시
- ③ 교원은 학생을 가르치는 일에만 전념(교육의 분업 강조)
- ④ 교사 중심·주입식 교육, 교과 중심 교육과정과 관련
- ⑤ 아류: 행정과정론(귤릭 & 어윅 – POSDCoRB), 관료제 (베버)

2. 인간관계론*

- ① 인간의 정서적·비합리적인 면 중시(사회적·심리적 여건 중시)
- ② 호손실험(작업의 능률: 조명의 밝기 실험 ⇨ 인간관계 더 중시), 사기 중시(직무만족)
- ③ 의사결정은 광범위한 참여, 비공식적 조직 중시
- ④ 민주적인 교육행정, 교육행정은 봉사활동 ⇨ 교육을 위한 행정
- ⑤ 아동·흥미 중심 교육, 경험형 교육과정과 관련

3. 행동과학

- ① 주로 지도자에 관심
- ② 교육행정을 전문화·이론화(다학문적 접근)

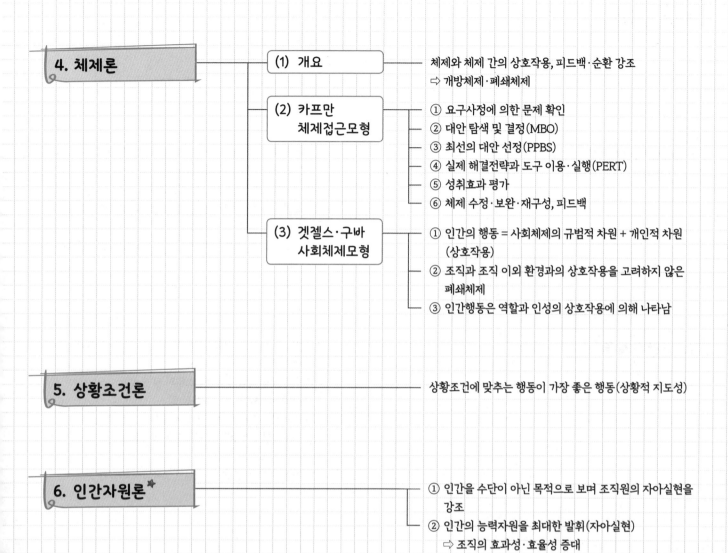

4. 체제론

(1) 개요
  체제와 체제 간의 상호작용, 피드백·순환 강조
  ⇨ 개방체제·폐쇄체제

(2) 카프만 체제접근모형
  ① 요구사정에 의한 문제 확인
  ② 대안 탐색 및 결정(MBO)
  ③ 최선의 대안 선정(PPBS)
  ④ 실제 해결전략과 도구 이용·실행(PERT)
  ⑤ 성취효과 평가
  ⑥ 체제 수정·보완·재구성, 피드백

(3) 겟젤스·구바 사회체제모형
  ① 인간의 행동 = 사회체제의 규범적 차원 + 개인적 차원 (상호작용)
  ② 조직과 조직 이외 환경과의 상호작용을 고려하지 않은 폐쇄체제
  ③ 인간행동은 역할과 인성의 상호작용에 의해 나타남

5. 상황조건론

상황조건에 맞추는 행동이 가장 좋은 행동(상황적 지도성)

6. 인간자원론

① 인간을 수단이 아닌 목적으로 보며 조직원의 자아실현을 강조
② 인간의 능력자원을 최대한 발휘(자아실현)
  ⇨ 조직의 효과성·효율성 증대

학교교육 조직론

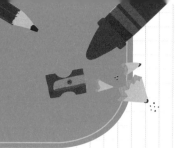

1. 조직의 속성

(1) 정의 — 공동의 목표 달성을 위해 역할 분담, 상호 협력

(2) 원리
- ① 명령통일의 원리
- ② 계층제의 원리
- ③ 통솔범위의 원리
- ④ 분업의 원리
- ⑤ 조정의 원리
- ⑥ 적도집권의 원리

2. 조직의 형태 ★

(1) 공식조직과 비공식조직

① 비교

공식조직	비공식조직
• 인위적	• 자연발생적
• 문서화된 조직	• 자라나온 조직
• 능률의 논리에 의해 구성	• 감정논리에 의해 구성
• 방대한 규모	• 소집단 상태

② 비공식조직

순기능	역기능
• 공식적 조직에 융통성 부여	• 파벌 조성
• 구성원에게 만족감	• 조직책임 무효화
• 정보교환	• 왜곡된 정보
• 좌절·심리적 불평 배출	
• 자기실현, 자기혁신	

> **◎ 기출 KEEP**
>
> '학교 내 조직 활동'에 나타난 조직 형태가 학교 조직과 구성원에 미치는 순기능과 역기능을 각각 2가지 제시하시오.
> 16 중등

(2) 계선조직과 참모조직

계선조직	참모조직
• 수직적 조직	• 수평적 조직
• 실제 집행	• 지원·보조
• 일에 대한 권한·책임	• 전문성
• 현실적·실제적	• 이상적·이론적
• 결정, 명령, 지휘, 집행	• 권고, 조언, 지원

(3) 집권조직과 분권조직

① 집권조직

순기능	역기능
• 통일성 도모	• 반민주적 행정
• 능률 중시	• 지방민 참여 기회 부족
• 교육의 기회균등 도모	• 지나친 통제
• 신속 강력한 수행	• 획일적 교육행정(특수성 무시)
	• 정치적 불안

② 분권조직

순기능	역기능
• 지방주민 참여(민의 반영)	• 지휘·감독 기능 약화
• 지역사회 특성 반영	• 통일성 결여
• 창의성 발휘, 정치적 안정	• 지방의 차이 조절 곤란

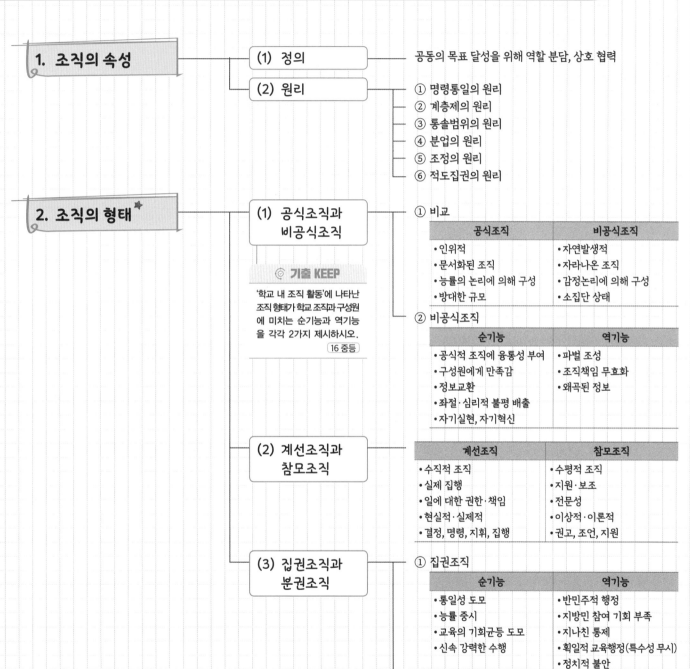

교육행정

PART 14

ET 권영신 교육학 논술 콕콕 키워드 마인드맵

3. 조직의 유형

(1) 볼라우·스코트
- ① 수혜자에 의한 분류
  ⇨ 호혜조직, 사업조직, 봉사조직, 공공복리조직
- ② 학교를 봉사조직으로 분류(수혜자 : 고객)

(2) 칼슨
- ① 야생조직 : 선발 ○, 참여 ○(치열한 경쟁 ; 생존을 위해)
  예 대학교, 비평준화지역 인문계고
- ② 적응조직 : 선발 ×, 참여 ○ 예 미국 주립대
- ③ 강압조직 : 선발 ○, 참여 × 예 군대, 현실적으로 존재 ×
- ④ 사육조직(온상조직) : 선발 ×, 참여 ×(법에 의해 보장)
  예 평준화지역 인문계고, 의무교육
  ※ 봉사조직을 선발과 참여 여부에 따라 재분류

(3) 카츠·칸
- ① 분류
  ㉠ 생산적(경제적) 조직
  ㉡ 유지조직
  ㉢ 적응조직
  ㉣ 관리적(정치적) 조직
- ② 학교를 유지조직으로 분류, 사회화 예 문화전계(문화전승)

(4) 에치오니
- ① 권력─참여관계의 조직유형
  ⇨ 강제적 조직, 공리적 조직, 규범적 조직
- ② 학교를 규범적 조직으로 분류

(5) 민츠버그
- ① 관료제 + 전문직 = 전문적 관료제
- ② 자유재량권, 직무수행의 표준 ×, 엄격한 감독 ×
- ③ 핵심운영층(교사) 주도의 관료제

4. 학교 조직의 성격 ✦✦

(1) 관료적 성격

◎ 기출 KEEP

학교조직의 관료제적 특징 2가지를 제시하시오. 15 중등

특징	순기능	역기능
분업과 전문화	숙련된 기술(전문성)	권태감의 누적
몰인정지향성	합리성	사기저하
권위의 계층	지휘에 잘 순응, 하부조직 조정	의사소통 단절 (권위적)
규칙과 규정	계속성과 통일성 확보	경직성과 본말전도
경력지향성	유인(동기유발)	업적과 연공제 간의 갈등

(2) 전문적 성격

① 자율성 가지려면 교수를 위해 지식 필요(현직교육, 자격증 제도)
② 자율성을 통하여 고객에게 봉사
⇨ 교사는 전문직(전문적 지식 필요, 수업의 자율성)

(3) 조직화된 무질서

① 조직은 되어 있지만 무질서, 국지적 적용 허용
② 조직 내의 강한 개성과 전문성 때문
⇨ 자율적, 견제·조정 ✕ (의도적 통제 ✕)
③ 특성: 목표의 모호성, 불분명한 과학적 기법, 유동적 참여

(4) 이완결합체 조직

① 조직은 되어 있지만 느슨하게 결합
② 각자가 독자성을 유지하면서 어느 정도 분리 ⇨ 전문성, 자율성 보장(자유재량권, 자기결정권)

◎ 기출 KEEP

학교조직의 이완결합체적 특징 2가지를 제시하시오. 15 중등

(5) 이중조직

전문직적 관점(느슨) + 관료제적 관점(엄격)

(6) 학습조직으로서의 학교

① 교사 개개인의 학습 ⇨ 공유 ⇨ 조직 전체의 성장(조직적 학습)
② 교사의 학습능력과 학습 자발성을 신뢰 및 존중(주체가 되어 변화를 주도)
③ 개인수준의 학습 개념을 조직수준으로 확장
④ 기본원리
  ㉠ 개인적 숙련(개인역량 강화)
  ㉡ 정신모형(구성원: 도전의식, 지도자: 개방적 의사소통)
  ㉢ 공유된 비전(공감대)
  ㉣ 시스템적 사고
  ㉤ 팀 학습

◎ 기출 KEEP

학습조직의 구축 원리 3가지를 설명하시오. 15 중등

(7) 전문적 학습 공동체

① 공동체: 팀이 함께 문제해결(합의나 공감대 형성)
② 학습: 동료들과 함께 학습(협력하고 정보나 아이디어를 적용하여 문제해결)
③ 전문가: 교사의 전문성 인정(교사의 경험 공유, 긍정적 피드백, 전문성 계발)

◎ 기출 KEEP

학교 중심 연수를 활성화하기 위해 학교 차원에서 지원할 수 있는 구체적인 방안 2가지를 제시하시오. 22 중등

5. 학교 조직풍토

(1) OCDQ
- ① 개방-폐쇄의 연속성에 따라 분류
  ⇨ 개방적, 자율적, 통제적, 친교적, 간섭적, 폐쇄적
- ② 목적달성에서 오는 성취감 때문에 통제풍토가 친교풍토보다 사기 높음

(2) OCDQ-RE
- ① 개방적 풍토: 교장 개방적, 교사 개방적
- ② 헌신적/몰입 풍토✤: 교장 폐쇄적, 교사 개방적(전문적 성과 도출)
- ③ 방관적/일탈 풍토: 교장 개방적, 교사 폐쇄적
- ④ 폐쇄적 풍토: 교장 폐쇄적, 교사 폐쇄적
  ※ 교사와 교장의 행동에 따라 분류

6. 학교 조직문화✤

(1) (일반적) 조직문화 유형론 (세티아, 글리노)
- ① 통합문화(성과 + 인간에 관심): 존엄성, 자율성 인정
- ② 보호문화(성과 낮고, 인간에 관심): 온정주의(복지만 강조)
- ③ 실적문화(인간에 관심 낮고, 성과에 관심): 성과 요구
- ④ 냉담문화(성과 + 인간 모두 낮음): 사기저하, 냉소주의

(2) 사회적 거래에 따른 문화 (퀸, 메가쏘)
- ① 합의적 문화(내적 지향 + 권력 분산): 체제유지에 초점
- ② 이념적 문화(외적 지향 + 권력 분산): 발전적 문화
- ③ 계층적 문화(내적 지향 + 권력 집중): 관료적 문화
- ④ 합리적 문화(외적 지향 + 권력 집중): 타 조직과 경쟁

(3) 학교조직 문화 유형 (스타인호프)
- ① 가족문화: 애정과 보호
- ② 기계문화: 목표달성만 강조(성과)
- ③ 공연문화: 멋있는 수업
- ④ 공포문화: 형무소에 비유(생활지도)

◎ 기출 KEEP
스타인호프와 오웬스가 분류한 학교문화 유형에 따른 학교문화 유형의 명칭과, 학교 차원에서 그러한 학교문화를 개선하는 방안 2가지를 제시하시오.
20 중등

7. 교육조직 관리기법 ✦

(1) 과업평가 기법 (PERT)
- ① 과업의 수행과정을 도표화하여 합리적·체계적으로 수행 (수행 전모 파악)
- ② 일의 과정을 시행할 때 평가하여 계속적으로 검토
- ③ 활동×단계의 플로차트(과업의 진전 상황을 쉽게 파악)

(2) 목표관리기법 (MBO)
- ① 목표설정부터 구성원을 참여시켜 목표를 명료화·체계화 ⇨ 관리의 효율성 ⬆ (분권화, 민주화 ⇨ 관료제 방지)
- ② 구성원들의 적극적 협조, 직무만족도와 생산성 향상

(3) 정보관리체제 (MIS)
- ① 의사결정자의 합리적 결정에 필요한 정보를 신속하고 정확하게 제공
- ② 중간관리자 역할 감소(불필요)

(4) 조직개발기법 (OD)
- ① 조직의 목적 = 개인의 욕구, 인간자원론적 관점(자아실현)
- ② 구성원들의 잠재능력 개발 ⇨ 효율적이고 적응력 높은 조직, 시너지 극대화

(5) 학교의 총체적 질 관리(TQM)
- ① 신자유주의 맥락(고객중심의 품질), 품질 개선
- ② 단위학교 책임경영제와 관련하여 자율성을 주고 그에 따라 책무성 평가
- ③ 참여적 의사결정 예 학교운영위원회

Theme 4
학교조직의 지도성

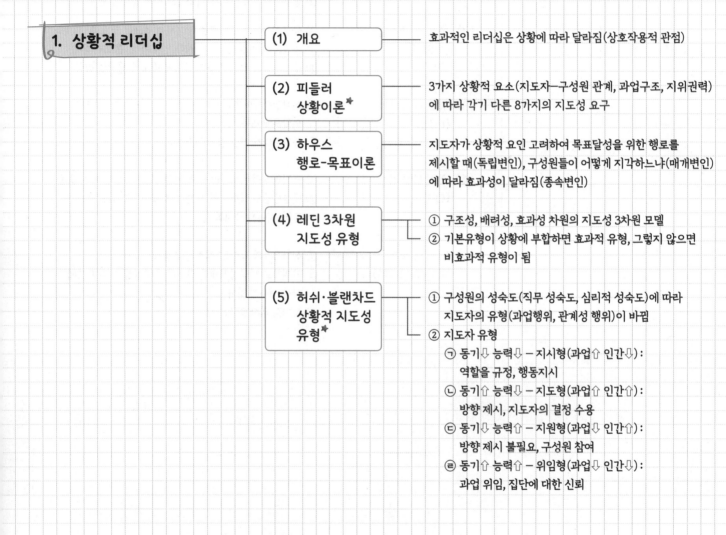

1. 상황적 리더십

(1) 개요 ——— 효과적인 리더십은 상황에 따라 달라짐(상호작용적 관점)

(2) 피들러 상황이론✱ ——— 3가지 상황적 요소(지도자—구성원 관계, 과업구조, 지위권력)에 따라 각기 다른 8가지의 지도성 요구

(3) 하우스 행로-목표이론 ——— 지도자가 상황적 요인 고려하여 목표달성을 위한 행로를 제시할 때(독립변인), 구성원들이 어떻게 지각하느냐(매개변인)에 따라 효과성이 달라짐(종속변인)

(4) 레딘 3차원 지도성 유형
① 구조성, 배려성, 효과성 차원의 지도성 3차원 모델
② 기본유형이 상황에 부합하면 효과적 유형, 그렇지 않으면 비효과적 유형이 됨

(5) 허쉬·블랜차드 상황적 지도성 유형✱
① 구성원의 성숙도(직무 성숙도, 심리적 성숙도)에 따라 지도자의 유형(과업행위, 관계성 행위)이 바뀜
② 지도자 유형
　㉠ 동기⬇ 능력⬇ – 지시형(과업⬆ 인간⬇):
　　역할을 규정, 행동지시
　㉡ 동기⬆ 능력⬇ – 지도형(과업⬆ 인간⬆):
　　방향 제시, 지도자의 결정 수용
　㉢ 동기⬇ 능력⬆ – 지원형(과업⬇ 인간⬆):
　　방향 제시 불필요, 구성원 참여
　㉣ 동기⬆ 능력⬆ – 위임형(과업⬇ 인간⬇):
　　과업 위임, 집단에 대한 신뢰

2. 새로운 리더십 (지도성) 이론 ✤✤

◎ 기출 KEEP

교사 지도성 행동 측면에서 학생들의 학습동기를 유발하기 위한 방안 2가지를 제시하시오. 〔14 중등〕

(1) 리더십 대용 상황모형

① 기본 틀: 지도자 행동, 상황, 효과성(결과)의 개념
② 상황
  ㉠ 대용상황: 지도자의 능력을 대신하거나 감소
  ㉡ 억제상황: 지도자가 행동하지 못하게 하거나 영향력을 무력화
③ 지도자 행동이 어떤 상황에서는 중요한 영향을 주는 데 반해, 다른 상황에서는 왜 아무 영향을 주지 못하는지를 이해

(2) 변혁적 리더십

◎ 기출 KEEP

바스의 지도성 명칭과, 동료 교사와 함께 이 지도성을 신장할 수 있는 방안 2가지를 논하시오. 〔19 중등〕

① 구성원 신념, 가치관, 조직문화 변혁 ⇨ 기대 이상의 직무수행을 하도록 동기유발
② 구성요소
  ㉠ 이상적 영향력: 높은 윤리적 기준, 구성원들의 신뢰와 존경
  ㉡ 영감적 동기화: 조직의 미래와 비전 설명, 구성원 참여, 조직문제 해결될 수 있다고 믿도록 구성원 기대 변화시킴
  ㉢ 지적 자극: 새로운 절차·프로그램·문제해결에서 창의성 격려
  ㉣ 개별적 고려: 성취나 성장욕구가 강한 개인에게 특별한 관심

(3) 카리스마 리더십

① 구성원들의 헌신적인 복종과 충성(스스로 변화)을 바탕으로 지도자의 탁월한 비전, 가능성 있는 해결책
② 압도하는 인간적 매력을 보임

(4) 본산적 리더십

① 개념: 조직 구성원들과 안팎의 환경에 리더십이 분산
② 구성요소
  ㉠ 구성원: 교사의 높은 효능감과 상호 신뢰, 전문성 계발 (구성원 간의 상호 신뢰가 전제)
  ㉡ 상황: 리더십 실행을 규정하는 동시에 실행을 가능하게 하는 요소(상황과 상호작용)
  ㉢ 리더: 구성원을 포함하는 요소

(5) 서번트 리더십

① 인간존중을 바탕으로 구성원들의 잠재력 발휘를 돕기 위한 환경조성
② 수평적 동료관계, 자율적 업무수행을 위한 권한위임, 격려, 동기부여
③ 목표 달성에 정신적·육체적으로 지치지 않도록 환경 조성

(6) 문화적 리더십

조직의 문화를 올바른 방향으로 개선, 개개인보다 조직의 문화에 초점

(7) 초우량적 리더십

구성원 스스로가 자발적인 리더가 되도록 자율적 리더십을 개발·활용(지도자의 지도자)

(8) 도덕적 리더십

① 지도자의 도덕성·윤리성 강조, 도덕적 모범, 내면적인 자질 강조
② 교사는 수업에만 충실

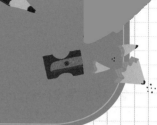

Theme 5
학교조직의 동기부여

1. 접근방법

- **(1) 과학적 관리론** ── 인간은 금전적 보상이나 처벌의 위험에서 일할 동기 유발
- **(2) 인간관계론** ── 사회적 욕구 충족을 위해 동기 유발
- **(3) 인간자원론** ── 자아실현의 욕구

2. 내용이론

- **(1) 매슬로우 욕구계층이론**
  - ① 결핍욕구와 성장욕구로 구분, 욕구는 위계적
  - ② 자아실현: 완전히 만족되지 않는 욕구로 긴장의 즐거움 지속, 절정경험 필요

- **(2) 포터 욕구계층 수정이론**
  - ① 매슬로우의 생리적 요구 제거
  - ② 자아실현과 자존의 욕구 사이에 자율의 욕구 추가

- **(3) 알더퍼 ERG 이론**
  - ① 성장욕구, 관계욕구, 존재욕구
  - ② 좌절-퇴행접근법, 2가지 욕구 동시에 작용 가능
  - ③ 하위욕구 충족되지 않아도 상위욕구 발생 가능 (≠ 매슬로우)

- **(4) 허즈버그 동기 - 위생 이론**✶✶
  - ① 동기요인(만족요인): 주로 내적, 직무에 대해 만족, 긍정적인 태도, 일 자체, 권한(책임)
  - ② 위생요인(불만족요인): 주로 외적, 보수, 대인관계, 작업조건
    ⇨ 만족요인이 없다고 해서 불만족하지 않으며, 불만족요인이 충족된다고 해서 만족에는 기여하지 못함(별개로 존재함)
  - ③ 시사점
    - ㉠ 직무 재설계: 직무의 내용과 과정을 바꾸어 구성원들의 내재적 동기유발
    - ㉡ 직무 풍요화: 직무수행상의 책임증가, 권한·자유재량권 부여, 능력 발휘할 기회 ⇨ 도전, 보람, 심리적 보상을 얻도록
      예 수석교사제

- **(5) 맥그리거 X·Y이론**
  - ① 인간관에 따른 동기유발방법
  - ② X이론: 성악설적 입장, Y이론: 성선설적 입장

- **(6) 아지리스 미성숙 - 성숙 이론** ── 미성숙─성숙은 하나의 연속적 발전과정 (미성숙 ⇨ 성숙으로 동기유발)

3. 과정이론✱

(1) 브룸 기대이론
　① 노력하면 성과를 낼 수 있고 보상을 받을 수 있다는 기대감이 있어야 동기유발
　② 3가지 기본요소 : 유인가, 성과기대, 보상기대

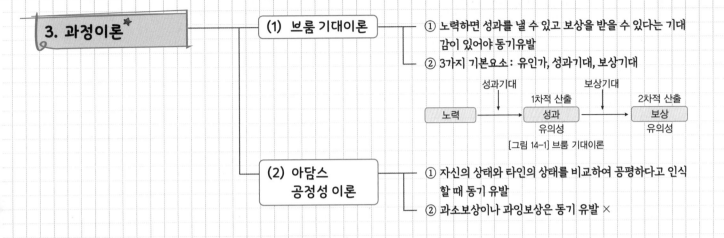

[그림 14-1] 브룸 기대이론

(2) 아담스 공정성 이론
　① 자신의 상태와 타인의 상태를 비교하여 공평하다고 인식할 때 동기 유발
　② 과소보상이나 과잉보상은 동기 유발 ✕

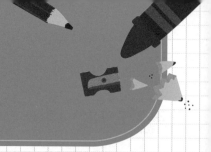

Theme 6
교육기획

1. 개념
미래의 교육활동에 관하여 교육목표의 달성을 위한 효율적 수단과 방법을 제시함으로써 교육정책 결정의 효율성과 안전성을 보장해주는 지적·합리적 준비과정

◎ 기출 KEEP
교육기획의 개념과 효용성 2가지를 제시하시오. [17 중등]

2. 특성
① 미래지향적인 행동과정
② 지적인 활동
③ 합리적인 활동
④ 사전의 준비과정

3. 원리
① 타당성의 원리
② 효율성의 원리
③ 민주성의 원리
④ 전문성의 원리
⑤ 중립성의 원리
⑥ 융통성의 원리
⑦ 안정성의 원리
⑧ 균형성의 원리
⑨ 통합성의 원리
⑩ 계속성의 원리

4. 효용성
① 안정화에 기여
② 효율성과 타당성 제고: 효과성
③ 재원을 합리적으로 배분: 효율성
④ 교육적 변화를 촉진
⑤ 합리적인 통제 가능

5. 한계성
① 미래 예측의 어려움
② 정보 및 자료의 부족
③ 전제 설정의 불확실성
④ 시간과 비용 및 노력의 제약
⑤ 정치적·사회적 압력
⑥ 목표 계량화의 곤란
⑦ 개인의 창의성 위축 가능성

Theme 7

교육정책

1. 개념

- ① 국가의 통치작용
- ② 교육제도와 운영의 기본지침
- ③ 교육문제 해결 위한 대안 선택 과정
- ④ 교육이념 구현
- ⑤ 교육행정의 기본지침

2. 기본가치

- ① 적합성
- ② 합리성
- ③ 민주성
- ④ 효과성
- ⑤ 능률성
- ⑥ 책무성

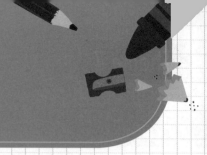

Theme 8
의사소통과 의사결정

1. 원칙 —————————— 명료성, 일관성, 적시성, 적정성, 배포성, 적응성, 수용성

2. 유형

(1) 에스더
① 합리적·관료적 유형(합리적 관점) : 관료적 조직
② 참여적 유형(참여적 관점) : 전문적 조직에 적합
③ 정치적 유형(정치적 관점) : 외부 상황에 따라 타협
④ 조직화된 무정부 유형(우연적 관점) : 쓰레기통 모형

(2) 조하리의 창
① 정보가 자신과 타인에게 알려졌는가에 따라 4가지로 분류
② 분류 기준
   ㉠ 개방된 부분(Open) : 자신 앎, 타인 앎 ⇨ 자신을 노출,
     타인의 피드백
   ㉡ 맹목적 부분(Blind) : 자신 모름, 타인 앎
   ㉢ 잠재된 부분(Hidden) : 자신 앎, 타인 모름
   ㉣ 미지적 부분(Unknown) : 자신 모름, 타인 모름

3. 의사결정모형

◎ 기출 KEEP
합리모형, 점증모형의 단점
각각 1가지와, 점증모형에서
학생들의 요구 반영을 위한
구체적인 방안 1가지를 제시
하시오. 21 중등

(1) 합리모형
① 인간의 전능성을 전제, 이성에 근거한 최선책을 결정
② 목표 명확히 규정 ⇨ 달성하기 위해 합리적(최소경비,
   최대효과)으로 결정
③ 문제점 : 심리적·사회적 측면 경시

(2) 만족모형
① 합리모형이 불가능하여 차선책으로 등장
② 최적보다는 만족스러운 대안 추구, 주관적·보수적
③ 사회심리적 측면 중시

(3) 점증모형
① 기존 정책을 현실적으로 수정·개선한 대안 추구, 보수주의에
   빠질 수 있음
② 현 상태에 비해 지극히 미미한 변화를 담고 있는 정책대안 선택

(4) 최적모형
① 드로어 모형, 가장 이상적인 모형, 질적인 접근(≒ 융합형)
② 합리적인 고려 + 초합리적인 잠재의식(직관·판단·창의) 개입

(5) 혼합(관조)모형
① 에치오니 모형, 양적인 접근(≒ 광역형)
② 합리모형의 합리성 + 점증모형의 실용성

(6) 쓰레기통모형
① 코헨 모형, 비합리적 모형, 우연적 모형, 그때그때 모형,
   상황적 결정 모형
② 조직화된 무질서 상태(현대 사회의 불확실성)의 조직에서
   이루어지는 의사결정모형
③ 갖가지 쓰레기가 우연히 한곳에 모이듯이 개별적인 구성요소
   가 우연히 한곳으로 모두 모일 때 결정이 이루어짐

학교예산 기법

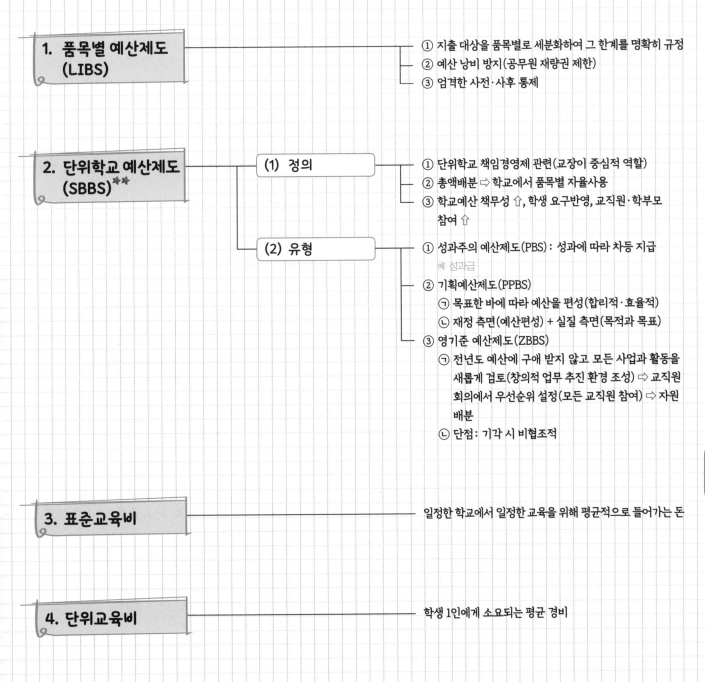

1. 품목별 예산제도 (LIBS)
- ① 지출 대상을 품목별로 세분화하여 그 한계를 명확히 규정
- ② 예산 낭비 방지(공무원 재량권 제한)
- ③ 엄격한 사전·사후 통제

2. 단위학교 예산제도 (SBBS) ✚✚

(1) 정의
- ① 단위학교 책임경영제 관련(교장이 중심적 역할)
- ② 총액배분 ⇨ 학교에서 품목별 자율사용
- ③ 학교예산 책무성 ⇧, 학생 요구반영, 교직원·학부모 참여 ⇧

(2) 유형
- ① 성과주의 예산제도(PBS) : 성과에 따라 차등 지급
  - 예 성과급
- ② 기획예산제도(PPBS)
  - ㉠ 목표한 바에 따라 예산을 편성(합리적·효율적)
  - ㉡ 재정 측면(예산편성) + 실질 측면(목적과 목표)
- ③ 영기준 예산제도(ZBBS)
  - ㉠ 전년도 예산에 구애 받지 않고 모든 사업과 활동을 새롭게 검토(창의적 업무 추진 환경 조성) ⇨ 교직원 회의에서 우선순위 설정(모든 교직원 참여) ⇨ 자원 배분
  - ㉡ 단점 : 기각 시 비협조적

3. 표준교육비
- 일정한 학교에서 일정한 교육을 위해 평균적으로 들어가는 돈

4. 단위교육비
- 학생 1인에게 소요되는 평균 경비

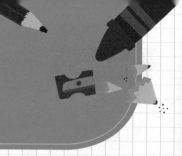

Theme 10
교원론

1. 교원능력개발 평가

(1) 필요성(장점)
① 우수교원 확보를 통한 공교육 신뢰 회복, 학부모·학생 교육 만족도 제고
② 평가 주체 多 ⇨ 평가의 공정성·타당성·신뢰성 ⇧
③ 다면평가(다양한 계층 의사소통 기회 ⇧)
　⇨ 인간관계 개선, 이해 증진
④ 피평가자의 능력발전 도모, 자기반성 기회 제공

(2) 의의
① 능력·실적을 공정하고 객관적으로 평정 ⇨ 유능하고 성실한 공무원 우대
② 공정하고 정확한 평가정보 피드백 ⇨ 자기개발에 대한 동기 부여

(3) 교사 노력
취지 이해, 평가결과를 토대로 전문성 개발, 평가자로서의 전문성·책임성 구비

(4) 문제점과 해결책
① 동료교사
　㉠ 문제점: 온정주의적 혹은 인신공격적 평가
　㉡ 해결책: 수업공개, 수업과 생활지도 참관, 윤리의식 강화
② 학부모
　㉠ 문제점: 정보 부족, 학력신장만이 평가기준
　㉡ 해결책: 공개수업, 교사와 접할 기회 제공
③ 학생
　㉠ 문제점: 인기투표식 평가
　㉡ 해결책: 올바른 취지를 이해시켜 타당한 평가가 이루어지도록 함

(5) 교원평가표
① 목적: 교원전문성 신장을 통한 공교육 신뢰 회복
② 평가대상: 국·공·사립, 초·중·고 및 특수학교 재직교원
③ 평가종류 및 참여자
　㉠ 동료교원 평가(교장 or 교감 1인 이상 + 교사 3인 이상)
　㉡ 학생 만족도 조사(직접 지도 받은 학생)
　㉢ 학부모 만족도 조사(지도 받는 학생의 학부모)
④ 평가영역: 교사(학습지도 12개 + 생활지도 6개), 교장·교감(학교경영 8개)
⑤ 결과통보
　㉠ 개별교원에게 평가지표별·종류별 환산점 및 합산점수 통보
　㉡ 전체 평가 결과 값은 학교정보공시제를 통하여 공개
⑥ 결과활용: 맞춤형 연수, 우수교원 별도 프로그램, 미흡교원 단계별 연수

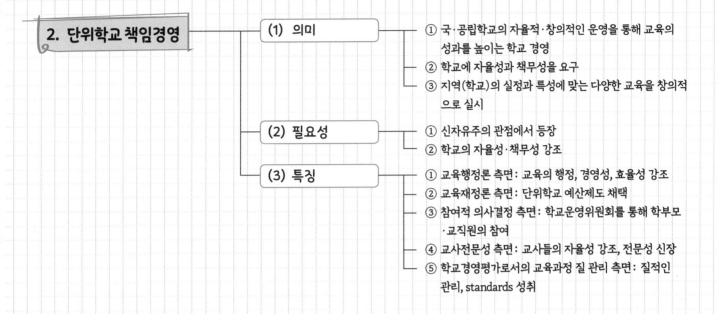

2. 단위학교 책임경영

(1) 의미
- ① 국·공립학교의 자율적·창의적인 운영을 통해 교육의 성과를 높이는 학교 경영
- ② 학교에 자율성과 책무성을 요구
- ③ 지역(학교)의 실정과 특성에 맞는 다양한 교육을 창의적으로 실시

(2) 필요성
- ① 신자유주의 관점에서 등장
- ② 학교의 자율성·책무성 강조

(3) 특징
- ① 교육행정론 측면: 교육의 행정, 경영성, 효율성 강조
- ② 교육재정론 측면: 단위학교 예산제도 채택
- ③ 참여적 의사결정 측면: 학교운영위원회를 통해 학부모·교직원의 참여
- ④ 교사전문성 측면: 교사들의 자율성 강조, 전문성 신장
- ⑤ 학교경영평가로서의 교육과정 질 관리 측면: 질적인 관리, standards 성취

교육행정

PART 14

ET 김인식 교육학 논술 콕콕 키워드 마인드맵

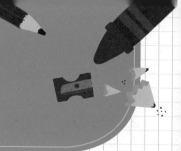

Theme 11
장학론

1. 개요

(1) 개념
— 교사의 수업개선을 통해 학습을 촉진

(2) 목적
— 상호협력을 통해 바람직한 교수·학습의 장 개선

2. 종류 ✱✱

(1) 임상장학
① 교사는 환자, 문제행동·부족한 수업기술 개선&전문성 신장 목적
② 교사의 필요 요청에 의해 교사중심으로 이루어짐
③ 단계: 사전계획 협의회 ⇨ 수업관찰 ⇨ 피드백 협의회

(2) 마이크로티칭
수업시간, 학생 수, 수업기술 등을 줄여서 실시하는 축소된 수업

(3) 발달장학 (발전장학)
① 교사 직무만족, 학교 생산성보다 인간발달, 교사의 자율적 성취 노력 강조
② 자아실현 추구, 교사의 성장기회 제공
③ 교사의 발전 정도, 참여 정도를 높여나가는 장학
④ 교사 수준에 따른 모형
  ㉠ 낮은 수준 – 지시적 장학
  ㉡ 중간 수준 – 협동장학
  ㉢ 높은 수준 – 비지시적 장학

(4) 협동적 동료장학
① 둘 이상의 교사가 상호 간의 교실수업을 관찰하고 피드백
② 전문성 신장을 위해 자율적으로 이뤄지는 협동장학으로 다양한 방법 사용
예 교과협의회, 수업관찰, 독서회, 세미나, 전문적 학습공동체

> ◎ 기출 KEEP
>
> 교내상학 유형의 명칭과 개념, 그 활성화 방안 2가지를 논하시오. 18 중등

(5) 자기장학
① 임상장학을 필요로 하지 않는 교사에게 적합, 결과보고서 제출 의무화
② 교사가 혼자 독립적으로 전문성 성장을 위해 연구, 스스로 체계적 계획을 세우고 실천 예 대학원 진학, 전문서 탐독

(6) 전통적 장학 (약식장학)
① 교장이나 교감이 학급순시나 수업참관 ⇨ 교사들에게 지도·조언(짧은 시간에 가능)
② 계획협의–실행–결과협의 필요

(7) 인간자원장학
① 교사의 능력 최대한 발휘(자아실현) ⇨ 철학적 관점
② 개인의 욕구와 학교목표·과업을 통합

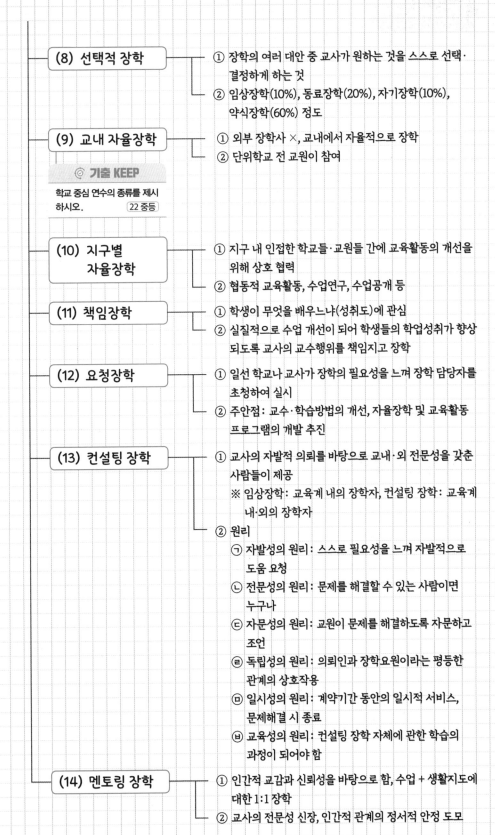

(8) 선택적 장학
① 장학의 여러 대안 중 교사가 원하는 것을 스스로 선택·결정하게 하는 것
② 임상장학(10%), 동료장학(20%), 자기장학(10%), 약식장학(60%) 정도

(9) 교내 자율장학
① 외부 장학사 ×, 교내에서 자율적으로 장학
② 단위학교 전 교원이 참여

◎ **기출 KEEP**

학교 중심 연수의 종류를 제시하시오. 　22 중등

(10) 지구별 자율장학
① 지구 내 인접한 학교들·교원들 간에 교육활동의 개선을 위해 상호 협력
② 협동적 교육활동, 수업연구, 수업공개 등

(11) 책임장학
① 학생이 무엇을 배우느냐(성취도)에 관심
② 실질적으로 수업 개선이 되어 학생들의 학업성취가 향상되도록 교사의 교수행위를 책임지고 장학

(12) 요청장학
① 일선 학교나 교사가 장학의 필요성을 느껴 장학 담당자를 초청하여 실시
② 주안점 : 교수·학습방법의 개선, 자율장학 및 교육활동 프로그램의 개발 추진

(13) 컨설팅 장학
① 교사의 자발적 의뢰를 바탕으로 교내·외 전문성을 갖춘 사람들이 제공
　※ 임상장학 : 교육계 내의 장학자, 컨설팅 장학 : 교육계 내·외의 장학자
② 원리
　㉠ 자발성의 원리 : 스스로 필요성을 느껴 자발적으로 도움 요청
　㉡ 전문성의 원리 : 문제를 해결할 수 있는 사람이면 누구나
　㉢ 자문성의 원리 : 교원이 문제를 해결하도록 자문하고 조언
　㉣ 독립성의 원리 : 의뢰인과 장학요원이라는 평등한 관계의 상호작용
　㉤ 일시성의 원리 : 계약기간 동안의 일시적 서비스, 문제해결 시 종료
　㉥ 교육성의 원리 : 컨설팅 장학 자체에 관한 학습의 과정이 되어야 함

(14) 멘토링 장학
① 인간적 교감과 신뢰성을 바탕으로 함, 수업 + 생활지도에 대한 1:1 장학
② 교사의 전문성 신장, 인간적 관계의 정서적 안정 도모

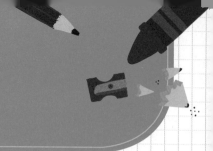

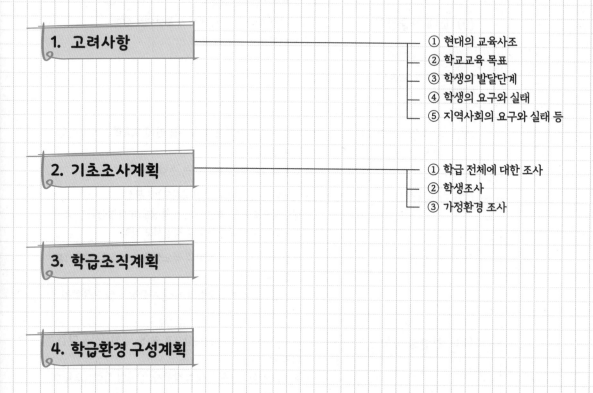

1. 고려사항
- ① 현대의 교육사조
- ② 학교교육 목표
- ③ 학생의 발달단계
- ④ 학생의 요구와 실태
- ⑤ 지역사회의 요구와 실태 등

2. 기초조사계획
- ① 학급 전체에 대한 조사
- ② 학생조사
- ③ 가정환경 조사

3. 학급조직계획

4. 학급환경 구성계획

5. 구체적인 경영계획
- ① 교과지도
- ② 특별활동 지도
- ③ 생활지도
- ④ 시설 및 환경관리
- ⑤ 사무처리
- ⑥ 가정 및 지역사회 관계

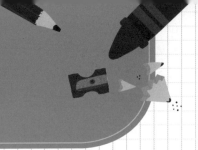

Theme 13
학교운영위원회

1. 목적 ——————————— 민주적·합리적·효율적 의사결정 도모

2. 조직 ——————————— 교원위원 + 학부모위원 + 지역사회 위원

3. 책임 ——————————— ① 학교운영 참여
            ② 중요사항 심의·자문 및 보고 요구

4. 역할 ——————————— ① 학교헌장/학칙 개정
            ② 학교교육과정 운영 등

5. 의의 ——————————— ① 학교자율
            ② 자치 실현
            ③ 의사결정 민주화
            ④ 소비자 중심 교육

부록

교육학
기출문제&개요

📝 문제 및 배점

다음은 박 교사가 담당학급의 쌍둥이 남매인 철수와 영희의 어머니와 상담을 실시한 사례이다. 박 교사가 ㉠에서 말했을 법한 영희의 IQ에 대한 올바른 해석에 기반을 두고 영희의 문제를 해결하고자 할 때, '기대×가치 이론'과 Maslow의 '욕구위계이론'을 각각 활용하여 영희가 학습동기를 잃게 된 원인과 그 해결 방안을 논하시오. [20점]

> **어머니** : 선생님, 얼마 전에 외부 상담기관에서 받은 철수와 영희의 지능검사 결과에 대해 상의하고 싶어서 왔어요. 철수는 IQ가 130
> 이라고 나왔는데 자기가 생각한 것보다 IQ가 높지 않다며 시무룩해 있네요. 영희는 IQ가 99로 나왔는데 자신의 IQ가 두
> 자리라고 속상해하고, 심지어 초등학교 때부터 늘 가지고 있던 간호사의 꿈을 포기한다면서 그동안 학교 공부는 철수보다
> 오히려 성실했던 아이가 더 이상 공부도 안 하려고 해요.
>
> **박 교사** : 그런 일이 있었는지 몰랐습니다. 사실 IQ의 의미에 대한 자세한 설명 없이 검사 점수만 알려주게 되면 지금 철수나 영희처럼
> IQ의 의미를 오해하는 경우가 많습니다. 아이들은 물론이고 일반 어른들도 IQ의 개념을 정확히 이해하기는 좀 어렵거든요.
>
> **어머니** : 선생님, 그러면 아이들에게 어떻게 이야기해 주어야 할까요? 영희의 IQ가 두 자리라면 문제가 있는 건가요?
>
> **박 교사** : 10부터 99까지가 다 두 자리인데, IQ가 두 자리라고 무조건 문제가 있는 것은 아닙니다.
>
> **어머니** : 그럼, 영희의 IQ는 대체 어느 정도인가요?
>
> **박 교사** : _____ ㉠ _____
>
> **어머니** : 아, 그렇군요. 더 높았으면 당연히 좋겠지만 그렇게 실망할 일은 아니네요. 그럼, 철수의 IQ는 어떤가요?
>
> **박 교사** : 철수의 IQ 130은 철수의 지능검사 점수가 자기 또래 학생들 중에서 상위 2% 정도에 해당한다는 것을 말해줍니다. 따라서
> 철수가 매우 높은 수준의 지능을 가지고 있다는 것을 알 수 있습니다. 철수가 시무룩해 할 이유가 전혀 없는 것이죠.
>
> **어머니** : 그렇군요. 하여튼 요즈음 영희 때문에 걱정인데, 수업 시간에는 잘하고 있나요? 선생님이 보시기에는 어떤가요?
>
> **박 교사** : 사실 영희의 경우에는 학습에 더 신경을 써야 할 것으로 보입니다. 그저께 실시했던 중간고사를 채점하는 중인데, 영희의
> 성적이 많이 떨어졌더라고요. 오늘 어머님의 말씀을 듣고 보니 그 이유를 알겠네요.

$$\boxed{\text{배점}}$$

- **논술의 체계 [총 5점]**
- **논술의 내용 [총 15점]**
  - IQ의 해석 [3점]
  - 기대×가치 이론에 따른 원인 및 해결 방안 [6점]
  - 욕구위계이론에 따른 원인 및 해결 방안 [6점]

IQ의 해석 —— 오차의 문제 : 평균 지능 수준

기대 × 가치 이론 ┬ 원인 : 기대감 없음

└ 해결책 : 난이도 조절, 사회적 지원(격려, 칭찬), 모델링

욕구위계이론 ┬ 원인 : 절정경험 없음

└ 해결책 : 난이도 조절을 통한 절정경험

📝 문제 및 배점

다음은 A중학교 초임 교사인 박 교사와 경력 교사인 최 교사의 대화 내용이다. 다음 대화문을 바탕으로 학생들이 수업에서 소극적으로 행동하는 문제를 2가지 관점(① 잠재적 교육과정, ② 문화실조)에서 진단하고, 수업에 소극적인 학생들의 학습 동기를 유발하기 위한 방안을 3가지 측면(① 협동학습 실행, ② 형성평가 활용, ③ 교사지도성 행동)에서 각각 2가지씩만 논하시오. [20점]

박 교사: 선생님께서는 교직 생활을 오래 하셨으니 학교의 일상적인 업무뿐만 아니라 가르치는 일에서도 큰 어려움이 없으시죠? 저는 새내기 교사라 그런지 아직 수업이 힘들고 학교 일도 낯섭니다.

최 교사: 저도 처음에는 선생님과 마찬가지로 교직 생활이 힘들었지요. 특히 수업 시간에 반응을 잘 보이지 않으면서 목석처럼 앉아 있는 학생이 있을 때는 어떻게 해야 할지 모르겠더군요.

박 교사: 네, 맞아요. 어떤 학급에서는 제가 열심히 수업을 해도, 또 학생들에게 질문을 던져도 몇몇은 그냥 고개를 숙인 채 조용히 있습니다. 심지어 어떤 학생은 수업 시간에 아예 침묵으로 일관하기도 하고, 저와 눈도 마주치지 않으려고 해요. 또한 가정 환경이 좋지 않은 몇몇 학생은 다양한 문화적 경험을 가질 기회가 상대적으로 부족해서 그런지 수업에 관심도 적고 적극적으로 참여하지도 않는 것 같아요.

최 교사: 선생님의 고충은 충분히 공감해요. 그렇다고 해서 수업 시간에 학생들을 그대로 방치해서는 안 됩니다. 교육적으로 바람직하지 않아요.

박 교사: 그럼 수업에 소극적인 학생들을 적극적으로 참여시킬 수 있는 동기 유발 방안을 고민해 보아야겠네요. 이를 테면 수업방법 차원에서 학생들끼리 서로 도와 가며 학습하는 형태로 수업을 진행하면 어떨까요?

최 교사: 그거 좋은 생각이네요. 다만 학생들끼리 함께 학습을 하도록 할 때는 무엇보다 서로 도와주고 의존하도록 하는 구조가 중요하다는 점을 유의해야겠지요. 그러한 구조가 없는 경우에는 수업활동에 열심히 참여하지 않는 학생들이 많아진다는 문제가 발생할 수 있어요.

박 교사: 아, 그렇군요. 그런데 선생님, 요즘 저는 수업방법뿐만 아니라 평가에서도 고민거리가 있어요. 저는 학기 중에 수시로 학업 성취 결과를 점수로 학생들에게 알려 주고 있는데요. 이렇게 했을 때 성적이 좋은 몇몇 학생들을 제외하고는 나머지 학생들은 자신의 성적을 보고 실망하는 것 같아요.

최 교사: 글쎄요, 평가결과를 선생님처럼 그렇게 제시할 수도 있겠죠. 하지만 학습 동기를 유발하기 위해서는 평가를 어떻게 활용하느냐가 중요해요.

박 교사: 그렇군요. 그런데 제가 보기에는 학생들의 수업 참여 정도가 교사의 지도성에 따라서도 다른 것 같아요.

최 교사: 그렇죠. 교사의 지도성 행동에 따라 달라질 수 있어요. 그래서 교사는 지도자로서 학급과 학생의 상황을 고려하여 학생들의 학습동기를 불러일으킬 수 있는 지도성을 발휘해야겠지요.

박 교사: 선생님과 대화를 하다 보니 교사로서 더 고민하고 노력해야겠다는 생각이 듭니다.

최 교사: 그래요, 선생님은 열정이 많으니 잘하실 거예요.

─(배점)─

- **답안의 논리적 구성 및 표현 [총 5점]**
- **논술의 내용 [총 15점]**
  - 잠재적 교육과정 관점에서의 진단 [3점]
  - 문화실조 관점에서의 진단 [3점]
  - 협동학습 실행 측면, 형성평가 활용 측면, 교사지도성 행동 측면에서의 동기 유발 방안 논의 [9점]

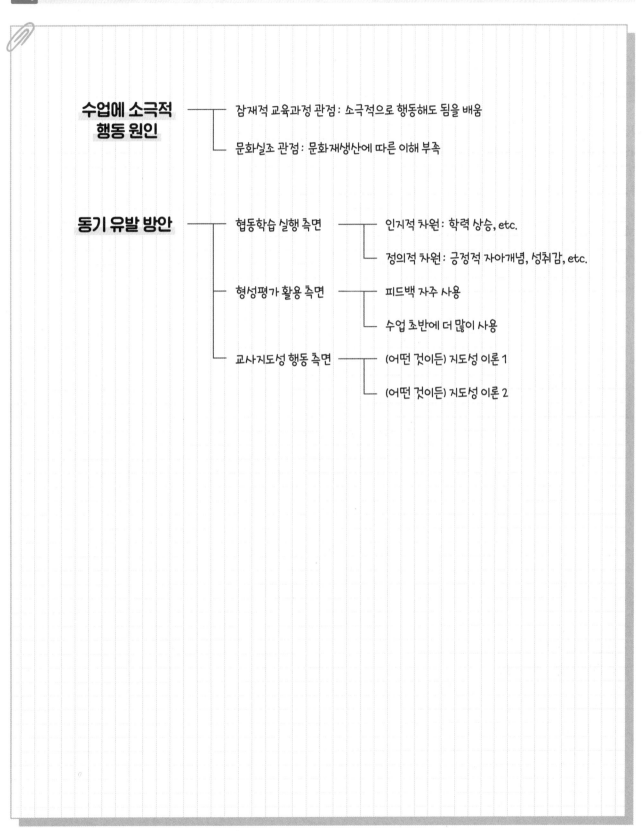

수업에 소극적
행동 원인 ── 잠재적 교육과정 관점 : 소극적으로 행동해도 됨을 배움
         └─ 문화실조 관점 : 문화재생산에 따른 이해 부족

동기 유발 방안 ── 협동학습 실행 측면 ── 인지적 차원 : 학력 상승, etc.
                                    └─ 정의적 차원 : 긍정적 자아개념, 성취감, etc.
              ── 형성평가 활용 측면 ── 피드백 자주 사용
                                    └─ 수업 초반에 더 많이 사용
              └─ 교사지도성 행동 측면 ── (어떤 것이든) 지도성 이론 1
                                      └─ (어떤 것이든) 지도성 이론 2

2014학년도 교육학 기출문제(전문상담 추시)

📝 문제 및 배점

다음은 A고등학교의 최 교사가 작성한 성찰일지의 일부이다. 일지 내용을 바탕으로 철수의 학교 부적응 행동의 원인을 청소년 비행이론에서 2가지만 선택하여 설명하고, 철수의 학교생활 적응을 향상시키기 위한 상담 기법을 2가지 관점(① 행동중심 상담, ② 인간중심 상담)에서 각각 2가지씩만 논하시오. 그리고 최 교사가 수업 효과성을 높이기 위하여 선택한 2가지 방안(① 학문 중심 교육과정 이론에 근거한 수업 전략, ② 장학 활동)에 대하여 각각 논하시오. [20점]

일지 #1 2014년 4월 ○○일 ○요일

우리 반 철수가 의외로 반 아이들과 잘 지내지 못하는 것 같아 마음이 쓰인다. 철수와 1학년 때부터 친하게 지냈다는 학급 회장을 불러서 이야기를 해 보니 그렇지 않아도 철수가 요즘 거칠어 보이는 동네 친구들과 어울려 다니는 모습을 자주 보게 되어 학급 회장도 걱정을 하던 중이라고 했다. 그런 데다 철수가 반 아이들에게 괜히 시비를 걸어 싸움이 나게 되면, 그럴 때마다 아이들이 철수를 문제아 라고 하니까 그 말을 들은 철수가 더욱 더 아이들과 멀어지고 제멋대로 행동한다고 한다. 오늘도 아이들과 사소한 일로 다투다가 갑자기 소리를 지르고 물건을 던지고는 교실에서 나가 버렸다고 한다. 행동이 좋지 않은 친구들과 몰려다니며 그 아이들의 행동을 따라 해서 철수의 행동이 더 거칠어진 걸까? 1학년 때 담임선생님 말로는 가정 형편이 그리 넉넉하지 않고 부모님이 철수에게 신경을 쓰지 못함 에도 불구하고 행실이 바른 아이였다고 하던데, 철수가 왜 점점 변하는 걸까? 아무래도 중간고사 이후에 진행하려고 했던 개별상담 을 당장 시작해야겠다. 그런데 철수를 어떻게 상담하면 좋을까?

일지 #2 2014년 5월 ○○일 ○요일

중간고사 성적이 나왔는데 영희를 포함하여 몇 명의 점수가 매우 낮아서 답안지를 확인해 보았다. OMR카드에는 답이 전혀 기입되어 있지 않거나 한 번호에만 일괄 기입되어 있었다. 아이들이 시험 자체를 무성의하게 본 것이다. 점심시간에 그 아이들을 불러 이야기 를 해 보니 학교에서 배우는 내용이 대학 진학을 하지 않고 취업할 본인들에게는 전혀 쓸모없이 느껴진다고 했다. 특히 오늘 내 수업 시간에 휴대전화만 보고 있어서 주의를 받았던 영희의 말이 아직도 귀에 생생하다. "저는 애견 미용사가 되려고 하는데, 생물학적 지식 같은 걸 배워서 뭐 해요? 내신 관리를 해야 하는 아이들조차 어디 써먹을지도 모르는 개념을 외우기만 하려니까 지겹다고 하던 데, 저는 얼마나 더 지겹겠어요."라고 말하는 것이다. 학교에서 배우는 기초 지식이나 원리가 직업 활동의 근간이 되기도 한다는 것을 어떻게 아이들이 깨닫게 할 수 있을까? 내가 일일이 다 설명해 주지 않아도 아이들이 스스로 교과의 기본 원리를 찾을 수 있게 하려면 어떤 종류의 과제와 활동이 좋을까? 이런 생각들로 머릿속이 복잡하던 중에, 오후에 있었던 교과협의회에서 수업 전문성 개발 을 위한 장학 활동을 몇 가지 소개받았다. 이제 내 수업에 대해 차근차근 점검해 봐야겠다.

╭─ 배점 ─╮

- **답안의 논리적 구성 및 표현 [총 5점]**
- **논술의 내용 [총 15점]**
  - 청소년 비행이론 관점에서의 설명 [3점]
  - 행동중심 상담 관점에서의 기법 논의 [3점]
  - 인간중심 상담 관점에서의 기법 논의 [3점]
  - 학문중심 교육과정 이론에 근거한 수업 전략 논의 [3점]
  - 교사 전문성 개발을 위한 장학 활동 논의 [3점]

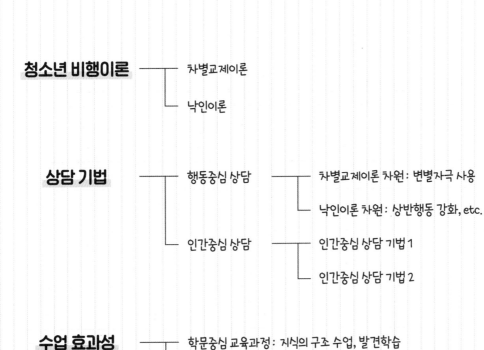

청소년 비행이론 ── 차별교제이론

└ 낙인이론

상담 기법 ── 행동중심 상담 ── 차별교제이론 차원 : 변별자극 사용

└ 낙인이론 차원 : 상반행동 강화, etc.

└ 인간중심 상담 ── 인간중심 상담 기법 1

└ 인간중심 상담 기법 2

수업 효과성 제고 방안 ── 학문중심 교육과정 : 지식의 구조 수업, 발견학습

└ 교사 전문성 개발 위한 장학 활동 : 어떤 장학이든 무관 1, 2

2015학년도 교육학 기출문제

📝 문제 및 배점

다음은 A중학교의 학교교육계획서 작성을 위한 워크숍에서 교사들의 분임 토의 결과의 일부를 교감이 발표한 내용이다. 이 내용을 바탕으로 A중학교가 내년에 중점을 두고자 하는 1) 교육 목적을 자유교육의 관점에서 논하고, 2) 교육과정 설계 방식의 특징, 3) 학습 동기 향상을 위한 학습 과제 제시 방안, 4) 학습조직의 구축 원리를 각각 3가지씩 설명하시오. [20점]

이번 워크숍은 우리 학교의 교육에서 드러난 몇 가지 문제점을 확인하고, 개선 방안을 제시하는 방식으로 진행되었습니다. 주요 내용을 말씀드리면 다음과 같습니다.

먼저, 교육 목적에 관한 문제점과 개선 방안입니다. 우리 학교는 학생들의 합리적 정신을 계발하기 위해 지식 교육을 추구해 왔습니다. 그런데 지난해 도입된 국어, 수학, 영어 교과에 대한 특별 보상제 시행으로 이들 교과의 성적은 전반적으로 상승하였지만, 학교가 추구하고자 한 것과 달리 반별 경쟁에서 이기거나 포상을 받기 위한 것으로 교육 목적이 왜곡되는 경향이 있었습니다. 이러한 교육 목적의 왜곡으로 인하여 교사는 주로 문제풀이식 수업이나 주입식 수업을 하게 되었고, 학생들은 여러 교과에 스며 있는 다양한 사고방식을 내면화하지 못하는 결과가 초래되었습니다. 이러한 문제점을 보완하기 위하여 내년에는 교육 개념에 충실한 지식 교육, 즉 자유교육(liberal education)의 이상을 구현하는 데 중점을 두고자 합니다.

다음으로, 교육과정 설계 방식 및 수업 전략에 관한 문제점과 개선 방안입니다. 교육과정 설계 방식 측면에서, 종전의 방식은 평가 계획보다 수업 계획 중심으로 설계되어 있어서 교사가 교과의 학습 목표에 비추어 학생들이 배우는 내용을 올바르게 이해하였는지를 확인하는 데 한계가 있었습니다. 교사는 계획한 진도를 나가기에 급급한 나머지, 학생들의 학습 결손을 예방하지 못하였습니다. 내년에는 학생들의 학습 목표 달성 정도를 확인하는 데 유용한 교육과정 설계를 하고자 합니다. 또한 수업 전략 측면에서 볼 때, 수업에 흥미를 잃어 가는 학생들이 있음에도 불구하고 교사는 학생들의 학습 동기를 높일 수 있는 전략을 적극적으로 사용하는 데 소홀했습니다. 수업 상황에서 학생들이 배워야 할 학습 과제 그 자체는 학생들에게 흥미로울 수도 있고 그렇지 않을 수도 있습니다. 교사가 수업에 흥미를 잃은 학생들에게 학습 과제를 어떻게 제시하느냐에 따라 학습 동기를 높일 수 있습니다. 내년에는 이들의 학습 동기를 향상할 수 있는 학습 과제 제시 방안을 마련하는 데 관심을 기울이고자 합니다.

내년에 우리 학교는 교육 개념에 충실한 지식 교육을 하고, 학생들의 학업 성취와 학습 동기를 향상하는 데 좀 더 세심한 관심을 가져야 할 것입니다. 이 일의 성공 여부는 교사가 변화의 주체로서 자발적인 노력을 얼마나 기울이느냐에 달려 있습니다. 그래서 우리 학교는 교사 모두가 교육 활동에 능동적으로 참여하여, 지식과 학습 정보를 서로 공유하면서 지속적으로 변화해 가는 학습조직(learning organization)을 구축하고자 합니다.

---(배점)---

- **논술의 내용 [총 16점]**
  - 자유교육 관점에서의 교육 목적 논술 [4점]
  - 교육과정 설계 방식의 특징 3가지 설명 [4점]
  - 학습 동기 향상을 위한 학습 과제 제시 방안 3가지 설명 [4점]
  - 학습조직의 구축 원리 3가지 설명 [4점]
- **답안의 논리적 구성 및 표현 [총 4점]**

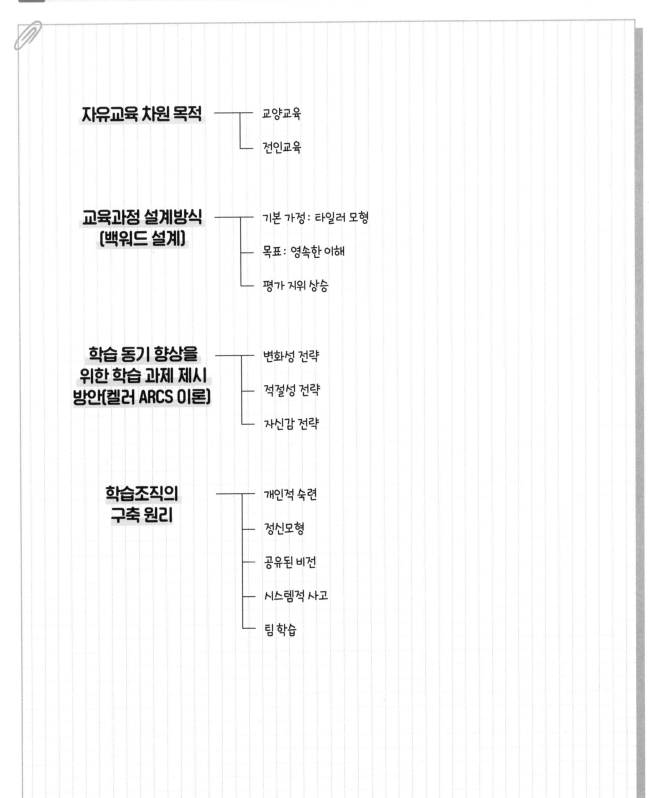

📝 문제 및 배점

다음은 A고등학교 초임 교사들을 대상으로 진행한 학교장의 특강 내용 중 일부를 발췌한 부분이다. 발췌한 특강 부분은 학교에 대한 이해 차원에서 1) 학교 교육의 기능과 2) 학교 조직의 특징, 수업에 대한 이해 차원에서 3) 수업 설계와 4) 학생 평가에 대한 내용이다. 이를 바탕으로 1) ~ 4)의 요소를 활용하여 '다양한 요구에 직면한 학교 교육에서의 교사의 과제'라는 주제로 서론, 본론, 결론의 형식을 갖춰 논하시오. [20점]

여러분들도 잘 아시겠지만 최근 우리 사회는 학교가 다양한 역할을 수행하도록 요구하고 있습니다. 이에 따라 선생님들께서는 학교 및 수업에 대한 기본적인 이해가 필요하다고 생각합니다.

먼저 교사로서 우리는 학교 교육의 기능을 이해해야 합니다. 지금까지 학교는 학생들이 사회 구성원으로서 올바로 성장할 수 있는 보편적 가치와 규범을 가르쳐 왔습니다. 그러나 최근 사회는 학교 교육에 다양한 요구를 하게 되면서 학교가 세분화된 직업 집단의 교육 요구를 충족시켜 주기를 원하고 있고, 학교 교육의 선발·배치 기능에 다시 주목하고 있습니다. 그러므로 여러분은 학교 교육의 선발·배치 기능을 이해하는 한편, 이것이 어떤 한계를 갖는지도 생각해야 할 것입니다.

이와 함께 학교에 대한 사회의 요구에 효율적으로 대응하기 위해서 학교장을 포함한 모든 학교 구성원들은 서로의 행동 특성을 이해해야 합니다. 이를 위해서 학교 조직의 특징을 먼저 파악해야 합니다. 학교라는 조직을 합리성의 측면에서만 파악하면 분업과 전문성, 권위의 위계, 규정과 규칙, 몰인정성, 경력 지향성의 특징을 갖는 일반적 관료제의 틀로 설명할 수 있습니다. 그러나 교사들의 전문성이 강조되는 교수·학습의 측면에서 보면 학교 조직은 질서 정연하게 구조화되거나 기능적으로 분명하게 연결되어 있지 않은 이완결합체제(loosely coupled system)의 특징을 지닙니다. 따라서 우리는 관료제적 관점과 이완결합체제의 관점으로 학교 조직의 특징을 이해할 필요가 있습니다.

한편, 사회가 학생들에게 새로운 역량을 요구하고 있고, 이를 키우기 위해 교사는 다양한 수업을 설계할 수 있어야 합니다. 제가 경험했던 많은 교사들은 다양한 수업을 시도해 보고자 하는 열정은 높았지만 새로운 수업 방법이나 모형을 활용하여 수업을 설계하거나 수업 상황에 맞게 기존의 교수·학습지도안을 적용하는 데 어려움을 느꼈습니다. 다양한 교수체제설계 이론과 모형이 있지만 분석, 설계, 개발, 실행, 평가의 과정은 일반적이라고 생각합니다. 이 중 분석과 설계는 다른 과정의 기초가 되기 때문에 중요합니다. 수업 요소들이 서로 어떻게 관련되어 있는지 파악하여 여러분의 수업에 적용해 보시기 바랍니다.

수업 설계를 잘 하는 것 못지않게 수업 결과를 평가하는 것 또한 중요합니다. 여러분이 어떤 평가 기준을 활용하느냐에 따라 평가 유형이 달라질 수 있습니다. 자칫하면 평가로 인해 학생들 사이에 서열주의적 사고가 팽배하여 서로 경쟁만 하는 문제가 발생할 수 있습니다. 이를 보완할 수 있는 평가 유형에 대해 고민해 볼 필요가 있습니다.

〔 배점 〕

- **논술의 내용 [총 15점]**
  - 기능론적 관점에서 학교 교육의 선발·배치 기능 및 한계 각각 2가지만 제시 [4점]
  - 학교 조직의 관료제적 특징과 이완결합체제적 특징 각각 2가지만 제시 [4점]
  - 일반적 교수체제설계에서 분석 및 설계 과정의 주요 활동 각각 2가지만 제시 [4점]
  - 준거지향평가의 개념을 설명하고, 장점 2가지만 제시 [3점]
- **논술의 구성 및 표현 [총 5점]**
  - 논술의 내용과 '학교 교육에서의 교사의 과제'와의 연계 및 논리적 형식 [3점]
  - 표현의 적절성 [2점]

답안작성 개요

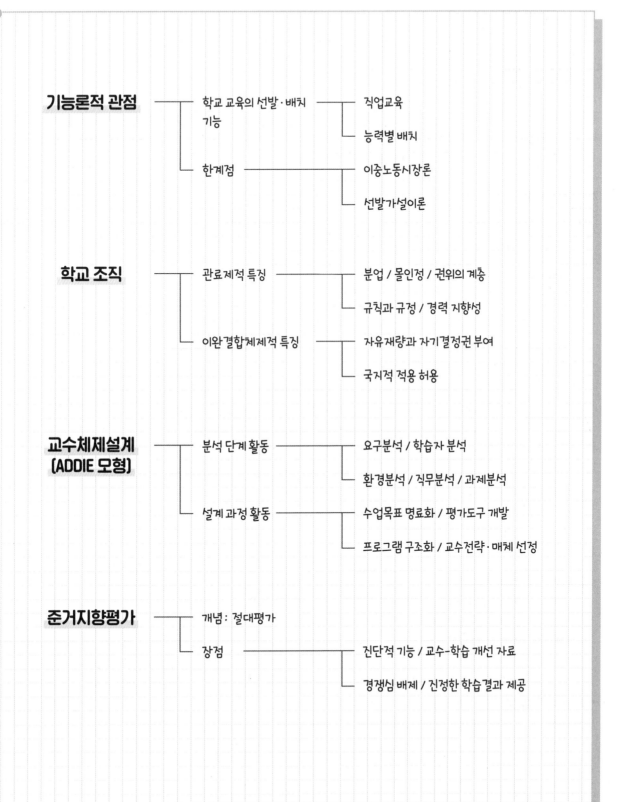

기능론적 관점 ── 학교 교육의 선발·배치 기능 ── 직업교육
                                              └ 능력별 배치
              └ 한계점 ── 이중노동시장론
                         └ 선발가설이론

학교 조직 ── 관료제적 특징 ── 분업 / 몰인정 / 권위의 계층
                              └ 규칙과 규정 / 경력 지향성
          └ 이완결합체제적 특징 ── 자유재량과 자기결정권 부여
                                   └ 국지적 적용 허용

교수체제설계 ── 분석 단계 활동 ── 요구분석 / 학습자 분석
(ADDIE 모형)   └ 환경분석 / 직무분석 / 과제분석
              └ 설계 과정 활동 ── 수업목표 명료화 / 평가도구 개발
                                 └ 프로그램 구조화 / 교수전략·매체 선정

준거지향평가 ── 개념 : 절대평가
              └ 장점 ── 진단적 기능 / 교수-학습 개선 자료
                       └ 경쟁심 배제 / 진정한 학습결과 제공

📝 문제 및 배점

다음은 A 중학교에 재직 중인 김 교사가 작성한 자기개발계획서의 일부이다. 김 교사의 자기개발계획서를 읽고 예비 교사 입장에서 '교사가 갖추어야 할 역량'이라는 주제로 교육과정 및 평가 유형, 학생의 정체성 발달, 조직 활동에 대한 내용을 구성 요소로 하여 서론, 본론, 결론의 형식을 갖추어 논하시오. [20점]

[자기개발계획서]

개선 영역	개선 사항
수업 구성	• 학생의 경험을 중시하는 교육과정을 실행할 것 • 학생의 흥미, 요구, 능력을 토대로 한 활동을 증진할 것 • 학생이 관심을 가지는 수업 내용을 찾고, 그것을 조직하여 학생이 직접 경험하게 할 것 • 일방적 개념 전달 위주의 수업을 지양할 것
평가 계획	• 평가 시점에 따라 적절한 평가 방법을 마련할 것 • 진단평가 이후 교수·학습이 진행되는 중간에 평가를 실시할 것 • 총괄평가 실시 전 학생의 학습 진전 상황에 관한 정보를 수집·분석할 것
진로 지도	• 진로를 결정하지 못한 학생의 경우 성급한 진로 선택을 유보하게 할 것 • 학생에게 다양한 진로를 접할 수 있는 충분한 탐색 기회를 제공할 것 • 선배들의 진로 체험담을 들려줌으로써 간접 경험 기회를 제공할 것 • 롤모델의 성공 혹은 실패 사례를 제공할 것
학교 내 조직 활동	• 학교 내 공식 조직 안에서 소집단 형태로 운영되는 다양한 조직 활동을 파악할 것 • 학교 구성원들의 욕구 충족을 위한 자발적 모임에 적극 참여할 것 • 활기찬 학교생활을 위해 학습조직 외에도 나와 관심이 같은 동료 교사들과의 모임 활동에 참여할 것

─(배점)─

- **논술의 구성 요소 [총 15점]**
  - '수업 구성'에 나타난 교육과정 유형의 장점 및 문제점 각각 2가지 [4점]
  - 김 교사가 실시하려는 평가 유형의 기능과 효과적인 시행 전략 각각 2가지 [4점]
  - 에릭슨(E. Erikson)의 정체성 발달이론에 제시된 개념 1가지(2점)와 반두라(A. Bandura)의 사회인지학습이론에 제시된 개념 1가지(1점) [3점]
  - '학교 내 조직 활동'에 나타난 조직 형태가 학교 조직과 구성원에 미치는 순기능 및 역기능 각각 2가지 [4점]
- **논술의 구성 및 표현 [총 5점]**
  - 논술의 구성 요소와 '교사가 갖추어야 할 역량'과의 연계 및 논리적 형식 [3점]
  - 표현의 적절성 [2점]

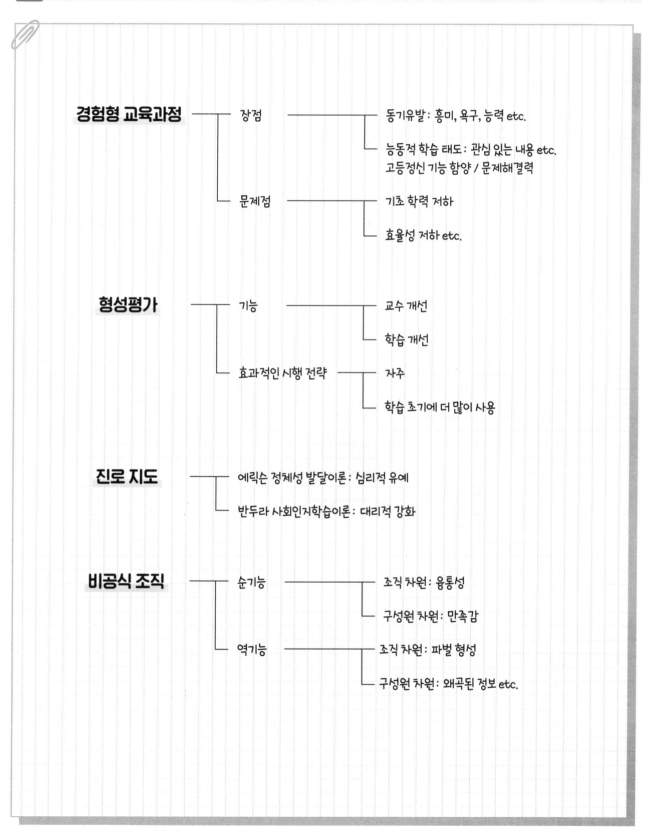

경험형 교육과정 ── 장점 ─── 동기유발 : 흥미, 욕구, 능력 etc.

능동적 학습 태도 : 관심 있는 내용 etc.
고등정신 기능 함양 / 문제해결력

문제점 ─── 기초 학력 저하

효율성 저하 etc.

형성평가 ── 기능 ─── 교수 개선

학습 개선

효과적인 시행 전략 ─── 자주

학습 초기에 더 많이 사용

진로 지도 ── 에릭슨 정체성 발달이론 : 심리적 유예

반두라 사회인지학습이론 : 대리적 강화

비공식 조직 ── 순기능 ─── 조직 차원 : 융통성

구성원 차원 : 만족감

역기능 ─── 조직 차원 : 파벌 형성

구성원 차원 : 왜곡된 정보 etc.

📝 문제 및 배점

다음은 신문 기사의 일부이다. 이를 바탕으로 '2015 개정 교육과정의 실질적 구현 방안'이라는 주제로 서론, 본론, 결론의 형식을 갖추어 단위 학교 차원에서의 교육기획, 교육과정 내용의 조직, 학생 참여 중심 수업과 그에 따른 평가의 타당도를 논하시오. [20점]

| ○ ○ 신문 | 2016년 ○○월 ○○일 |

교육부 『2015 개정 교육과정』 발표 이후, 학교 현장의 준비는?

교육부는 핵심역량을 갖춘 창의융합형 인재 양성을 위한 『2015 개정 교육과정』을 발표하였다. 개정 교육과정에 따르면, 학교 교육에서는 인문·사회·과학기술에 대한 기초 소양 함양을 위한 교육과정을 마련하고, 학생 참여 중심의 수업을 진행하며, 배움의 과정을 평가하는 방향으로 나아가야 한다는 것이다. 새 교육과정을 적용하기 위해 노력하고 있는 중·고등학교 현장의 목소리를 들어 보았다.

◆ 교육기회의 중요성 부각
　A 교장은 단위 학교에서 새 교육과정이 체계적으로 운영되도록 돕는 교육기획(educational planning)을 강조하였다.

"새 교육과정은 교육의 핵심인 교수·학습 활동의 중심을 교사에서 학생으로 이동시키는 근본적인 전환을 강조하고 있습니다. 저는 실질적 의미에서 학생 중심 교육이 우리 학교에 정착할 수 있도록 모든 교육활동에 앞서 철저하게 준비할 생각입니다."

◆ 학생 참여 중심 수업 운영
　C 교사는 학생 참여 중심의 교수·학습을 준비하기 위해서 교사연수 프로그램에 참여하고 있다고 말했다.

"저는 구성주의 학습환경 설계에 관한 연수에 참여하고 있습니다. 문제 중심이나 프로젝트 중심의 학습 활동을 실행하기 위해서는 적합한 학습 지원도구나 자원을 학생들에게 제공해야 한다는 것을 알게 되었고, 학습 활동 중에 교사가 수행해야 할 역할에 대해서도 이해하게 되었습니다."

(중앙) 학교 현장의 목소리

◆ 교육과정 재구성 확대
　개정 교육과정의 취지에 따른 교과 내용 재구성에 대해, B 교사는 다음과 같이 말했다.

"교사는 내용 조직의 원리를 제대로 파악할 필요가 있습니다. 저는 몇 개의 교과를 결합해 교육과정을 편성·운영해 보려고 합니다. 각 교과의 내용이 구획화되지 않도록 교과 교사들 간 협력을 강화하고자 합니다. 이러한 시도는 교육과정 설계에서 교과 간의 단순한 연계성 이상을 의미합니다."

◆ 학생 평가의 타당도 확보
　학생 중심 수업에서의 평가와 관련하여 D 교사는 다음과 같이 말했다.

"학생 참여 중심 수업에서도 평가의 타당도는 여전히 중요합니다. 타당도에는 준거 타당도와 구인 타당도 등이 있습니다. 그러나 저는 이원분류표를 작성해 평가가 교육목표에 부합하는지를 확인하는 방법으로 타당도를 높이는 방안을 고려하고 있습니다."

(배점)

- **논술의 내용 [총 15점]**
  - A 교장이 강조하고 있는 교육기획의 개념과 그 효용성 2가지 제시 [4점]
  - B 교사가 채택하고자 하는 원리 1가지와 그 외 내용 조직의 원리 2가지(연계성 제외) 제시 [4점]
  - C 교사가 실행하려는 구성주의 학습 활동을 위한 학습 지원 도구·자원과 교수 활동 각각 2가지 제시 [4점]
  - D 교사가 고려하고 있는 타당도의 유형과 개념 제시 [3점]
- **논술의 구성 및 표현 [총 5점]**
  - 논술의 내용과 '2015 개정 교육과정의 실질적 구현 방안'의 연계 및 논리적 형식 [3점]
  - 표현의 적절성 [2점]

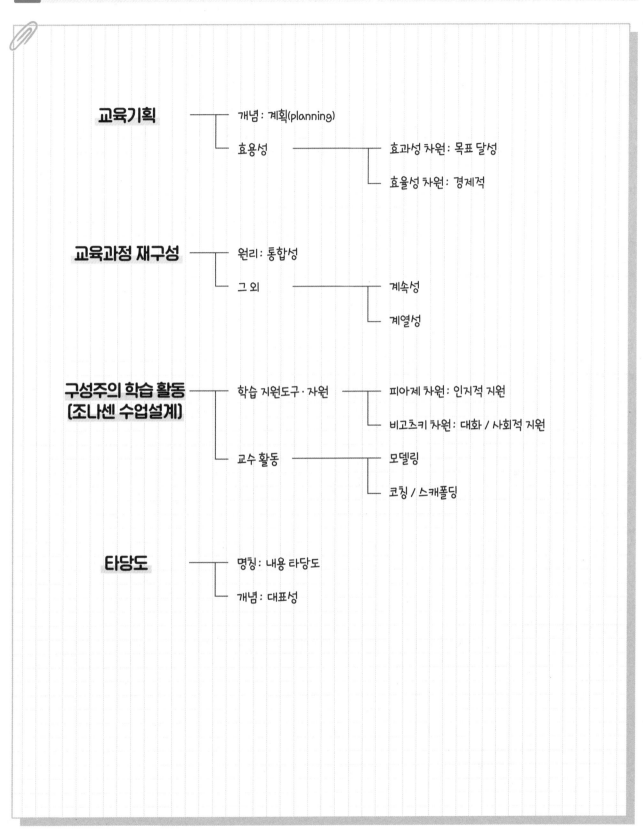
교육기획 ─┬─ 개념 : 계획(planning)
          └─ 효용성 ─┬─ 효과성 차원 : 목표 달성
                      └─ 효율성 차원 : 경제적

교육과정 재구성 ─┬─ 원리 : 통합성
                  └─ 그 외 ─┬─ 계속성
                            └─ 계열성

구성주의 학습 활동 ─┬─ 학습 지원도구 · 자원 ─┬─ 피아제 차원 : 인지적 지원
(조나센 수업설계)   ├─ 비고츠키 차원 : 대화 / 사회적 지원
                    └─ 교수 활동 ─┬─ 모델링
                                  └─ 코칭 / 스캐폴딩

타당도 ─┬─ 명칭 : 내용 타당도
        └─ 개념 : 대표성

📝 문제 및 배점

다음은 A 중학교 학생들의 학업 특성 조사 결과에 관해 두 교사가 나눈 대화 중 일부이다. 대화의 내용은 (1) 교육과정, (2) 수업, (3) 평가, (4) 장학에 관한 것이다. (1) ~ (4)를 활용하여 '학생의 다양한 특성을 고려하는 교육'이라는 주제로 논하시오. [20점]

박 교사: 선생님, 우리 학교 학생의 학업 특성을 보면 학습흥미와 수업참여 수준이 전반적으로 낮아요. 그리고 학업성취, 학습흥미, 수업참여의 개인차가 크다는 것이 눈에 띄네요.

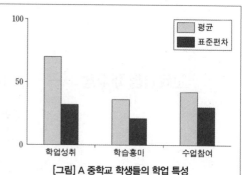

[그림] A 중학교 학생들의 학업 특성
(*3가지 변인의 점수는 서로 비교 가능한 것으로 가정함)

김 교사: 학생의 개인별 특성이 그만큼 다양하다는 것을 의미하겠죠. 우리 학교 교육과정도 이를 반영해야 하지 않을까요?

박 교사: 그렇습니다. 그런데 교육과정을 개발하는 과정에서 학생의 개인별 특성을 중시하는 의견과 교과를 중시하는 의견 간에 차이가 있습니다. 이를 조율하기 위해서는 시간이 걸리겠지만 적절한 논쟁을 거쳐 합의에 이르는 심사숙고의 과정이 필요합니다.

김 교사: 네, 그렇다면 학생의 다양한 특성을 반영하기 위한 수업방법으로 어떤 것이 있을까요?

박 교사: 우리 학교 학생에게는 학습흥미와 수업참여를 높이는 수업이 필요할 것 같아요. 제가 지난번 연구수업에서 문제를 활용한 수업을 했는데, 수업 중에 학생들이 무엇을 해야 하는지 모르는 것 같았어요. 게다가 제가 문제를 잘 구성하지 못했는지 별로 흥미를 보이지 않더라고요. 문제를 활용하는 수업에서는 학생의 역할을 안내하고 좋은 문제를 개발하는 것이 중요하다는 것을 알게 되었어요.

김 교사: 그렇군요. 이처럼 수업이 학생의 다양한 특성을 반영하게 되면 평가의 방향도 달라질 필요가 있습니다. 앞으로의 평가에서는 학생의 능력, 적성, 흥미에 적합한 목표를 설정하고 그에 따라 수업과 평가가 이루어지는 것도 의미가 있어 보입니다.

박 교사: 동의합니다. 그러기 위해서는 평가결과를 해석하고 판단하는 기준도 달라질 필요가 있습니다. 예컨대 학생의 상대적 위치가 어느 정도인지를 판단하기보다는 미리 설정한 학습목표에 도달했는지 여부를 중시하는 평가유형이 적합해 보입니다.

김 교사: 네, 저도 그렇게 생각합니다. 그리고 말씀하신 유형 외에 능력참조평가와 성장참조평가도 제안할 수 있겠네요.

박 교사: 좋은 생각입니다.

김 교사: 그런데 저 혼자서 학생의 다양한 특성을 고려해서 교육과정을 개발하고 수업을 설계하고 평가하는 것은 힘들어요. 선생님과 저에게 이 문제가 공동 관심사이니, 여러 선생님과 경험을 공유하고 협력해서 피드백을 주고받는 것이 좋겠어요.

─────(배점)─────

- **논술의 내용 [총 15점]**
  - 박 교사가 제안하는 워커(D. F. Walker)의 교육과정 개발 모형의 명칭, 이 모형을 교육과정 개발에 적용하는 이유 3가지 [4점]
  - 박 교사가 언급하는 PBL(문제중심학습)에서 학습자의 역할 2가지, PBL에 적합한 문제의 특성과 그 특성이 주는 학습효과 1가지 [4점]
  - 박 교사가 제안하는 평가유형의 명칭과 이 유형에서 개인차에 대한 교육적 해석 1가지, 김 교사가 제안하는 2가지 평가유형의 개념 [4점]
  - 김 교사가 언급하는 교내장학 유형의 명칭과 개념, 그 활성화 방안 2가지 [3점]
- **논술의 구성과 표현 [총 5점]**
  - 논술은 서론, 본론, 결론으로 구성하고 [1점], 주어진 주제와 연계할 것 [2점]
  - 표현이 적절할 것 [2점]

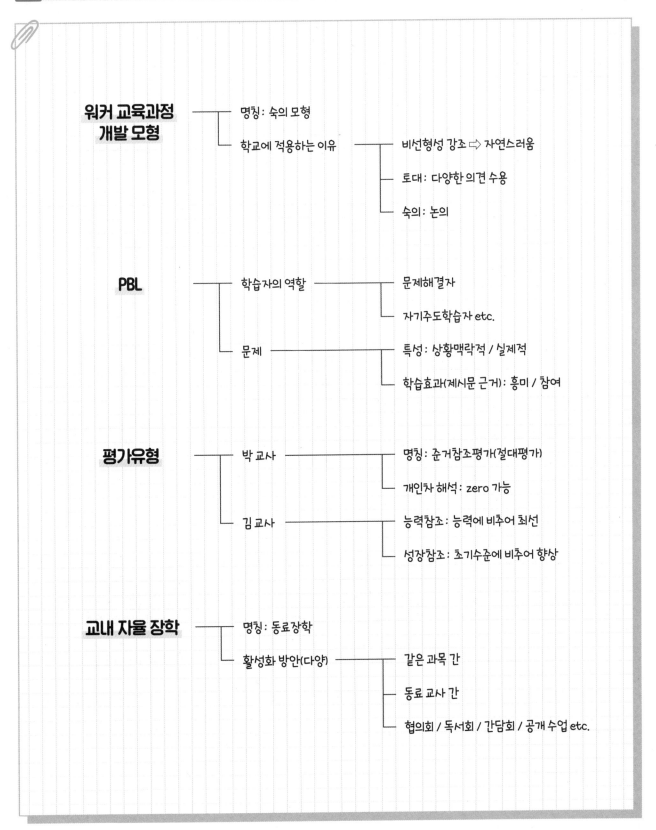

워커 교육과정 개발 모형
- 명칭 : 숙의 모형
- 학교에 적용하는 이유
  - 비선형성 강조 ⇨ 자연스러움
  - 토대 : 다양한 의견 수용
  - 숙의 : 논의

PBL
- 학습자의 역할
  - 문제해결자
  - 자기주도학습자 etc.
- 문제
  - 특성 : 상황맥락적 / 실제적
  - 학습효과(제시문 근거) : 흥미 / 참여

평가유형
- 박 교사
  - 명칭 : 준거참조평가(절대평가)
  - 개인차 해석 : zero 가능
- 김 교사
  - 능력참조 : 능력에 비추어 최선
  - 성장참조 : 초기수준에 비추어 향상

교내 자율 장학
- 명칭 : 동료장학
- 활성화 방안(다양)
  - 같은 과목 간
  - 동료 교사 간
  - 협의회 / 독서회 / 간담회 / 공개 수업 etc.

📝 문제 및 배점

다음은 ○○중학교 김 교사가 모둠활동 수업 후 성찰한 내용을 기록한 메모이다. 김 교사의 메모를 읽고 '수업 개선을 위한 교사의 반성적 실천'이라는 주제로 학습자에 대한 이해, 교육과정의 편성과 운영, 평가도구의 제작, 교사의 지도성에 대한 내용을 구성 요소로 하여 논하시오. [20점]

#1 평소에 A 학생은 언어 능력이 뛰어나고 B 학생은 수리 능력이 우수하다고만 생각했는데, 오늘 모둠활동에서 보니 다른 학생을 이해하고 도와주면서 상호작용을 잘 하는 두 학생의 모습이 비슷했어. 이 학생들의 특성을 잘 살려서 모둠을 이끌도록 하면 앞으로 도움이 될 거야. 그런데 C 학생은 모둠활동에 참여하는 것을 좋아하지 않았지만 자신의 감정과 장단점을 잘 이해하는 편이야. C 학생을 위해서는 자신의 강점을 살릴 수 있는 개별 과제를 먼저 생각해 보자.

#2 모둠활동에 적극적으로 참여하지 못한 학생들이 몇 명 있었지. 이 학생들은 제대로 된 학습경험을 갖지 못한 것이 아닐까? 자신의 학습경험에 대하여 어떻게 느꼈을까? 어쨌든 모둠활동에 관해서는 좀 더 깊이 고민해 봐야겠어. 생각하지 못했던 결과가 이 학생들에게 나타날 수도 있고…….

#3 모둠을 구성할 때 태도나 성격 같은 정의적 요소도 반영해야겠어. 진술문을 몇 개 만들어 설문으로 간단히 평가하고 신뢰도는 직접 점검해 보자. 학생들이 각 진술문에 대한 반응을 등급으로 선택하면 그 등급 점수를 합산할 수 있게 해 주는 척도법을 써야지. 설문 문항으로 쓸 진술문을 만들 때 이 척도법의 유의점은 꼭 지키자. 그리고 평가를 한 번만 실시해서 신뢰도를 추정해야 할 텐데 반분검사신뢰도는 단점이 크니 다른 방법으로 신뢰도를 확인해 보자.

#4 더 나은 수업을 위해서 새로운 지도성이 필요하겠어. 내 윤리적·도덕적 기준을 높이고 새로운 방식으로 학생들을 대하자. 학생들의 혁신적·창의적 사고에 자극제가 될 수 있을 거야. 학생들을 적극 참여시켜 동기와 자신감을 높이고 학생 개개인의 욕구에 특별한 관심을 가지며 잠재력을 계발시켜야지. 독서가 이 지도성의 개인적 신장 방안이 될 수 있겠지만, 동료교사와 함께 하는 방법도 찾아보면 좋겠어.

〈 배점 〉

- **논술의 내용 [총 15점]**
  - #1과 관련하여 가드너(H. Gardner)의 다중지능이론 관점에서 A, B 학생의 공통적 강점으로 파악된 지능의 명칭과 개념, 김 교사가 C 학생에게 제공할 수 있는 개별 과제와 그 과제가 적절한 이유 각 1가지 [4점]
  - #2와 관련하여 타일러(R. Tyler)의 학습경험 선정 원리 중 기회의 원리로 첫째 물음을 설명하고 만족의 원리로 둘째 물음을 설명, 잭슨(P. Jackson)의 잠재적 교육과정의 개념을 쓰고 그 개념에 근거하여 김 교사가 말하는 '생각하지 못했던 결과'의 예 제시 [4점]
  - #3에 언급된 척도법의 명칭과 이 방법을 적용하기 위하여 진술문을 작성할 때 유의할 점 1가지, 김 교사가 사용할 신뢰도 추정 방법 1가지의 명칭과 개념 [4점]
  - #4에 언급된 바스(B. Bass)의 지도성의 명칭, 김 교사가 학교 내에서 동료교사와 함께 이 지도성을 신장할 수 있는 방안 2가지 [3점]
- **논술의 구성 및 표현 [총 5점]**
  - 서론, 본론, 결론 형식의 구성 및 주제와의 연계성 [3점]
  - 표현의 적절성 [2점]

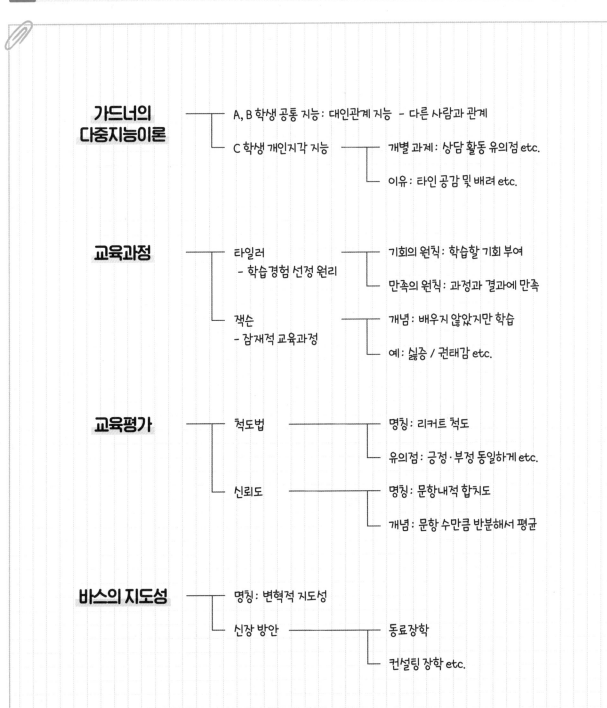

🔍 **답안작성 개요**

가드너의
다중지능이론
— A, B 학생 공통 지능 : 대인관계 지능 – 다른 사람과 관계
— C 학생 개인지각 지능
  — 개별 과제 : 상담 활동 유의점 etc.
  — 이유 : 타인 공감 및 배려 etc.

교육과정
— 타일러
   - 학습경험 선정 원리
  — 기회의 원칙 : 학습할 기회 부여
  — 만족의 원칙 : 과정과 결과에 만족
— 잭슨
   - 잠재적 교육과정
  — 개념 : 배우지 않았지만 학습
  — 예 : 싫증 / 권태감 etc.

교육평가
— 척도법
  — 명칭 : 리커트 척도
  — 유의점 : 긍정·부정 동일하게 etc.
— 신뢰도
  — 명칭 : 문항내적 합치도
  — 개념 : 문항 수만큼 반분해서 평균

바스의 지도성
— 명칭 : 변혁적 지도성
— 신장 방안
  — 동료장학
  — 컨설팅 장학 etc.

📝 문제 및 배점

오늘날과 같은 초연결 사회에서는 다수의 사람이 소통하면서 협력하는 것이 중요하다. 이러한 시대적 추이를 반영하여 ○○고등학교에서는 토의식 수업 활성화를 위한 교사협의회를 개최하였다. 다음은 여기에서 제안된 주요 의견을 정리한 것이다. 그 내용은 지식관, 교육내용, 수업설계, 학교문화의 변화 방향에 관한 것이다. 이를 바탕으로 '토의식 수업 활성화 방안'이라는 주제로 서론, 본론, 결론을 갖추어 논하시오. [20점]

구분	주요 의견
A 교사	• 토의식 수업을 활성화하려면 먼저 지식을 보는 관점의 변화가 필요함 • 교과서에 주어진 지식이 진리라는 생각이나 지식은 개인이 혼자 만드는 것이라는 생각에서 벗어나는 것이 중요하며, 이와 관련하여 비고츠키의 지식론이 많은 시사점을 줄 수 있음 • 이 지식론의 관점에서 보면, 교사와 학생의 역할도 기존의 강의식 수업에서의 역할과는 달라질 필요가 있음
B 교사	• 교육과정 분야에서는 교육내용의 선정과 조직방식에 대한 교사의 전문성이 강화될 필요가 있음 • 교육내용 선정과 관련해서는 '영 교육과정'에 관심을 가지는 것이 도움이 됨 • 교육내용 조직과 관련해서는 생활에 필요한 문제를 토의의 중심부에 놓고 여러 교과를 주변부에 결합하는 방식을 활용할 필요가 있음
C 교사	• 토의식 수업이 활발하게 이루어지기 위해서는 수업방법과 학습도구도 달라져야 함 • 수업방법 측면에서는 학생이 함께 다양한 관점에서 문제를 탐색하며 해답을 찾아가는 데 있어서 정착수업을 활용할 수 있음 • 학습도구 측면에서는 학생이 상호협력하여 지식을 생성하기 위해 인터넷에서 수집한 정보를 공유하고 공동으로 수정, 추가, 편집하는 데 위키(Wiki)를 활용할 수 있음(예: 위키피디아 등) – 단, 위키를 활용할 때 발생할 수 있는 문제점에 유의해야 함
D 교사	• 학교문화 개선은 토의식 수업 활성화를 위한 토대가 됨 • 우리 학교의 경우, 교사가 학생의 명문대학 합격이라는 목표 달성에 필요한 수단으로 간주되는 학교문화가 형성되어 있어 우려스러움 • 이런 학교문화에서는 활발한 토의식 수업을 기대하기 어려움

〔배점〕

- **논술의 내용 [총 15점]**
  - A 교사가 언급한 비고츠키 지식론의 명칭, 이 지식론에서 보는 지식의 성격 1가지와 교사와 학생의 역할 각각 1가지 [4점]
  - B 교사가 말한 '영 교육과정'이 교육내용 선정에 주는 시사점 1가지, B 교사가 말한 교육내용 조직방식의 명칭과 이 조직방식이 토의식 수업에서 가지는 장점과 단점 각각 1가지 [4점]
  - C 교사의 의견에서 제시된 토의식 수업을 설계할 때 활용할 수 있는 정착수업의 원리 2가지, 위키를 활용할 때 발생할 수 있는 문제점 2가지 [4점]
  - 스타인호프와 오웬스(C. Steinhoff & R. Owens)가 분류한 학교문화 유형에 따를 때 D 교사가 우려하는 학교문화 유형의 명칭과 학교 차원에서 그러한 학교문화를 개선하는 방안 2가지 [3점]
- **논술의 구성 및 표현 [총 5점]**
  - 논술의 내용과 '토의식 수업 활성화 방안'의 연계 및 논리적 형식 [3점]
  - 표현의 적절성 [2점]

답안작성 개요

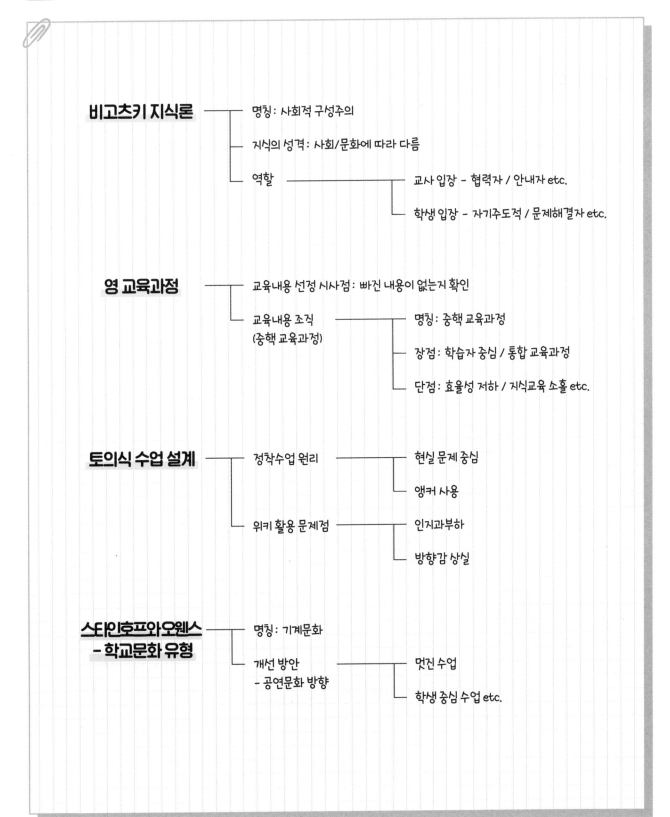

비고츠키 지식론
- 명칭 : 사회적 구성주의
- 지식의 성격 : 사회/문화에 따라 다름
- 역할
  - 교사 입장 – 협력자 / 안내자 etc.
  - 학생 입장 – 자기주도적 / 문제해결자 etc.

영 교육과정
- 교육내용 선정 시사점 : 빠진 내용이 없는지 확인
- 교육내용 조직 (중핵 교육과정)
  - 명칭 : 중핵 교육과정
  - 장점 : 학습자 중심 / 통합 교육과정
  - 단점 : 효율성 저하 / 지식교육 소홀 etc.

토의식 수업 설계
- 정착수업 원리
  - 현실 문제 중심
  - 앵커 사용
- 위키 활용 문제점
  - 인지과부하
  - 방향감 상실

스타인호프와 오웬스 – 학교문화 유형
- 명칭 : 기계문화
- 개선 방안 – 공연문화 방향
  - 멋진 수업
  - 학생 중심 수업 etc.

2021학년도 교육학 기출문제

📝 문제 및 배점

다음은 ○○ 고등학교에 재직하고 있는 김 교사가 대학 시절 친구 최 교사에게 쓴 이메일의 일부이다. 이 내용을 읽고 '학생의 선택과 결정의 기회를 확대하는 교육'이라는 주제로 교육과정, 교육평가, 수업설계, 학교의 의사결정을 구성요소로 하여 서론, 본론, 결론을 갖추어 논하시오. [20점]

보고 싶은 친구에게

… (중략) …

학생의 선택과 결정의 기회를 확대하기 위해 우리 학교가 학교 운영 계획을 전체적으로 다시 세우고 있어. 그 과정에서 나는 교육과정 운영, 교육평가 방안, 온라인 수업설계 등을 고민했고 교사 협의회에도 참여했어.

그동안의 교육과정 운영을 되돌아보니 운영에 대한 나의 관점이 달라진 것 같아. 교직 생활 초기에는 국가 교육과정의 내용을 있는 그대로 실행하는 관점으로 교육과정을 운영해 왔어. 그런데 최근 내가 새롭게 관심을 가지게 된 관점은 교육과정을 교사와 학생이 함께 생성하는 교육적 경험으로 보는 거야. 이 관점으로 교육과정을 운영하는 방안을 찾아봐야겠어.

오늘 읽은 교육평가 방안 보고서에는 학생이 주체가 되는 평가가 학습에 도움이 된다는 내용이 담겨 있었어. 내가 지향해야 할 평가의 방향으로는 적절한데 그 내용이 구체적이지는 않더라. 학생이 스스로 자신을 평가하게 하면 어떠한 효과를 거둘 수 있을지, 그리고 내가 수업에서 이러한 평가를 어떻게 실행할 수 있을지 더 자세히 알아봐야겠어.

… (중략) …

요즘 온라인 수업을 하게 되었어. 학기 초에 학생의 일반적인 특성과 상황은 조사를 했는데 온라인 수업과 관련된 학생의 특성과 학습 환경에 대해서도 추가로 파악해야겠어. 그리고 학생이 자신만의 학습 목표를 설정하고 학습의 주체가 되는 수업을 어떻게 온라인에서 지원할 수 있을지 고민하다가, 학습 과정 중에 나와 학생뿐만 아니라 학생들 간에도 소통이 이루어지도록 토론 게시판을 활용하려고 해.

교사 협의회에서는 학교 운영에 학생들의 요구를 반영하는 방안에 대해 논의했어. 다양한 의사결정 방식들이 제안되었는데 그중 A 안은 문제를 확인한 후에 목적과 세부 목표를 설정하고, 가능한 대안들을 모두 탐색하고, 각 대안에 따른 결과를 예측하고 비교해서 최적의 방안을 찾는 방식이었어. B 안은 현실적인 소수의 대안을 검토하고 부분적으로 수성해서 현재의 문제 상황을 조금씩 개선해 나가는 방식이었어. 많은 논의를 거친 끝에 B 안으로 결정했어. 나는 B 안에 따른 구체적인 방안을 다음 협의회 때 제안하기로 했어.

… (하략) …

〔 배점 〕

- **논술의 내용 [총 15점]**
  - 교육과정 운영 관점을 스나이더 외(J. Snyder, F. Bolin, & K. Zumwalt)의 분류에 따라 설명할 때, 김 교사가 언급한 자신의 기존 관점의 장점과 단점 각각 1가지, 새롭게 관심을 가지게 된 관점에 적합한 교육과정 운영 방안 2가지 [4점]
  - 김 교사가 적용하고자 하는 평가 방식이 학생에게 줄 수 있는 교육적 효과 2가지, 이 평가를 수업에서 실행하는 방안 2가지 [4점]
  - 김 교사가 온라인 수업을 위해 추가로 파악하고자 하는 학생 특성과 학습 환경의 구체적인 예 각각 1가지, 김 교사가 하고자 하는 수업에서 토론 게시판을 활용하여 학생을 지원할 수 있는 구체적인 방안 2가지 [4점]
  - A 안과 B 안에 해당하는 의사결정 모형의 단점 각각 1가지, 김 교사가 B 안에 따라 학생들의 요구를 반영하기 위해 제안할 수 있는 구체적인 방안 1가지 [3점]
- **논술의 구성 및 표현 [총 5점]**
  - 논술의 내용과 '학생의 선택과 결정의 기회를 확대하는 교육'의 연계 및 논리적 형식 [3점]
  - 표현의 적절성 [2점]

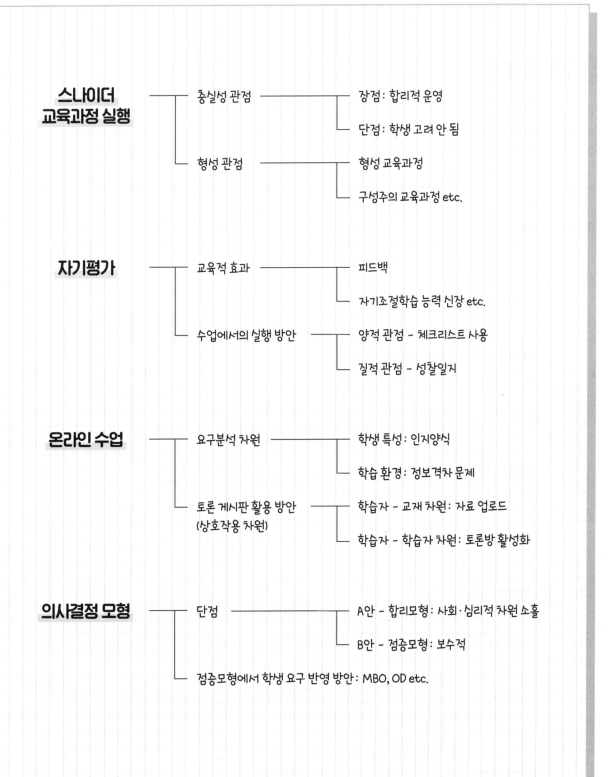

스나이더
교육과정 실행
- 충실성 관점
  - 장점 : 합리적 운영
  - 단점 : 학생 고려 안 됨
- 형성 관점
  - 형성 교육과정
  - 구성주의 교육과정 etc.

자기평가
- 교육적 효과
  - 피드백
  - 자기조절학습 능력 신장 etc.
- 수업에서의 실행 방안
  - 양적 관점 - 체크리스트 사용
  - 질적 관점 - 성찰일지

온라인 수업
- 요구분석 차원
  - 학생 특성 : 인지양식
  - 학습 환경 : 정보격차 문제
- 토론 게시판 활용 방안
  (상호작용 차원)
  - 학습자 - 교재 차원 : 자료 업로드
  - 학습자 - 학습자 차원 : 토론방 활성화

의사결정 모형
- 단점
  - A안 - 합리모형 : 사회·심리적 차원 소홀
  - B안 - 점증모형 : 보수적
- 점증모형에서 학생 요구 반영 방안 : MBO, OD etc.

📝 문제 및 배점

다음은 ○○ 중학교에서 학교 자체 특강을 실시한 교사가 교내 동료 교사와 나눈 대화의 일부이다. 이 내용을 읽고 '학교 내 교사 간 활발한 정보 공유를 통한 교육의 내실화'라는 주제로 교육과정, 교육평가, 교수전략, 교원연수에 대한 내용을 구성 요소로 하여 서론, 본론, 결론을 갖추어 논하시오. [20점]

> **김 교사:** 송 선생님, 제 특강에 관심을 가져 주셔서 감사합니다. 선생님은 올해 우리 학교에 발령받아 오셨으니 도움이 필요하시면 말씀하세요.
>
> **송 교사:** 정말 감사합니다. 그동안은 교과 간 통합에 주로 관심을 가져왔는데, 김 선생님의 특강을 들어 보니 이전 학습 내용과 다음 학습내용이 자연스럽게 연결되어야 한다는 수직적 연계성도 중요한 것 같더군요. 그래서 이번 학기에는 교과 내 단원의 범위와 계열을 조정할 계획입니다. 선생님께서는 교육과정을 어떻게 재구성하시는지 함께 이야기할 수 있을까요?
>
> **김 교사:** 그럼요. 제가 교육과정 재구성한 것을 보내 드릴 테니 보시고 다음에 이야기해요. 그런데 교육 활동에서는 학생에 대한 이해가 중요하잖아요. 학기 초에 진단은 어떤 방식으로 하려고 하시나요?
>
> **송 교사:** 이번 학기에는 선생님께서 특강에서 말씀하신 총평(assessment)의 관점에서 진단을 해 보려 합니다.
>
> **김 교사:** 좋은 생각입니다. 그리고 우리 학교에서는 평가 결과로 학생 간 비교를 하지 않으니 학기 말 평가에서는 다양한 기준을 활용해 평가 결과를 해석해 보실 것을 제안합니다.
>
> **송 교사:** 네, 알겠습니다. 이제 교실 수업에서 사용할 교수전략을 개발해야 하는데 딕과 캐리(W. Dick & L. Carey)의 체제적 교수설계모형을 적용하려고 해요. 이 모형의 교수전략개발 단계에서 개발해야 할 교수전략이 무엇인지 생각 중이에요.
>
> **김 교사:** 네, 좋은 전략을 찾으시면 제게도 알려 주세요. 그런데 우리 학교는 온라인 수업을 해야 될 상황이 생길 수도 있어요. 제가 온라인 수업을 해 보니 일부 학생들이 고립감을 느끼더군요. 선생님들이 온라인 수업을 하는 데 필요한 정보를 공유하는 학교 게시판이 있어요. 거기에 학생의 고립감을 해소하는 데 효과를 본 테크놀로지 기반의 교수·학습 활동을 정리해 올려 두었어요.
>
> **송 교사:** 네, 온라인 수업을 하게 되면 활용할게요. 선생님 덕분에 좋은 정보를 많이 얻을 수 있어 좋네요. 선생님들 간 활발한 정보 공유의 기회가 더 많아지길 바랍니다.
>
> **김 교사:** 네. 앞으로는 정보 공유뿐만 아니라 교사들 간 실질적인 협력도 있었으면 해요. 이를 위해 학교 중심 연수가 활성화되면 좋겠어요.

┤ 배점 ├

- **논술의 내용 [총 15점]**
  - 송 교사가 언급한 교육과정의 수직적 연계성이 학습자 측면에서 갖는 의의 2가지, 송 교사가 계획하는 교육과정 재구성의 구체적인 방법 2가지 [4점]
  - 송 교사가 총평의 관점에서 학생을 진단할 수 있는 실행 방안 2가지 제시, 송 교사가 활용할 수 있는 평가 결과의 해석 기준 2가지를 각각 그 이유와 함께 제시 [4점]
  - 송 교사가 교실 수업을 위해 개발해야 할 교수전략 2가지 제시, 송 교사가 온라인 수업에서 학생의 고립감 해소를 위해 활용할 수 있는 구체적인 교수·학습 활동 2가지를 각각 그에 적합한 테크놀로지와 함께 제시 [4점]
  - 김 교사가 언급한 학교 중심 연수의 종류 1가지, 학교 중심 연수를 활성화하기 위해 학교 차원에서 지원할 수 있는 구체적인 방안 2가지 [3점]
- **논술의 구성 및 표현 [총 5점]**
  - 논술의 내용과 '학교 내 교사 간 활발한 정보 공유를 통한 교육의 내실화'의 연계 및 논리적 형식 [3점]
  - 표현의 적절성 [2점]

답안작성 개요

교육과정 ─┬─ 수직적 연계성 ─┬─ 학습가능성, 만족, etc.
　　　　　　　　│　- 학습자 측면 의의　└─ (난이도 조절에 따른) 동기유발, etc.
　　　　　　　　│
　　　　　　　　└─ 교육과정 재구성 방법 ─┬─ 범위 차원: 통합적 교육과정, 교육과정 압축, etc.
　　　　　　　　　　　　　　　　　　　　　└─ 계열성 차원: 나선형 교육과정, etc.

교육평가 ─┬─ 총평 관점에서 ─┬─ 인지적 차원: 출발점 행동, etc.
　　　　　　　　│　학습자 진단 방안　└─ 정의적 차원: 자아개념, etc.
　　　　　　　　│
　　　　　　　　└─ 학기말 평가 결과 ─┬─ 성장 참조 평가
　　　　　　　　　　해석 기준　　　　　└─ 능력 참조 평가

교수전략 ─┬─ 딕과 캐리 수업설계 ─┬─ 동기유발 전략: ARCS, etc.
　　　　　　　　│　- 교수전략 개발　　　└─ 전개 전략: 가네, 오수벨 이론, etc.
　　　　　　　　│
　　　　　　　　└─ 고립감 해소 방안 ─┬─ CMC/CAI
　　　　　　　　　　(상호작용 차원)　　└─ 온라인 협동학습, etc.

교원연수 ─┬─ 학교 중심 연수 종류 ─── 교내 자율장학, 동료장학, 컨설팅 장학, etc.
　　　　　　　　│
　　　　　　　　└─ 학교 차원 지원 방안 ─┬─ 전문적 학습 공동체 / 학습 조직, etc.
　　　　　　　　　　　　　　　　　　　　└─ 교과협의회, 학년협의회, etc.

해커스임용 김인식ET 교육학 논술 콕콕
키워드 마인드맵

초판 1쇄 발행	2022년 4월 28일
지은이	김인식
펴낸곳	해커스패스
펴낸이	해커스임용 출판팀
주소	서울특별시 강남구 강남대로 428 해커스임용
고객센터	02-566-6860
교재 관련 문의	teacher@pass.com
	해커스임용 사이트(teacher.Hackers.com) 1:1 고객센터
학원 및 동영상 강의	teacher.Hackers.com
ISBN	979-11-6880-195-0
Serial Number	01-01-01

해커스임용

- 임용 합격을 앞당기는 해커스임용 스타 교수진들의 고퀄리티 강의
- 풍부한 무료강의·학습자료·최신 임용 시험정보 제공
- 모바일 강좌 및 1:1 학습 컨설팅 서비스 제공